メディアとコミュニケーションの文化史

Haruki Ito
伊藤明己

世界思想社

はじめに

　本書は，メディアを大きな歴史の流れのなかで取り上げながら，メディア論の考え方から社会のよりよい方向性を探っていくことを目的に書かれています。メディア論は，人間が社会を形成するにあたってメディアが重要な役割を果たしていることに注目する学問分野です。そのアプローチにはいろいろありますが，本書では，目の前のメディアの現象をみているだけでは表層の理解にとどまり，それをより深く理解するためには，社会的な背景を含めた長期的な視野が必要だというスタンスで，メディアについてじっくりと考えていきたいと思います。

　メディアは，伝達と共有という二重の意味で，人びとがコミュニケーションを発生させることにかかわります。このメディアとの二重のかかわりのなかで，社会を形成し文化を創造してきたのは，社会で活動する人びとです。専門家だけではありません。社会を形成し文化を創造するのは，いろいろなメディアを使い，コミュニケーションを発生させる，そのすべての人です。今日は，パソコンやネットやケータイが登場したことで，わたしたちの誰もがメディアを使いながら文化の担い手となっていることを，より実感できるような社会になったといえるでしょう。

　誰もが文化とメディアの担い手なのですから，わたしたちの文化がどんなものになっていくかは，どれだけの人が社会におけるメディアの役割を意識しているかによって，かなり大きく変わってくるはずです。メディア論は，より多くの人びとがメディアについての知識をもち，メディアの役割について語り合えることが今後の社会にとって有益だと考えます。その意味で，本書は，現代社会に生きるすべての人に向けて書かれています。

　また本書は，メディアにかかわる仕事を目指す人（仕事をしている人）に読んでもらうことも意識しています。そうした人は，今後のメディアのゆくえに直接かかわり，人びとのつながり方を左右する可能性をもっています。つまり，わたしたちの文化をつくりだすメディアをどうデザインするのかということに，より大きな責任を負う人たちです。そうした人には，社会における自らの役割をより明確に意識するために，ぜひ本書を役立ててほしいと思います。

本書のいうメディアは，基本的にはマーシャル・マクルーハンの定義を採用しています。人間を拡張するものすべてがメディアです。本書で具体的に扱ったメディアは，文字，図書館，印刷，新聞，写真，映画，電信，電話，蓄音機，ラジオ，テレビ，コンピュータ，ケータイ，インターネットなど，ほんの少しですが，どれも社会の形成と文化の創造に大きな役割を果たしているものばかりです。それらを 13 章の構成で，ほぼ時代順に並べました。

　第 1 章「文字の誕生」では，人間が文字を使い始めた理由と古代文明を成立させたメディアの役割を考えます。第 2 章「ホメロスとプラトンのあいだ」では，文字を駆使する新しい世代の登場とメディアとの関係を考えます。第 3 章「プレ・グーテンベルク時代の写本と紙の伝播」では，印刷登場以前の知の集積と情報の伝播について考えます。第 4 章と第 5 章は，新しいメディアであった印刷が登場した背景とその社会への影響について，第 6 章と第 7 章は，新しいメディアの活用形式であった新聞ジャーナリズムが発達した背景とその社会への拡がりについて扱いました。第 8 章「光の魔術と映画」では，写真や映画の登場とそれにかかわる人間観について考えます。第 9 章「電気メディアの可能性」では，電気を使ったメディアの登場とその発展における企業や国家の役割について考えます。第 10 章「マス・メディアの時代」では，マス・コミュニケーション研究の始まりとテレビの登場について紹介します。第 11 章「地球村の戦争と平和」では，コンピュータとインターネットが開発された背景について考えます。第 12 章「ネット・インキュナブラの時代」では，インターネットが社会に開放された背景と萌芽期のネット文化について概観しました。第 13 章「ネット時代のリテラシー」では，現代のメディア環境の特徴を示すトピックをいくつか取り上げ，今後のメディアと文化について考えています。

　最初から読み進めていくのが無理のない読み方ですが，興味をもった章から読んでもよいでしょう。ただし，各章は独立しているわけではなく，全章にわたって相互に関連しています。第 1 章や第 2 章の議論は，現代から遠いという意味では難しく感じられるかもしれませんが，メディアを考えるための基本的な視点やメディアの捉え方など，後章の前提となる議論を含んでいます。現代に近いという意味では，第 13 章が理解しやすいと思いますが，それまでの章で取り上げた知識を前提に議論している部分があります。したがって，最終的には全章からメディア論の考え方を理解してほしいと思います。

　参考文献は，ほかに替わるものがない場合は，絶版の本，英語の本を取り上げ

ていますが，あまり多くならないように，またできるだけ手に入りやすい本を挙げるように心がけました。個別の論点の理解をさらに深めるうえで参照してほしいと思います。

　メディア論は，つい最近までマス・コミュニケーション論と呼ばれていた学問分野にあたります。マス・コミュニケーション論は，さらにたどると新聞学と呼ばれていました。新聞が最初のマス・コミュニケーションだったということですが，新聞学では，ジャーナリストを目指す人にコンテンツをつくる際の責任と倫理を教えることを重要視していました。その重要性は，新聞以降のどのマス・メディアにも当てはまります。マス・コミュニケーション論になると，ラジオやテレビといった不特定多数への一方通行の伝達技術をめぐる社会的な問題へと研究対象が拡がりました。マス・コミュニケーションの「マス」は塊（かたまり），不特定多数の集団，一般大衆などの意，「コミュニケーション」は伝達，送信，通信，交通網などの意を示しますから，そのまま日本語に訳すと「大衆伝達」あるいは「大量送信」となります。そうしたマス・コミュニケーションの時代は，コンピュータとインターネットの登場によって一変します。簡単にいえば，一方ではマス・メディアの多様化があり，他方では人びとのコミュニケーションの多様性が発見され，そのどれもが重要であることが意識されるようになりました。

　ここでメディア論という名称を使うのは，マス・コミュニケーション論と呼ばれていた頃にそこに含まれていた意味合いとの違いを強調したいからです。その違いの意味するところを，ジェームス・ケアリーという研究者がうまく表現してくれています。コミュニケーションという用語は，19世紀の初め頃には交通網のことを指して使われる場合が多かったようです。ところが，誰かが荷物や手紙と一緒に移動するしかなかった状態から，電信という人を伴わず情報だけを移動させるやり方が登場したとき，コミュニケーションは伝達という意味を強く担うようになりました。物理学や医学が扱う衝撃の伝達や脳の働きにコミュニケーションという用語を使う例はそれまでにもありましたから，それと類似の事象として比喩的に扱われたのです。マス・コミュニケーション研究が始まったときにも，この交通，伝達，通信といった物理学的な意味が強調されてしまいました。しかしケアリーは，それでは，もうひとつのコミュニケーションの意味合いを無視していることになる，というのです。

　もうひとつのコミュニケーションとは，この用語がもっている共有，交際，つ

ながり，縁といった意味合いのことです。Communication の com という接頭辞は「共に」という意味ですから，もともとそうした意味もあったわけです。これをケアリーは「伝達としてのコミュニケーション」と対比させて，「文化としてのコミュニケーション」と名付けました。人びとはコミュニケーションを通じて，社会を成立させ文化をつくってきたのだから，人びとが介在するコミュニケーションの側面をきちんと見据えないといけない，というわけです。第1章で，メディアの空間バイアスと時間バイアスという考え方を紹介しますが，おおまかには，前者が伝達としてのコミュニケーション，後者が文化としてのコミュニケーションに当てはまるでしょう。

　この二重のコミュニケーション概念からすると，メディア論は一部の人だけに関係がある学問分野とはいえません。哲学者の鶴見俊輔は，かつて新聞学の先生をしていた頃，新聞学やマス・コミュニケーション論が専門家のための学問になりがちなことを批判していました。ジャーナリズムという用語は，報道機関の業務や職業倫理的な姿勢のことを指して使われる場合が多いでしょう。しかし，ジャーナルということばがもつ日々の記録という意味合いは，一般の人びとがおこなう日誌や日記をつけるといった日常的な行為をも指しています。鶴見は，そうした日常的な行為のなかに，ジャーナリズムの根があることに希望を見いだそうとしていました。いつの間にか失われたその意味は，作り手と受け手の分断が薄れコミュニケーションが多様化したネット社会では，日々多くの人がやっている行為ではないでしょうか。ということは，今日はメディアを日常的に使う誰もが，コンテンツをつくる責任と倫理を求められる社会になったことをも意味しています。

　本書を手にとる誰もが，自らが文化の担い手であることを自覚しながら，より深くメディアと文化の関係を考え，社会におけるメディアの役割について語り合えるようになってほしいと思います。

<参考文献>
鶴見俊輔　1965「解説　ジャーナリズムの思想」鶴見俊輔編『現代日本思想大系 12　ジャーナリズムの思想』筑摩書房．
マクルーハン，マーシャル　1987『メディア論──人間の拡張の諸相』（栗原裕・河本仲聖訳）みすず書房．
Carey, James W. 2009 *Communication as Culture: Essays on Media and Society*, revised edition, New York, Routledge.

目　　次

はじめに　*i*

第 1 章　文字の誕生　*1*
 1　文字はいつから　*1*
 2　文字はどのように誕生したか　*2*
 3　文字の三次元発生説　*3*
 4　文字は備忘録か　*4*
 5　誰が何のために文字を必要としたのか　*7*
 6　エジプト文明とヒエログリフ　*8*
 7　黄河文明と漢字　*9*
 8　知の独占とメディアのバイアス　*11*

第 2 章　ホメロスとプラトンのあいだ　*14*
 1　文字というアイデアの飛躍と拡がり　*14*
 2　ソクラテスとプラトン　*15*
 3　プラトンの詩人排斥　*16*
 4　ホメロス問題　*19*
 5　ホメロスの語りと記憶術　*20*
 6　声の文化と文字の文化　*22*
 7　リテラシーは大分水界を生じさせるか　*24*
 8　メディアを環境として捉える　*26*
 9　メディアの社会への埋め込まれ方　*28*

第3章　プレ・グーテンベルク時代の写本と紙の伝播　32

1　書かれたものの収集　32
2　巻子本から冊子本へ　34
3　知の集積の危うさ　36
4　写本の継承　38
5　修道院と写本　40
6　写本の工房化　42
7　文書による行政　44
8　紙の伝播　47

第4章　印刷と社会（1）　51

1　印刷術の始まり　51
2　アジアの活版印刷術　52
3　グーテンベルク活版印刷の社会的背景　55
4　グーテンベルクが見いだしたもの　58
5　グーテンベルク活版印刷術の普及　60

第5章　印刷と社会（2）　65

1　印刷の微弱な影響　65
2　文字文化の浸透　66
3　アウトプットの増大とインプットの変容　68
4　印刷のある社会　70
5　印刷と社会の相互作用　75

第6章　新聞ジャーナリズムの勃興　79

1　ニュース・メディア　79
2　政論としてのニュースと言論の自由　82
3　新聞紙の登場とコーヒーハウス　85
4　新聞の社会への埋め込みと公共圏　88

目次

第7章　新聞ジャーナリズムと「そそる記事」 *92*
1. 人気があったブロードサイドもの *92*
2. 恐ろしいニュース *93*
3. 「知識への課税」と刑法改革 *95*
4. イギリス新聞の大衆化 *97*
5. 日本の新聞の始まり *100*
6. 日本の新聞の非政治化 *102*
7. 日本の新聞の公共圏 *107*

第8章　光の魔術と映画 *111*
1. 空間の見え方 *111*
2. 遠近法的視覚とは何か *111*
3. カメラ・オブスキュラの内面化 *114*
4. 遠近法を覗き見る *116*
5. 光を映し動きを眺める *118*
6. 理性的な人間像から非理性的な人間像へ *120*
7. 動く遠近法の見世物興行 *123*

第9章　電気メディアの可能性 *129*
1. テレグラフの実用化 *129*
2. エレクトリック・テレグラフ *130*
3. テレグラフと通信社 *131*
4. テレグラフで声を伝える *133*
5. 声を記録する *135*
6. 見世物興行から映画へ *138*
7. 声を飛ばす *140*
8. 声を撒き散らす *141*

第 10 章　マス・メディアの時代　146

1. 群衆，公衆，少数エリート　146
2. 戦争とプロパガンダ　147
3. マス・コミュニケーション研究の始まり　149
4. テレビの登場　151
5. テレビ放送の日本への導入　154
6. テレビ・メディアの影響力　157
7. 新強力効果論　160
8. メディア・イベントと共有の文化　161

第 11 章　地球村の戦争と平和　165

1. 大戦から冷戦へ　165
2. 中央管理型大型コンピュータの開発　167
3. トランジスタとメディアのポータブル化　168
4. グローバル・ヴィレッジ　170
5. インターネットの起源　172
6. コミュニティ・アンテナからケーブル・ネットワークへ　174
7. もうひとつの文化　176
8. パーソナルなコンピュータ　178
9. 先端コンピュータとインターネット　180

第 12 章　ネット・インキュナブラの時代　184

1. 冷戦構造の終焉　184
2. ネット時代の萌芽　186
3. 新しい戦争　188
4. 経済政策としてのインターネット商用化　189
5. ケータイ文化　192
6. インターネット上のサービスの拡大　194
7. ネット・インキュナブラの時代　196

第13章　ネット時代のリテラシー　*201*

 1 リテラシーとデジタル・ディバイドの解消　*201*
 2 ネット社会の軍事体制と政治体制　*204*
 3 ネット時代のメディア・コングロマリット　*205*
 4 コピーライトとクリエイティブ・コモンズ　*208*
 5 新しいメディア産業の台頭と寡占化　*211*
 6 ネット時代のジャーナリズム　*213*
 7 関心のコミュニティとオピニオン・リーダーの復活　*215*
 8 スピンと口コミ・マーケティング　*217*
 9 パーソナライゼーションとビッグデータ　*218*
 10 情報のアウトプットの増大とインプットの変容　*221*
 11 ネットのある社会　*223*

 あとがき　*231*
 年　表　*234*
 図出典一覧　*239*
 索　引　*252*

側注について

本書では，本文の補足のために側注（図，用語説明，参照箇所）を設けている。

・本文中に［図 1-1］のように図の番号を示しているので，該当する図を参照してほしい。なお，図の出典については，巻末「図出典一覧」を参照のこと。
・関連する記述が参照できるよう，「→第 1 章 p.1」のように章番号とページ数で参照箇所を示している。側注の用語説明を指す場合は「→第 9 章 p.144 連邦通信委員会」のように見出し語を併記している。

第1章　文字の誕生

1　文字はいつから

　人類はいつ頃からどこで文字を使うようになったのだろうか。古代四大文明にメソポタミア文明，エジプト文明，インダス文明，黄河文明があったことを思い起こそう。そのなかで，いまのところ一番古い文字といえるものはメソポタミア文明で発見されている [図1-1]。それは，古代メソポタミアの都市ウルクの紀元前3300〜2900年頃の洪水跡の地層から発掘された4000〜5000点に及ぶ粘土のタブレット（粘土板）に刻まれていた。ウルク古拙文字 [図1-2] と名付けられたこの絵のような文字は完全に解読されているわけではないが，より年代の新しい地層から発見されているシュメル文字の前段階にあたる文字だと確認されており，体系的な文字使用の現在最古の事例となっている。

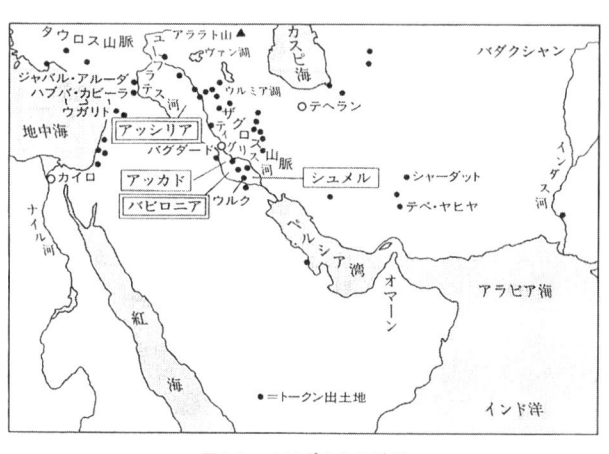

図1-1　メソポタミア地図

　文字が独自に発明された痕跡を世界中から探しても，その証拠はあまり残っていない。ある意味を担った記号としては，紀元前4000年頃のものも発見されてはいるが，体系的な文字として使われていたかは定かではない。つまり，声としてのことばを記号として表すというアイデアを独自に発展さ

図1-2　ウルク古拙文字

た民族は、ほとんどなかったということになる。もしかすると、のちに日本と呼ばれるようになる極東のどこかにも原初の文字と呼べるものがあったかもしれない。けれども、現段階では信頼できる遺物は発見されていない。どうもそのあたりは、独自の文字を生み出した地域ではなく、外から取り入れた文字——中国の漢字——を3世紀頃から工夫しながら活用していたようだ。これは文字使用のひとつの典型的なパターンである。エジプト文明とインダス文明でも文字が使われていたが、そこでもメソポタミア地域から借用したアイデアを活用した可能性が高い。黄河文明やマヤ文明では独自の文字が発明されたとも推定されるが、その出現はどれだけ古く見積もっても前者では紀元前16世紀、後者では紀元前3世紀で、文化的伝播の可能性が高い。

　文字は民族とともに失われてしまうこともあり、その原初をたどる試みはおそらくキリがないだろう。いまのところ、文字表記システムという独自のアイデアの発明と活用は、紀元前3300年頃のメソポタミア地域から始まったといってよいだろう。

図1-3　楔形文字

2　文字はどのように誕生したか

　ウルク古拙文字が発掘された層より現代に近い、紀元前第3千年紀から紀元前第1千年紀にかけての古代メソポタミアの地層からは、実に何十万点にも及ぶ粘土板が発掘されている。その多くには先のとがった用具で楔（くさび）を差し込んだような刻み込みが入っている。これを、その形状から楔形文字（くさびがたもじ、あるいは、せっけいもじ）と呼ぶ［図1-3］。楔形文字はすでに解読されたものも多く、読み解かれた文書のなかには旧約聖書にみられる洪水伝説やバベルの塔伝説の原型と思われるものもある［図1-4］。なかでも「エンメルカルとアラッタ市の領主」と名付けられた叙事詩には、文字の始まりが説明されて

図1-4　「大洪水物語」粘土板（B.C. 8世紀頃、ニネヴェ遺跡、アッシリア語）

いる。ウルク第1王朝の2番目の王であるエンメルカルが，争っていた都市アラッタに使者を送る際，長い伝言を覚えきれない使者のために「言葉を粘土板の上に置いた」のが文字の始まりなのだという（小林　2005）。こうした文字の「王起源説」は王の偉大さを示すための挿話にすぎず，世界各地に数多くある「神起源説」の変種であるが，文字というものの革新性が理解されていたことを示すものであろう。

　文字の誕生説にはほかに，絵記号から抽象化されたものだとする「絵文字発生説」がある。前述のウルク古拙文字は具体的な絵というよりは抽象的な図柄であるし，メソポタミアでの紀元前第6千年紀の地層からはスタンプ印章が多数発見されており，粘土にハンコで印を付けるという発想は，より以前からあった。この説からすると，ウルク古拙文字以前から文字が使われていたことになるが，いまのところ，より古い遺跡からは絵文字体系らしきものは発見されていない。もしかすると，それより前には粘土板よりも朽ちやすい書字材料を使っていたのかもしれない。

3　文字の三次元発生説

　メソポタミアにおける文字の登場については，絵文字発生説とは異なる「三次元発生説」とでもいうべき考え方がある。古代メソポタミア地域では，紀元前第9千年紀から紀元前第2千年紀の地層から小さな粘土細工が数多く発見されている。そのおよそ1cm程度の粘土細工は，球形，円盤状，円錐形，三角形など，ほぼ分類可能な形をしている。また，とがったもので印が付けられていたり，火で焼く加工が施されているといった特徴をもつ。従来，これはおもちゃやお守りだろうということになっていた。考古学者のデニス・シュマント＝ベッセラは，これらの粘土細工は，食料の貯蔵や現物税の記録に用いられた立体のトークン（証票）ではないかと提唱した。実際，シュメル語数字と非常に似通った粘土細工があり，羊や穀物といったウルク古拙文字と対応するものもある（シ

図1-5 トークンと絵文字

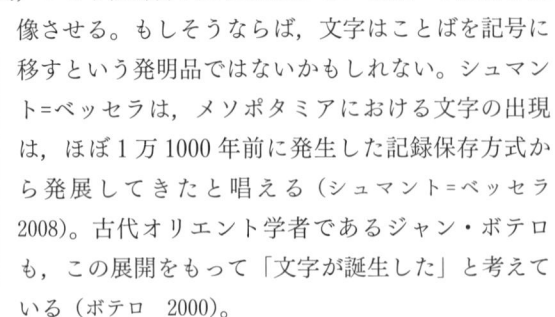

図1-6 ブッラ(上)とトークン(下)

ュマント=ベッセラ　2008)[図1-5]。この粘土細工をその数だけ袋にでも入れておけば(例えば羊を意味するものを10個)，備忘録(羊10頭が納められた)として用いることができる。さらに数字の意味をもったトークンを使えば，羊を意味する1個と数の10を意味する1個の計2個の粘土細工があればよいことになる。

　シュマント=ベッセラによれば，紀元前第9千年紀から5000年ものあいだあまり様変わりしなかったこうした記録方式に，紀元前3500年から紀元前3100年の時期に大きな変化が出てくる。一番興味深いのは，ブッラ(ラテン語で球の意)の出現である。ブッラとは粘土でつくられた卵形の封筒のことで，実際にものが入れられるようになっている[図1-6]。粘土細工のトークンが入れられ，さらにそれを粘土で封印したうえで2種類の印章が押されたブッラが多数発見されている。2つの印章は，おそらく現物のやりとりの記録と内容の保証を表している。またブッラの表面に中身のトークンと同様の印が残されているものがある。つまり，なかを開けなくても内容がわかる工夫がされていた。

　中身の粘土細工のトークンを表面に残すブッラは，トークンによる備忘録の応用としての粘土板，トークンの表意文字への展開，つまり記録方式の三次元から二次元への展開を想像させる。もしそうならば，文字はことばを記号に移すという発明品ではないかもしれない。シュマント=ベッセラは，メソポタミアにおける文字の出現は，ほぼ1万1000年前に発生した記録保存方式から発展してきたと唱える(シュマント=ベッセラ2008)。古代オリエント学者であるジャン・ボテロも，この展開をもって「文字が誕生した」と考えている(ボテロ　2000)。

4　文字は備忘録か

　人類最古とされる文字が，どのような用途に用いられたか

は，発見された粘土板からある程度推測できる。ウルクの紀元前 3300～2900 年頃の地層から発掘された 4000～5000 点に及ぶ粘土板の 85％は経済文書（都市神殿の食料や家畜や織物の出納に関するもの），15％は語彙リスト（日用品名，動物名，職名など，見習い書記のためのリストと考えられる）であり，これらは主に会計記録を保存するために使われていた（ウォーカー 1995）。

すでにこの頃，人類は肥沃なメソポタミアの土地に定住しており，穀物の栽培や家畜の飼育，さらにパン，ビール，毛織物もつくっていたことがわかっている。中東地域での発掘調査では，黒曜石，天然アスファルト，木材，貝殻，石材や金属，工芸品などが出土しており，都市や王宮跡なども発見されていることから，紀元前第 5 千年紀から紀元前第 4 千年紀にかけてすでに広汎な交易がおこなわれ，紀元前第 3 千年紀に近づく頃には宗教的国家形態による都市が形成されていたとされている（クレンゲル 1983）。出土した粘土板に記された文字は，その地域に居住する集団内および集団間での商品流通の必要性から，経済を管理する会計上の備忘録として役立てられていたことになる。

備忘録としての初期の絵文字は，ことばと関係なく使うことができた。たしかに絵が並んでいるのを見れば，既知の事柄の備忘録としては使えるだろう。しかし，未知の事柄を確実に伝えることは難しい。例えば，「王に牛と小麦の贈り物をした」「私にとって哲学はとても退屈である」などを，簡単な絵を描いて表記してみてほしい。牛と小麦は伝えられるかもしれないが，王や贈り物は，哲学はどうだろうか。「とても退屈」は？　絵がことばに近づくには，ある種の絵文字が，ある種の固定したイメージと音とに同時に結びつくこと，また語順が意味にかかわることが必要となる。事物だけではなく同時に音をも表す記号を表語文字という。漢字を知る者なら，この違いはよく理解できる。漢字はいまでも一種の絵文字であるが，漢字が並んでいれば，それが喚起するイメー

5

ジと記号の並び方からその意味を推測することができるし，声に出して読むことまでできる。この段階までいけば，物資の移動を確認する程度の契約文書には使えるだろう。

　絵文字段階の問題点は，意味と文字とを細かく対応させていけばいくほど，文字の数が無限に増えていくことにある。それを避けるためには，絵文字がイメージと音とを同時に喚起するのではなく，音だけを喚起するようになればいい。日本語でいえば，何千もの漢字から50程度のひらがなやカタカナへの移行にあたる。音だけを表すことができ，より容易に読み書きができる。解読された楔形文字には，音を表すだけのものも，意味を表すように読むものもあった。つまり楔形文字は，ひとつの音価に複数の文字記号をもつ同音異字性と，ひとつの文字記号に複数の音価をもつ多音性をあわせもっていた。これは漢字とひらがなを使う日本語の文字体系と似ている。

　まず絵文字は経済上の備忘録として必要であったが，これだけならば，ものの文字から音の文字への変化はおそらく起こる必要はない。変化のきっかけは，別のことばを用いる集団が楔形文字を用いたことにある。楔形文字を発明したといわれるシュメル人が歴史の舞台から姿を消した後，このアイデアを駆使したのは同時期に同じ地域に住んでいたアッカド人と呼ばれる人たちであった。シュメル人はアッカド人に征服され，別のことばを話すアッカド人たちはシュメル人の文字のアイデアを使おうとした。となれば，ひとつの絵文字が別のことばで読まれ，ひとつの発音に何通りもの文字が使われるようになる。これも漢字を輸入して使った極東の島国と同じである。

　メソポタミアの遺跡から銘文や詩や神話が書かれた粘土板がより多く発見されるようになるのは，楔形文字が意味と音をあわせもつ文字体系となった後である。楔形文字がこうした完全な文字体系となったのは紀元前2500年頃とされる。ウルク古拙文字から数えるとすでに800年の月日がたってい

た。楔形文字はシュメル人が歴史の舞台から姿を消した後，ほかの民族の10以上のことばに応用されて使われていたが，シュメル語はのちのラテン語のように専門家たちだけのことばとして紀元後まで用いられた。このことは，なぜ文字が求められ，誰がそれを必要としたのかを考えるヒントとなる。

5　誰が何のために文字を必要としたのか

　ことばを記号で表現するというアイデア自体は単純なものかもしれない。しかし，これを実現しようとするとかなり難しい仕組みが必要である。楔形文字はとても複雑な文字体系であった。発掘資料からは，文字を扱う専門家である書記の養成学校があったことがわかっている。しかも「粘土板の家」と呼ばれた学校では，ときにはむち打たれながら文字を覚えなければならなかった。こんなものを誰が何のために必要としたのだろうか。

　初期の粘土板の内容のほとんどは会計文書であった。また文字の「三次元発生説」をとれば，経済を管理する工夫が文字の誕生につながったことになる。まず絵文字は経済上の備忘録として必要とされた。そして，肥沃なメソポタミアの土地の豊かな物資の流通がさらに文字誕生の気運を生み出した。建築や土器にも用いられていた粘土材質の土が備忘録や書字板として使われ，またどこにでも生えていた葦植物が筆記用具として用いられた。メソポタミアでの文字の誕生を促したのは，経済の発達であり，会計上の備忘録として都市国家を支える仕組みの必要性であった。

　とはいえ，文字はほかの目的のためにも使われていく。古代メソポタミアでは，紀元前2800年頃のキシュ市のメバラシが現在最古の王碑文を残している［図1-7］。王碑文は神のために王がなした業績を記すものである。王は神々と交流している様子を後世に残し，権威を示す神権政治をおこなっていた。楔形文字のなかでも，シュメル語は神と交流するために碑文に刻まれる文字として残り，また正式な典礼に使用さ

図1-7　メバラシの王碑文（B.C. 2750，カファジェ出土）

れることばとして紀元後まで使われ続けた。だからこそシュメル語は，メソポタミア地域で一種の教養語の地位を与えられていたのである（小林　2005）。

6　エジプト文明とヒエログリフ

　文字を神との交流と事績の宣伝に使った例は，古代エジプトのほうがよく知られているだろう。文字が神との交流に使われるなかで，文字そのものも神聖視されるようになる。紀元前3000年頃から使われた古代エジプトの文字としてよく知られているヒエログリフ＝聖刻文字は，まさに古代エジプト語で「神の言葉」＝メデゥ・ネテルと呼ばれていた。ヒエログリフは，碑文や神殿やピラミッドなど，主に大きく固く重い石に刻まれた，神と交流するための文字であった［図1-8］。

　古代エジプトは王が統率する中央集権国家であった。ナイル川に沿った肥沃な土地は食べきれないほどの余剰農産物を生み出すことができた。神の使いと称す王は，そのすべてを管理し，巨大ピラミッドを建造するほどの大きな統率力をもった。古代エジプトにおける最重要事項はナイル川の洪水の予言であった。予言は，天体の観測と記録の蓄積によって確実性が高められ，計量と計算を繰り返しながら土地を管理することで予測となる。予測された余剰からは計画的に建造物や軍事力が生み出される。取り仕切るのは王，それを実際におこなうのは文字を操る書記であった。

　しかし，絵文字の特徴を残し，正確さを求められるヒエログリフは，日々の行政文書としては扱いにくい。そのためエジプトの書記養成学校では，主に簡略化した文字が教えられた。書記用のヒエラティック＝神官文字は，ヒエログリフを簡略化して筆記体にしたものである。文字を操ることのできる書記は，国の規模が大きくなるにつれ，現代でいう官僚の役目を果たすようになる。王は，

図1-8　神殿の壁に刻まれたヒエログリフ

国の安定をはかるためにたくさんの書記を必要とした。広大な地域の支配のために，宗教の力と行政システムおよび司法制度が必要とされたのである。文字が中央集権国家の維持に不可欠なものになると，王はみずからを神そのものと称し，書記は神である王の使いと称すようになる（ウィルソン 2004）。

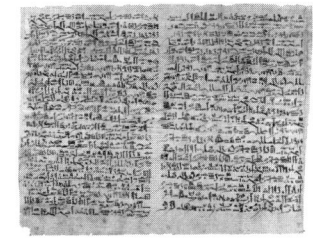

図1-9 ヒエラティックが書かれたパピルス

エジプトの文字は，王の威厳を輝かせるため，そして巨大な中央集権国家を支えるために必要とされた。そのため，エジプトでは，大きく重い石に刻み込まれる文字＝ヒエログリフと，持ち運べる軽いパピルスに書かれる文字＝ヒエラティックがともに発達する。パピルスは，ナイル川流域に生息するパピルス草の茎を並べて薄くシート状にしたもので，筆記には葦のペンと煤が使われた［図1-9］。ちなみにパピルスの輸出港であったビュブロスは，バイブル＝書物＝聖書の語源とされている。

7 黄河文明と漢字

メソポタミアとエジプトから遠く離れた黄河文明の文字についてもみておこう。

黄河文明の文字の起源は，殷の時代にあたる紀元前1500～1300年頃の亀甲獣骨文字（甲骨文字）まではたどることができる。亀甲獣骨文字はその名のとおり，亀の甲羅や獣の骨に鋭利な刃物で刻まれた文字である［図1-10］。これまでに発見された15万点以上にのぼる甲骨片に刻まれた文字は，絵文字の痕跡を強く残してはいるが，すでに簡略化されており，文字としての体系もできあがっていた。したがってその前史があるはずだが，よくわかっていない。またそれ以前に，結縄というヒモの結び目による記録方式が使われた記録があるが，これもよくわかっていない。結縄は，インカ帝国で使われたキープ（quipu あるいは khipu）のような，いわば三次元の備忘録といえよう［図1-11］。隋書倭国伝にも「無文

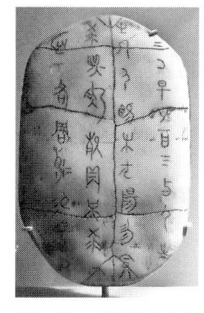

図1-10 亀甲獣骨文字（甲骨文字）

図1-11 キープ

字，唯刻木結縄」とあり，古代の日本でも文字を使わない記録方式があったことがうかがわれる。ちなみに，沖縄には戦後まで，藁算という藁を使った計算方式が残っていたという。

　甲骨文には主に占いの結果が記されていた。例えば「あるときに誰がいつまでに占いをした」「いつまでに悪いことが起こらないだろうか」「王が悪いことが起こると判断した」「そのとおりこれこれのとおりの悪いことが起こった」といった一連の占いの経過である。亀の甲羅や牛鹿の骨は，熱した際にできる割れ目によって占う卜占いの道具であった。つまり甲骨文字は，王による占いとその判断の正しさを，その証拠そのものに記すために使われていたことになる。中国の古代文字は，エジプトの場合と同様，神と交流する王の偉大さと功績を示すために使われていたのである（矢島監修ほか1995）。

　殷の時代は紀元前1600年頃から紀元前1100年頃にわたるが，その後半から殷を滅ぼした周の時代にかけて，金属に記された文字が増える。これを金文というが，主に祭儀のときに使われる青銅器などに記されたものであった［図1-12］。金文は甲骨文字と同じ文字体系であるが，記される材料と方法が異なることから字体を大きく変えている。殷の王は，占いと予言を再生する文字の呪力でその力を示す神権政治をおこなっていたが，封建制をしいた周の時代の金文は，周辺の諸侯にこの呪力を伝達する文字であったと推測される。諸侯への命や褒美が記された青銅器は，王に従う諸侯に分与されたものであった。殷と周では，文字そのものが，また青銅器に文字を鋳込む技術が，王のもとで独占的に管理されていたのである（平勢　2001）。

　しかし周が分裂すると，文字の技術は拡散し，いったんは各地で独自の道を歩み始める。再び漢字が統一されたのは，のちに広大な領土を統一に導いた秦の始皇帝時代であった。統一された文字は王の命を証明するものとなり，再び王の管理下

図1-12　金文

に置かれた。とはいえ，広大な領土の統治のために行政が複雑になっていくにつれ，字体は何度も平易化されている。

　漢字とは，甲骨文字からいくども字体を変えながら，世界で最も長いあいだ使われ続けている一連の文字体系なのである。そして，漢字の初期の歴史は，この文字が一貫して中央集権的な王の権威の誇示，そしてその体制を維持するために利用されてきたことを示している。

8　知の独占とメディアのバイアス

　文字というメディアは，神からの知恵と予言，そして計量と予測の知をもたらすものであった。初期の文字は，モノと人びとを管理するために必要とされ，それらを管理する集団に独占的に使用された。つまり文字は，神の知恵と予言を独占的に示し，予測と管理の知識を独占的に使用することを可能にするものでもあった。人類学者のクロード・レヴィ=ストロースは，文字を階層社会の出現と結びつけている（シャルボニエ　1970）。メディアの歴史的流れを考える際，こうした知の独占に注目する必要があることをいち早く示唆したのは，カナダの経済史家ハロルド・アダムス・イニスであった（イニス　2021）。

　人類は，肥沃な土地に定住し富を蓄積するようになると，集団生活を維持していくための知恵を工夫する。生活の教訓から神話を創作し，宗教的な儀礼を捧げることで災いを避け，子孫ともども神の庇護のもとでの繁栄が永遠に続くことを願う。しかし，集団が大きくなり結束が弱まれば，何かで人びとをつなぎとめなければならない。

　永遠の安定は，大きく重く耐久性のある神殿，さらに信奉の対象である神の像にゆだねられてきた。文字は，こうした祭儀の場で神と交流する手段として，また王がその記録を永遠に残し，神あるいはみずからの権威と威信を誇示する手段として独占的に使われた。こうした重く耐久性のあるメディアを駆使する集団は，そもそも集団の永続性や結束と権威の

集中を重要視する。しかしその安定は，しばしば結束のほころびによって，あるいは外部の侵略者によって崩される。

　経済的あるいは軍事的に領土の拡大を目指す集団は，重く耐久性のあるメディアだけでは移動と統治に不十分であることに気づくことになる。支配空間の拡大は，通過するモノや人を記録する複雑な行政システムを要求し，独占化した知による統制をしくためには軽く持ち運びやすいメディアを必要とする。しかし，メディアに携わる者が増大すれば，知の独占や結束にほころびが生じる。それらを防ぐためには，王と集団への忠誠を，重いメディアによって絶えず確認させ続けなければならない。

　重いメディア（例えば石や金属）は耐久性があり，時の持続性を保ちやすく（時間バイアス），軽いメディア（例えばパピルスや木簡）は速い移動を可能にし，空間の拡大を容易にする（空間バイアス）。イニスによれば，広大な領土を維持する帝国の興亡は，この2つのバイアスのバランスにかかっている（イニス　2021）。

　とはいえ，メディアのバイアスは，その時代に相対的なものであり，単純に物理的な重さだけの問題でもない。例えば，紙は持続性のためにも移動性のためにも使われる。どんなメディアがどのように使われるとき，時間バイアスまたは空間バイアスをもつといえるのだろうか。どんなメディアが現れたとき，バイアスのバランスが変わるのだろうか。メディアが使われる目的あるいは知の独占のあり方を推測しながら考えてみるとよいだろう。

〈参考文献〉
アッシャー，マーシャ／アッシャー，ロバート　1995「文字をもたない文明——インカ族とキープ」デイヴィッド・クローリー／ポール・ヘイヤー編『歴史のなかのコミュニケーション——メディア革命の社会文化史』（林進・大久保公雄訳）新曜社．

第 1 章　文字の誕生

イニス，ハロルド・A　2021『メディアの文明史——コミュニケーションの傾向性とその循環』（久保秀幹訳）ちくま学芸文庫。
ウィルソン，ペネロペ　2004『聖なる文字ヒエログリフ』（森夏樹訳）青土社。
ウォーカー，クリストファー　1995『楔形文字』（大城光正訳）學藝書林。
クレンゲル，ホルスト　1983『古代オリエント商人の世界』（江上波夫・五味亨訳）山川出版社。
小林登志子　2005『シュメル——人類最古の文明』中公新書。
シャルボニエ，ジョルジュ　1970『レヴィ=ストロースとの対話』（多田智満子訳）みすず書房。
シュマント=ベッセラ，デニス　2008『文字はこうして生まれた』（小口好昭・中田一郎訳）岩波書店。
パーキンソン，リチャード／クワーク，スティーヴン　1999『パピルス——偉大なる発明，その製造から使用法まで』（近藤二郎訳）學藝書林。
平勢隆郎　2001『よみがえる文字と呪術の帝国——古代殷周王朝の素顔』中公新書。
ボテロ，ジャン　2000『バビロンとバイブル——古代オリエントの歴史と宗教を語る』（松島英子訳）法政大学出版局。
矢島文夫監修／田中一光構成　1995『人間と文字』平凡社。

13

第2章　ホメロスとプラトンのあいだ

1　文字というアイデアの飛躍と拡がり

　メソポタミアで発明された文字というアイデアは，身につけるのに長期にわたる訓練を必要とした。例えば，漢字は書くのも難しく，読み方がいくつもあり，同じ音に複数の意味があることも多い。文字を読み書きする能力のことをリテラシーというが，こうした身につけるのに長期間の訓練を必要とするリテラシーは，知を独占するのに好都合だっただろう。しかし，エジプトで神聖な儀式用の文字＝ヒエログリフ（hieroglyph）と行政用の文字＝ヒエラティック（hieratic），さらには民衆文字＝デモティック（demotic）が使い分けられていくように，文字の仕組みをより簡単にすることで，リテラシーは拡がりをみせるようになる［図2-1］。そして，より画期的なアイデアがもたらされた。表音文字アルファベットの誕生である。
　アルファベットは，紀元前1700年頃から使われ始めたという。文字の誕生から少なくとも1500年あまりたっている。場所は，地中海東岸あたり，メソポタミアとエジプトのちょうど中間のフェニキアと呼ばれていた地域にあたる。アルファベットの特徴は，事物の形を残した表意文字とは異なり，音そのものを視覚的な形に還元し，ひとつの文字でひとつの音を表すことで，極端に少ない文字数で簡単に覚えられるところにある［図2-2］。アルファベットというアイデアは，フェニキア人の海上貿易とともに地中海沿岸に拡がった。フェニキア人が開いた港を示した地図を見ると，その活動範囲は地中海全域に及んでいる［図2-3］。フェニキア人は，地中海東岸から中東と地中海全域を舞台とした商人たちだったので

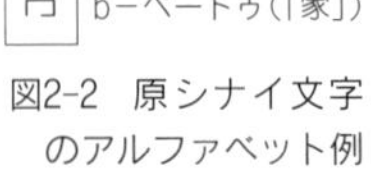

図2-1　ヒエログリフの変化

図2-2　原シナイ文字のアルファベット例
原シナイ文字はエジプトのシナイ半島で発見された。紀元前1500年頃のものとされ，アルファベットの原型のひとつと考えられている。

ある。おそらくその経済活動が，平易なリテラシーの必要性を高めたのであろう（矢島監修ほか　1995）。パピルスの輸出港であったビュブロスもフェニキアの都市であった。フェ

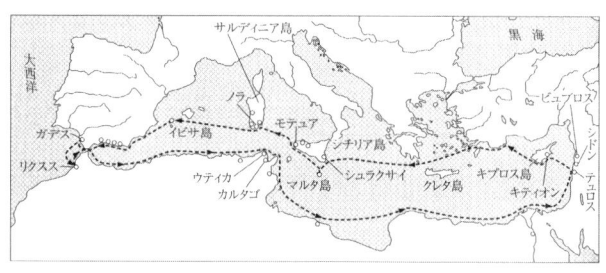

図2-3　フェニキア人の地中海航路

ニキア人は軽いメディアを携えて地中海に繰り出していたのである。

　ギリシャ神話に，全能の神ゼウスがフェニキア王の娘エウロペに一目惚れし，彼女を連れ去って妃にしてしまう話がある。ゼウスがエウロペを連れ回し駆け巡った地域はのちにEUROPEと呼ばれ，捜索に赴いた兄たちはギリシャに移住し，その地にフェニキア文化をもたらす。この神話は，フェニキアとギリシャの婚姻がヨーロッパを生み，アルファベットというアイデアの拡がりがその精神的な根幹を支えることになるということを表した寓話である。ギリシャ人は，22文字の子音のみであったフェニキアのアルファベットに5文字の母音を付け加え，27文字のアルファベットを完成させた。紀元前8世紀頃のことである（ヒーリー　1996）。

2　ソクラテスとプラトン

　アルファベットというアイデアによって，リテラシーは熟練の特殊技能を必要とし支配層に奉仕するものから，より広い層が身につけられる可能性のあるものになった。新しいメディアが一握りの者から解放されたとき，知の独占に変化がもたらされ，それが日常となったとき，その存在を当たり前のものとする新しい世代が現れる。文字という新しいメディアが日常化し，その存在を当たり前のものとする，新世代を象徴する人物プラトンが登場したのは，紀元前5世紀末期のことである。

古代ギリシャの哲学者として有名なプラトン（B.C. 427-B.C. 347）が新世代といわれるゆえんは、文字に対する態度にある。まずかれの師であったソクラテス（B.C. 469-B.C. 399）の姿勢からみていこう。
　ソクラテスは、古代エジプトの神で文字の発明者テウトの話を持ち出している。文字は「記憶と知恵の秘訣」であり、それを使えば知恵が高まり物覚えがよくなるとエジプト王に助言したテウトに対して、王は反論した。文字は知恵ではなく想起の秘訣であり、真実の知識にはなりえない、と。この話を持ち出すソクラテスは、文字を信用に足るものとは考えていない。ソクラテスいわく、書かれたことばは、魂のなかに書き込まれることばの影でしかなく、そんな外的な手段に頼ってはならない。書かれたことばは、対話をつなげる種として蒔かれなければ実を結ばない（『パイドロス』[図2-4]）。ソクラテスの哲学は、対話を交わしながら考えることを手助けする産婆術といわれるものであったが、これによれば、真実の知恵は知識を記憶することではなく、身をもってする理解でなければならない。ことばの影でしかない文字に頼ってはいけない。これが師ソクラテスの教えであった。
　皮肉なことに、このソクラテスの文字批判を文字にしたためたのはプラトンである。そう、ソクラテスはその姿勢のとおり、自分の考え方を文字として残さなかった。一方、プラトンは数多く文字を書き残している。師ソクラテスに反して、「書かれたことば」に頼るようになったプラトンは、師と異なる考え方をするようになる。そのプラトン自身の考え方は、みずからが理想とする国家には詩人は必要がないと説いている話にみえる。有名なプラトンの詩人排斥である。なぜかれはそんなことをいうのだろうか。

図2-4　プラトン『パイドロス』（藤沢令夫訳, 岩波文庫, 1967）

3　プラトンの詩人排斥

　ギリシャにおいて、詩人は大勢の人の前で物語を語り聞かせ、楽しみとともに知恵と教訓を与える教育者とも考えられ

ていた。しかしプラトンは，詩人が劇場でやっているのは，大勢の人びとに受け入れられるように「感情を高ぶらせる」ことだけであると非難する。しかも詩人は，「真理からはるかに遠く離れて，影絵のような見かけの影像を作り出し」ており，そんな話ばかりを吹き込めば「人間ひとりひとりの魂のなかに悪しき国制を作り上げる」。詩人は，人びとの心に害毒を与えるが，聴衆はその解毒剤を持ち合わせていない。よって，真理ではなく見せかけを説く詩や絵画は受け入れるべきではない。そしてプラトンは，正しい正義と真理を導く術を知っている哲学者こそが国家を統治すべきであると結論づける（『国家』［図2-5］）。

図2-5　プラトン『国家』（上・下，藤沢令夫訳，岩波文庫，1979）

　ことばで感情を伝える詩人は害悪で，真理を論理的に組み立てることで正義に到達することができる哲学者こそが教育者であらねばならない。このプラトンの詩人批判は，ことばのレトリックの技巧のみを駆使するソフィストに向けられた批判でもある。いわばこの批判は，一方的な感情の鼓舞と説得の技術を批判する最初のマス・メディア批判であったともいえるだろう。詩人の舞台は，演技者と観客がともに同席する対話の可能な場のはずである。しかし，そこで対話が生まれなければ，一方的な教え込みの場にもなってしまう。プラトンは，その危険性のほうを重大視し，理性と論理によって初めて到達可能な真理の重要性を訴えるのである。

ソフィスト
　古代ギリシャにおいて，主に弁論の技術を駆使した哲学者，雄弁家，またレトリックや弁論術を教えた家庭教師を指す。詭弁家として批判される場合もあった。

　このプラトンの発想は，文字を内面化した者の考え方である。文字がない社会では声としてのことばがすべてであるが，声としてのことばだけでは，いくら頭のなかで考えても込み入った論理的な思考は結実しない。だからソクラテスは，思考を進め考えをまとめるために対話を必要とした。しかしプラトンは，文字を駆使して考えることで込み入った思考をまとめ，また文字をみずからの考え方を伝える手段とするようになる。これは文字を信用していなかった師ソクラテスが決してやらなかったこと，対話ではなく文字で考えることである。

イデア論
世界や事物には，日常的に感知できる偽の姿ではない本質（イデア）が備わっているとするプラトンの思想。真理と等価のイデアこそが知る必要のあるものと考えた。

　おそらく，プラトンが文字で考えるようになったのは，書き記さなければ捉えることも考えることもできない数学や幾何学に慣れ親しんだからであろう。万人が同じ意見で一致する数学的な組み立てと証明が真理を導く手段となり，論理的な思考によって複雑な問題が整理される。こうして，書き記しながら考える技術を習得し，それを自然なものとして内面化したプラトンにとって，確実な真理こそが伝える価値のあるものとなる。その思想はかれのイデア論にもみられるが，かれは真理を論理的かつ抽象的に導き出し，それをみずからの考えとして書物に書き記し始める。プラトンは，対話を重視する師ソクラテスの姿勢を信奉しながらも，知らず知らず文字によって考えることを始めた最初の世代となったのである（ハヴロック　1997）。
　プラトンがソクラテスと違っているのは，真理の知識を捉え伝えるために文字を駆使することを当然のようにおこなったことである。いわばプラトンは，紀元前5世紀末期に現れた，文字を内面化した最初の哲学者であった。むしろいまでは，哲学とはプラトンのように思考することであるといわれるだろう。哲学者が国家を統治すべきと考えたプラトンは，ギリシャのアテネに哲学研究の学園アカデメイアを創設する。プラトンが受けた教育は弁論，音楽，体育からなるものであったが，アカデメイアで哲学研究の基礎とされたのは，幾何学，天文学，音楽理論といった数学的な諸学であった。とはいえ，教育に携わるプラトンは，ソクラテスの教えのとおり対話と産婆術を重視し，思索と教育の成果を文字にする際にも対話の場面を使って書くのを常とした。だがプラトンの弟子のアリストテレス（B.C. 384-B.C. 322）になると，教育のやり方も講義型を重視するようになり，書く文章も対話型ではなくなる。そうした意味では，プラトンはまだ過渡期の人だったのかもしれない。その後900年あまりにわたり存続したプラトンの学園は，ヨーロッパ的学問の伝統を形成し確定した存在として君臨することになる（廣川　1999）。

4 ホメロス問題

　プラトンが文字の存在を当たり前のものとし，新世代を象徴する人物であるとすれば，それ以前との違いはどういった点にあるのだろうか。これを考える材料となるのがホメロス問題である。ホメロスとは，古代ギリシャで紀元前8世紀に活動し，トロイの木馬やナウシカ姫などが出てくる長編叙事詩『イリアス』[図2-6]と『オデュッセイア』[図2-7]の作者とされる有名な吟遊詩人である。ホメロスのような物語を語り聞かせる吟遊詩人は，平家物語の語り手の琵琶法師のように，しばしば盲目であった。その2つの長編叙事詩は紀元前7世紀に文字として残されたとされているから，ホメロスから伝承され，さらに別の者が文字にして残したことになる。しかしこの残された叙事詩すべてを語り聞かせるには何時間もかかる。そんな長大な話をただ一人の人物が正確に記憶しえていたのだろうか。あるいは，ホメロスは伝説上の架空の人物で，残された叙事詩は実は寄せ集めにすぎないのだろうか。

　ホメロス問題は，口承の文化の記憶のあり方とともに，その時代の思考様式とはどんなものかを考えさせてくれる。耳で記憶し伝えるしかなかった時代，非常に長い物語はどのように伝承されえたのだろうか。文字を駆使するようになったプラトンが文字を内面化した考え方をもったとすれば，それは文字以前の文化の思考とどのように違っていたのだろうか。

　ホメロス問題を解く前提となるのは，まずホメロスは実在したかという点にある。ホメロスの存在を疑念に感じるのは，文字として書かれた記録がなければ（あるいは録音された記録がなければ），筋の通った長大な物語など正確に覚えていられるはずがないという現代人の思い込みのためである。では，ホメロスは読み書きができたのだろうか。盲目の吟遊詩人には，それはできなかった。だとすれば，長い叙事詩を記憶していたことになる。ホメロスは，果たして長大な叙事詩を正確に記憶していたのだろうか。この疑問にも，現代人の思い

図2-6　ホメロス『イリアス』(上・下，松平千秋訳，岩波文庫，1992)

図2-7　ホメロス『オデュッセイア』(上・下，松平千秋訳，岩波文庫，1994)

込みがある。ホメロスはリテラシーをもっていなかったのだから，おそらく現代人が到底もちえないような記憶力をもっていただろう。しかし，文字以前の文化に読み書きを前提とする正確さを求めてはいけない。というよりも，正確に記憶するという考え方自体が文字の文化の産物なのである。文字の記録を前提にすると，正確な記憶とは一字一句間違えずに暗記していることだと思ってしまう。しかし，長編叙事詩を繰り返し語り聞かせるのに，そのような正確さは必要ない。ホメロスは，長大な物語を記憶していた。しかし，その記憶とは，演者が観客の前で物語を語る限りでの正確さであればよい。

5 ホメロスの語りと記憶術

　ホメロスのような詩人の語りは，すでに観客が知っている伝統的な材料を状況や聴衆に合わせてそのつど効果的に聞かせるものである。したがって，いつでも同じ物語が一字一句同じように歌われることはない。例えば桃太郎や浦島太郎などの昔話を知っていれば，上手い下手は別にして，誰でも何かしら物語ってみせることはできる。物語をうまく聞かせるには慣れとコツがいる。日本語の語感なら五七五の音に乗せることで一定のリズムある話し方ができる。物語自体は誰もが知っているものだから，そこに必要なのは，リズム，メロディ，節回しといった音楽的要素，それらの均等な長さ，反復，対句，脚韻などの韻律を組み合わせた音に乗る表現の組み合わせ，そして枕詞，慣用句，ことわざなどの決まり文句といった，口頭で物語るのに適した記憶である。これらのレパートリーを幅広く記憶し，それを聴衆の前でなかば即興でうまく語り聞かせること，それが聴衆を満足させる詩人に求められている記憶なのである。

　これは，長いあいだ文字から遠ざけられていた黒人文化が生み出したジャズやヒップ・ホップに似ている。決まったコード進行のなかにメロディやリズムを乗せ，同じリズムの繰

り返しのなかに対句と韻を駆使してきれいに収まる音を乗せていく。こうした口承の技は，そもそもある程度の型にはまった思考パターンによる記憶がないと成立せず，かつうまく演じるには高度な技術が必要とされる。ホメロスが優れた詩人であるといわれるのは，この型にはまった思考パターンをうまく使いこなす記憶と技をもっていたからにほかならない。ホメロスは，口承の文化に典型的な思考パターンに即して長編叙事詩を記憶していた。それは，書かれたものをすべて覚えているといった意味での正確な記憶ではなく，韻律と決まり文句を駆使して伝統的な材料を繰り返し語り聞かせるという，「声の文化」に適合したやり方だったのである。

そもそもこうした聴衆を前にした即興の語り聞かせは，静かに始まり直線的にクライマックスへと進むような物語にはならない。聴衆を引きつけるため，また重要な記憶を披露するため，そしてみずからの記憶を思い起こすために，いきなり物語の核心に，しかもおおげさに引き込んでいくのが常である。そこでは，慣れ親しまれ，型にはまった主題が期待通りに始められる。したがって，英雄は物語を通じてずっと英雄であり，悲劇は最初から悲劇である。主題の補足的な説明は，その後に記憶が続く限り，延々と続けることができる。

こうしたホメロス的な物語に対してアリストテレスは，クライマックスを最後に置くことが物語の基本的な進め方だと考えた（『詩学』[図2-8]）。だが，文字を駆使しないホメロスのような口承詩人には，アリストテレスのいう直線的に進み論理的に練り上げなければならないような物語など，思いもつかず，語ろうとしても語れない。極端にいえば，ホメロスは，探偵小説を思いつかないし，歌えないのである。つまりアリストテレスは，文字で書かれたものを前にしながら何度も推敲を重ね，分析を経たのちに演じられた物語について述べていることになる。アリストテレスは，悲劇は聞くのではなく読むだけでも十分だとも書いている。プラトンやアリストテレスの時代，すでにギリシャ悲劇は文字を内面化した者

図2-8 『アリストテレース詩学 ホラーティウス詩論』（松本仁助・岡道男訳，岩波文庫，1997）

が分析的に練り上げ書き留める物語となっており，ホメロスの時代とは異なる物語だったのである。

6　声の文化と文字の文化

　ホメロスは声のみを前提にした記憶と技から物語を語っていた。そしてプラトンやアリストテレスは，文字を前提にすることで，声のみの場合とは異なる認識と思考をするようになった新しい世代であった。ウォルター・J・オングは，ホメロスの属する文化を「声の文化」，プラトンらの属する文化を「文字の文化」と呼び，それぞれに特有な思考様式を「認識のエコノミー」という点から詳しく検討している（オング　1991）。

　オングによれば，複雑なこと，分析的なこと，論理的に筋道があることなどは，おそらく耳だけで聞いていても理解できず記憶にも適さない。したがって，まず「声の文化」の記憶の対象は，型にはまった思考パターン，決まり文句，そして韻律を使って編み合わせられるパーツに限られる。話が長くなればなるほど，また時間的な間隔があけばあくほど，記憶は薄れ枝葉は忘れ去られる。だからこそ型通りのパターンだけが残り，その場に必要な枝葉が付け加えられるが，声の文化ではそのことが意識的な変更や変化だとはみなされない。

　他方，「文字の文化」では，モノに記された記録を目で見て確認することができる。書かれたものを何度も見て確認することは，次第に正確さと分析的な厳密さを求める感覚を生み出す。表を設け，リストを並べ，冗長を避け，分類し比較することで分析的思考が可能になり，書かれた文字の一定に流れる方向性のおかげで，長く筋道だった論理を寄り道せずに組み立てることができる。いわば，「声の文化」は音を編み上げ，「文字の文化」は目で組み立てるのである。

　人びとは，限られた材料を駆使しながら，最小限の努力で最大限の成果を得ようと工夫する。物事を理解し判断と行動に結びつける認識の過程にもそうしたエコノミーは働く。

「声の文化」と「文字の文化」のこうした認識のエコノミーは、それぞれに特徴的な学習の違いから考えるとわかりやすいかもしれない［図2-9］。「声の文化」では，身近に接し一緒に過ごしながら物事を覚えていく。したがって，見習い修行のなかで具体的な技を自分で実践しながら盗み取っていく学習が中心となる。一方，「文字の文化」では，文字になっていることを覚えることが基本となる。したがって，一方的な講義のなかで，抽象的な内容のマニュアルや教科書に書かれているものを，分類整理しながら理解していく教育が一般的になる。「声の文化」は身体で覚え，「文字の文化」は頭で理解する。「声の文化」はソクラテスの，「文字の文化」はアリストテレスの教育のやり方であるともいえるだろう。もちろん，大学でもゼミと講義が分かれているように，現在の学校教育で一方の教育のみがおこなわれているわけではないが，「文字の文化」に偏りがちであることは否定できない。

声の文化	文字の文化
見習い修行	マニュアル・教科書
徒弟奉公	授業・講義
ことわざ	公式
決まり文句	体系的論理
具体的	抽象的
実践的	分類・分析的

図2-9　学習の違い

こうしてみると「声の文化」は、基本的にことばに支えられた文化であり、行動の手順や問題への取り組み方が、客観的世界にではなく、身体を巻き込んだ人間同士の直接的なやりとりに依存している文化であるということができる。

旧ソ連の心理学者であったアレクサンドル・R・ルリヤらがおこなった、急速に文字学習が普及しつつある地域での心理学的調査の結果は、リテラシーのない者とリテラシーを学習した者との違いを考えさせるものである（ルリヤ　1976）。例えば、ハンマー、のこぎり、おの、丸太の4種から仲間外れを選ぶ問いが出された。1，2年学校に通った者は、全員が「丸太」を選んだ。しかし、リテラシーのない者の8割は「丸太」を選ばず、選んでほしい正解が「丸太」だと提示されると、「そんなことを言うのはバカで物の道理がわからないやつだ」と返答したりする。仲間外れに「ハンマー」を選んだ被験者は、「のこぎり、おの、丸太は似ていると言えるでしょうか」とさらに聞く質問者に対して、「うん、もちろ

```
┌─────────┐
│ ハンマー │
│ のこぎり │
│  おの   │
│  丸太   │
└─────────┘
```

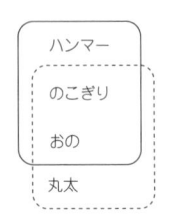

図2-10　仲間外れは？

ん似ているよ，それらは一緒につかうものだ」と答えている[図2-10]。

　この調査でのリテラシーの有無による認識の違いをどう考えればよいだろうか。ルリヤらの一連の調査を通じて，リテラシーのない者は，提示されたものが使用される具体的場面における実践的意義から物事を捉え，抽象的カテゴリーでのグループ分けを理解しないか，意味のないことと片付けている。このリテラシーのない被験者たちは，生活のなかで直接に体験する出来事にしか関心を見いだせず，生活に直接関係しない抽象的な事柄にはまったく意義を見いだせないのである。

　こうしてみると，オングのいう「声の文化」と「文字の文化」は，その認識のエコノミーの違いにより記憶と思考様式を異にする文化であり，「文字の文化」の認識はプラトンらが文字という新しいメディアの存在を当たり前のものとし，文字を駆使しながら思考を組み立て始めたことで初めて可能になったものということができるだろう。

7　リテラシーは大分水界を生じさせるか

　オングは，文字によって文化に大きな断絶が起きるといっているようである。たしかにルリヤらの調査事例をみると，リテラシーの有無で物事の認識過程に大きな断絶が起きているといいたくなる。こうした主張はしばしばリテラシーによる大分水界理論（great divide theories）と呼ばれる。大分水界理論の主張では，人類はリテラシーの獲得によって神話的世界から離脱して歴史的意識に目覚め，真実を追究する姿勢や懐疑の目を育て，個人主義や民主的社会を発達させたとされる。本人たちはそうはいっていないが，エリック・A・ハヴロックやオングらがこの理論の唱道者とされる。

　大分水界理論に対する主要な反論は，非論理的なリテラシー思考や論理的な非リテラシー思考というようなものも見いだせるし，また当然ながらリテラシーだけが問題なのではない，というものである。そしてまた当然ながら，口承であっ

大分水界理論
グレート・ディバイトとは水系の分かれ目のことで，境界，断絶を指し，転じてリテラシーの有無による大きな変化を意味する。水系を分ける山脈を分水嶺というため，大分水嶺理論という場合もある。

てもリテラシーであってもその使用形態は単一のものではなく，むしろそこに関与していく社会的過程を重視しなければならないという主張もされる。また，ギリシャ精神を理想化し，リテラシーのなかでもアルファベットの簡潔さと使いやすさのみから議論を進めがちなことも，ほかの言語圏からみれば一面的に映る。

　ルリヤらの調査でのリテラシーをもつ被験者は，それを学校のような機関で学習している。したがって，文字を読み書きできるかどうかだけが認識の違いにかかわるかは，単純には判断できない。リテラシーというよりも，それを活用する学校教育そのものが，抽象的な分類や論理的な手続きといったある一定の学習過程をすでに前提にしているからである。

　かつての中国の百科事典には，動物をいささか不可解な仕方で分類していた例があるという［図2-11］。古くから文字を使っていた中国での，また文字を前提とした百科事典という書物における，この混乱をどのように考えたらよいのだろうか。この事例を引いている哲学者のミシェル・フーコーは，世界を捉える認識は連続的に発展し普遍的な状態に達するものというよりは，非連続的なものであり，現代のような認識でさえ19世紀に生じたある一定の観点の産物であると主張する（フーコー　1974）。

　オングがいうように，文字に慣れきった者が「声の文化」のみに基づく認識を理解することは難しい。フーコーが提示する事例のように，文字を内面化しさえすれば，論理的で抽象的な一貫した正しい認識にまっすぐに進むともいえない。思考過程は，人びとの世界観がかかわるものであり，人びとが同意する正しさも時代や状況に応じた知識の有効性に左右される。例えば，神話の世界が自分たちの祖先だと考えたり，神がいることが大前提であったり，占いが正統だと思われているところでは，リテラシーという新しい技術もその前

(a)皇帝に属するもの
(b)香の匂いを放つもの
(c)飼いならされたもの
(d)乳呑み豚
(e)人魚
(f)お話に出てくるもの
(g)放し飼いの犬
(h)上の分類自体に含まれるもの
(i)狂ったように騒ぐもの
(j)数えきれぬもの
(k)駱駝の毛の極細の筆で描かれたもの
(l)その他
(m)いましがた壺をこわしたもの
(n)遠くから蠅のように見えるもの

図2-11　中国のある百科事典の動物分類
この分類は，もともと作家ホルヘ・ルイス・ボルヘスが，はるか昔の冗長かつ不完全なカテゴリー記述の例として紹介したもの（ボルヘス 2013）。

未開	文明
単純	複雑
発展途上	先進
非西洋	西洋
伝統的	近代的
劣	優

図2-12 ステレオタイプな文化の区別

提に沿って用いられる。

　また，明確な断絶を想定する大分水界理論の難点のひとつは，未開と文明，非論理性と論理性，蒙昧と進歩といった区別が暗に含まれてしまうところだろう［図2-12］。これに対して，文化人類学では，従来想定されていた未開と文明という枠組みは，主に西洋を進んだ社会とみる恣意的なものであって，そこに必然的な優劣など仮定できはしないとする議論が主流になっている。発展的または進化論的な考え方は，文化の優劣を仮定する二項対立的で自民族中心的な考え方であり，文化相対主義的な考え方に置きかえられなければならない。生活のなかで育まれた有効性があるからこそ，それぞれの文化は特有の知識や論理性を継承する。神話や神の世界は単なる迷信としてではなく，ある文化において有効な論理を備えた考え方であるとみなければならないのである［図2-13］。

　リテラシーに関しても「声の文化」と「文字の文化」は対立するものではなく，優劣を含む進化の関係にもない。むしろ，現代のわれわれは，「声の文化」の認識方法を基盤に，一定の教育過程において「文字の文化」の認識方法をあわせもつことを学習する。現代の学校教育が嫌いな人ほど，「声の文化」の様々な要素や考え方に魅力を感じてしまいがちなのは，「文字の文化」の有効性が感じられず，むしろいくらか実感できる「声の文化」に魅力を感じるからだろう。したがって，単純にリテラシーの獲得だけが問題ではない。「声の文化」と「文字の文化」はわれわれのなかの複数の要素なのである。だがまた，リテラシーを含む「文字の文化」とその思考様式を身につけることが前提とされている社会のなかでは，その前提を活用できる者が文化に適合しているともみなされるのである。

神話	歴史
呪術	科学
身分	契約
具体的	抽象的
集団的	個人的
儀礼・非合理性	合理性
神話的・詩的思考	論理的・経験的操作
野生の思考	飼育された思考

図2-13 認識方法の違い

8　メディアを環境として捉える

　大分水界理論への反論を要約すると，リテラシーだけが問

題ではないということになる。ルリヤらの調査の事例からも，それを活用する学校教育のあり方が認識の仕方に影響を与えていると考えられる。この反論は正しい。とはいえ，プラトンは，文字という新しいメディアが日常化した際に，その存在を当たり前のものとする新世代を象徴する人物であった。この新世代の登場をどのように考えたらよいのだろうか。これをメディア論者のマーシャル・マクルーハンのことばから理解してみよう（マクルーハン　1987）。

「どんなメディアもその内容はつねに別のメディアである」。例えば「声の文化」を代表するホメロスの長編叙事詩は，新しいメディアである文字に書き留められ今日まで受け継がれた。またプラトンが文字を書き記すようになった際，かれが書いた書物の内容は師ソクラテスのことばであった。このように新しいメディアが使われるとき，実際にはその内容は古いメディアで埋められていく。つまり新しいメディアは，古い文化のなかでその文化を引きずりながら使われる。したがって，その内容だけに注目していても新しいメディアは理解できない。このことばは，新しいとされるメディアが，どんな考え方に基づき，何のために，また何を伝えるものとして使われるのか，といったことを考えさせてくれるだろう。

「メディアはメッセージである」。あるいは同様の意味を込めてマクルーハンは，「メディアはマッサージである」ともいう。メディアは内容にかかわらず，それ自体が直接にわたしたちをマッサージするという意味である。わたしたちは，新しいメディアに取り囲まれても，その本来の可能性にあまり気づかない。けれども，メディアは基本的に人間の何かしらの機能を代替するからこそ，社会に導入される。したがって，メディアを理解するには，内容ではなくメディアにこそ注目しなくてはならない。このことばは，新しいとされるメディアが，人間のどんな機能を代替し，われわれに何を促し，それが心理的かつ社会的にどんな変化をもたらすのか，といったことを考えさせてくれるだろう。

> メディアのバイアス
> →第1章 pp.11-12

　このようにマクルーハンは，内容（コンテンツ）とは別にメディアに注目することを勧めた。とはいえ，このことばをあまり生真面目に受け取ってはいけない。実は「メディアはメッセージである」は，イニスのいう「メディアのバイアス」の概念を曖昧に拡げた言い方である。イニスは，次のように述べる。軽いメディアは持ち運びに便利で遠くに移動させやすく，重いメディアは耐久性があり永続的に保存しやすい。粘土板からパピルスへといったメディアの交代がバイアスの変化を伴うことで，例えば宗教的安定から領土の拡大へといったように関心の構造の変化を促しやすくもする，と。イニスのいうバイアスとは，あるメディアがほかのメディアよりも比較的誘発しやすいある可能性のことであり，われわれの何を刺激しやすく，われわれにどんな使い方を促しうるのか，といったことにかかわる概念である。

　イニスとマクルーハンのことばをここではあえて厳密には捉えずに，メディアを考えるためのヒントだと考えよう。プラトンが新世代を象徴する人物となれたのは，かれがリテラシーの存在を当たり前とする社会に過ごしたから，つまりあるメディアを当たり前に駆使できる環境に生き，それを前提とした環境に生きていたからである。イニスのことばからすると，プラトンの過ごした環境は師ソクラテスとは違った関心の構造への変化を促してくれた。マクルーハンのことばからすると，問題となるのはメディアの内容ではなくメディア自体である。メディアを人間の新たな可能性を促す環境として捉えることは，多くのメディアに囲まれた環境に生きるわたしたちの社会とそこから生み出される文化を知るための大きなヒントとなる。

9　メディアの社会への埋め込まれ方

　もちろん社会環境の一部にすぎないメディアが，いつどこでも一様に働くわけではないから，誰もがプラトンになれるわけではない。例えばプラトンの過ごしたアテネは，働く奴

隷と働かなくてもよい自由民からなりたっている社会であった。プラトンは，自由民であったからこそ，流行っていた思想と政治に関心をもち，ソクラテスの弟子として過ごすことができた。ここにはイニスのいう「知の独占」が深く関係するだろう。

　また，新しいメディアが拡がるには，それが欲される文化的な必要性や社会的な圧迫，自然条件や技術的な要請，商業的な利害や政治的状況，そしてそれを受け入れる人びとの生活水準や文化的土壌などがかかわっている。こうした様々な要素の絡み合いとつながりを，ポール・ドゥ・ゲイは「文化の回路」と呼び，メディアが社会の多様な関係のなかに人為的に組み込まれるものであり，それ自体が文化の一部であることを強調している（ドゥ・ゲイほか　2000）［図2-14］。したがって，メディアを環境として捉える前に，メディアはこうした社会関係のなかに埋め込まれるものであると捉える必要がある。

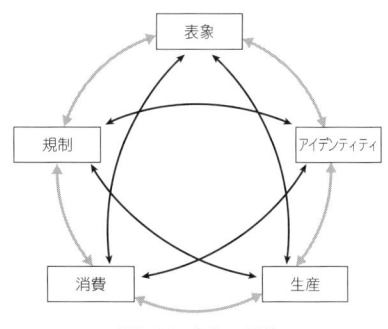

図2-14　文化の回路

　どれだけの者がメディアに自由に接触し，それを自由に使うことができるのだろうか。メディアは，どのように社会に埋め込まれ，またどのような者がそれを駆使できる環境に置かれているのだろうか。メディアは，日常に浸透し環境化する前にすでに社会的に埋め込まれている。そのメディアのデザイン自体がメディアに接触する自由度を左右する。そのなかで，メディアへの接触を許された者は，それぞれある特殊な関心をもちながら新たなメディアを使い始めることができる。メディアがもたらす知覚や特性を感じることができるようになるのは，ようやくそれからである。

　ギリシャにおける文字メディアは，すべての文化の回路の絡み合いのなかで日常に浸透した。ある社会層において，文字という新しいメディアが日常化し，ことさら意識することさえしなくなったとき，その存在を当たり前のものとして考

え行動できる人びとが現れる。そして，比較的多くの者がある種のやり方で日常的に文字を駆使することが当たり前の社会になったとき，そのメディアにマッサージされる可能性を高める新しい世代が現れる。文字は視覚を使ったリテラシーを要求し，書き記すことは，読むことと合わさることで，反省を促し，分析と推敲を可能にし，数字を使った論理的な思考を容易にする。こうした「文字の文化」は，ある時・ある場所のある一定の条件のもとで，文字というメディアによるマッサージがほぐしてくれた可能性なのである。メディアを捉えるにあたっては，こうした新しいメディアが登場する段階，普及する段階，環境の一部となる段階を区別し，各段階でのメディアの社会への埋め込まれ方を把握することが重要である。

〈参考文献〉
イニス，ハロルド・A 2021『メディアの文明史——コミュニケーションの傾向性とその循環』（久保秀幹訳）ちくま学芸文庫。
オング，ウォルター・J 1991『声の文化と文字の文化』（桜井直文・林正寛・糟谷啓介訳）藤原書店。
グディ，ジャック 1986『未開と文明』（吉田禎吾訳）岩波書店。
高津春繁 1966『ホメーロスの英雄叙事詩』岩波新書。
ドゥ・ゲイ，ポールほか 2000『実践カルチュラル・スタディーズ——ソニー・ウォークマンの戦略』（暮沢剛巳訳）大修館書店。
ハヴロック，エリック・A 1997『プラトン序説』（村岡晋一訳）新書館。
ヒーリー，ジョン 1996『初期アルファベット』（竹内茂夫訳）學藝書林。
廣川洋一 1999『プラトンの学園アカデメイア』講談社学術文庫。
ファルヌー，アレクサンドル著／本村凌二監修 2011『ホメロス——史上最高の文学者』（遠藤ゆかり訳）創元社。
フーコー，ミシェル 1974『言葉と物——人文科学の考古学』（渡辺一民・佐々木明訳）新潮社。
ボルヘス，ホルヘ・ルイス 2013「ジョン・ウィルキンズの分析言語」『ボルヘス・エッセイ集』（木村榮一編訳）平凡社ライブラリー。
マクルーハン，エリック／ジングローン，フランク編 2007『エッセンシャル・マクルーハン——メディア論の古典を読む』（有馬哲夫訳）NTT出版。
マクルーハン，マーシャル 1987『メディア論——人間の拡張の諸相』（栗原裕・河本仲聖訳）

みすず書房。
茂呂雄二　1988『なぜ人は書くのか』東京大学出版会。
矢島文夫監修／田中一光構成　1995『人間と文字』平凡社。
ルリヤ，A・R　1976『認識の史的発達』(森岡修一訳) 明治図書出版。
Goody, Jack and Watt, Ian 1963 "The Consequences of Literacy" in *Comparative Studies in Society and History*, Vol. 5-3.

第3章　プレ・グーテンベルク時代の写本と紙の伝播

1　書かれたものの収集

　プラトンの死後，アカデメイアを離れたアリストテレスは，マケドニアの王子アレクサンドロスの家庭教師として招聘された。その後，アリストテレスは，多くのパピルス文書をもつ学術図書館を備える学園リュケイオンを創設し，みずからも何百巻にもなる著作を書き残したという。

　王となったアレクサンドロスはマケドニアを大帝国とし，新たな首都アレクサンドリアを建設し，大王と称される［図3-1］。大王の早逝によって分割された領土の後継者たちは，学園リュケイオンの図書館を模した大図書館を建て，手に入る限りの書を集め，蔵書を競い合った。なかでもアレクサンドリア図書館の蔵書は20万巻とも40万巻とも，あるいは70万巻に及んだともいわれる。この膨大な書かれたものを収集する大図書館に隣接する研究機関ムーゼイオンが，文字の文化をさらに大規模に実践することになる。有名な学者ユークリッド，プトレマイオス，アルキメデスらもこのアレクサンドリアで研究し，のちに再発見される大きな知の足跡を残すのである（エル=アバディ 1991）。

　アレクサンドリア図書館が建造されたのは紀元前300年頃である。書かれたものの集積だけを問うならば，紀元前3000年頃の会計文書の集積，いわば行政文庫が古代メソポタミア地域で発掘されてい

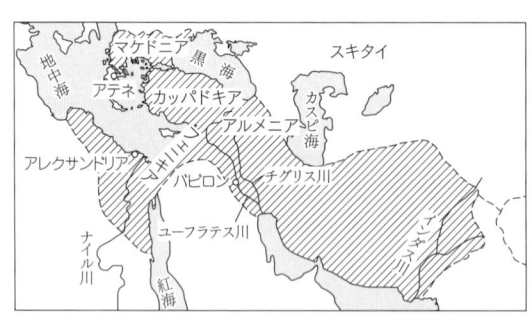

図3-1　アレクサンドロス大王領の最大域

第 3 章　プレ・グーテンベルク時代の写本と紙の伝播

る。規模を問わなければ，地中海クレタ島で紀元前 17 世紀のクノッソス宮殿内図書室とされる小部屋が発見されている。かなり大規模なものでは，紀元前 7 世紀のアッシリアの首都ニネヴェにはアッシュール・バニパル王の図書館があった。その遺跡では，「大洪水物語」をはじめ約 3 万点にのぼる神話，宗教文書，王室記録，契約書，法令，手紙，行政文書などが発掘されている。この蔵書は，当時の施政者には珍しくリテラシーをもっていたアッシュール・バニパル王が，個人蔵書のたぐいも含めて欲した書を，いわば王の権限で没収したものであった。

　これら初期の図書館の雑多な文書が粘土板に書かれたものであったことに注意しよう。粘土板は重くかさばり，多くの内容も盛り込めずスペースをとるため，今日の目からみると保管には適さない。紀元前 2800 年頃より使われていたはずのパピルスならば粘土板ほどの制約はないのだが，朽ちやすいためピラミッド内以外にはあまり残っていない。

　パピルスは，フェニキア経由で地中海世界にも数多く輸出されており，ソクラテスやプラトンの時代のギリシャでは一番使われる書写材料になっていた。紀元前 5 世紀のアテネでは，すでにパピルスを扱った書籍商も存在していたという。プラトンのアカデメイアやアリストテレスのリュケイオンに代表される学術的な図書館には，パピルスの巻物が並んでいたはずである。

　パピルスはエジプト産であったが，地中海より東方に遠征したアレクサンドロス大王は産地エジプトやその流通経路をも手中に収めており，エジプトの大規模な図書館に集められたものがパピルスに書き写されるのは必然であった。ギリシャ世界が古代オリエントに結びついたこのヘレニズム期には，数多くの図書館にパピルスの巻物が収められることになるのである（カッソン　2007）［図 3-2］。

　パピルスという書写材料は書かれたものを大規

古代オリエント
古代エジプト，古代メソポタミア，古代ペルシャなどを含む地域の総称。アレクサンドロス大王は，この地域の多くを治めた。

図3-2　パピルスと巻物の保管

33

模に収集し収蔵するという試みを容易にしてくれた。かき集められたものは粘土板あるいは木片であったかもしれず，言語も様々だったであろう。集められた書は，扱いやすいパピルスへと，またギリシャ語へと変換され，アレクサンドリア図書館へと何十万巻も収蔵されていったのである。

2　巻子本から冊子本へ

　最大規模のアレクサンドリア図書館に集められた文書は，すべてパピルスに書き写されたが，それには同じ内容のもの，例えばホメロスの『イリアス』や『オデュッセイア』がいくつも存在した。なぜだろうか。その理由は，集められた文書が書き写されたもの，つまり写本だから，である。写本はひとつひとつが異なり，まったく同じものは存在しない。書かれたものは，組織的に集められ，同じ内容のものを並べ，比べることができるようになって，初めて異なる部分が多々あることが明らかになる。したがって，図書館での書かれたものの収集にはテキストの比較検証という作業がついてまわる。アレクサンドリアの研究機関ムーゼイオンでまずおこなわれたのは，こうしたテキスト原本の同定，テキストの注釈，そして辞典類の作成であった。

　ムーゼイオンに集まった学者たちがおこなった莫大なパピルス文書の検証は，書かれたものには正確な原本があるという意識を芽生えさせた。こうした文芸的な意味を読み取る作業の一方で，ムーゼイオンでは数字を扱う学問も盛んにおこなわれた。とくに幾何学，地理学，天文学，医学といった多様な文書の積み重ねによって緻密さを増す学問分野は，書かれたものの収集によって大きく前進したはずである。もちろん宗教にかかわる文書も数多く所蔵されていた。

　アレクサンドリア図書館では蔵書目録が編纂されたという記録はあるが，実物は残されておらず，どのような書物があったのかは記録の断片から推測す

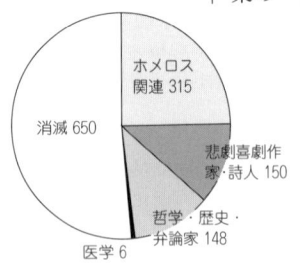

図3-3　エジプト出土文字資料の内容（キリスト教関係を除く）

ホメロス関連 315
消滅 650
悲劇喜劇作家・詩人 150
哲学・歴史・弁論家 148
医学 6

34

るしかない。ギリシャ古典学者のフレデリック・G・ケニオンがそうした古代の書物の概要を示してくれている（ケニオン 1953）。

ケニオンによると，紀元前3世紀から7世紀にわたるエジプト出土文書から行政文書や手紙以外を取り出し，さらにキリスト教関係のものを除いた1200ほどの文書のうち，その半分は今日には伝わらず消失してしまった書籍の断片であるという。今日まで伝わる書籍のうちの半分はホメロスに関するものが占め，次いで10人ほどの悲劇作家，喜劇作家，詩人の作品群，これまた10人ほどの哲学者，歴史家，弁論家の作品群がおよそ残りの半分ずつを占め，後は6冊の医学書である［図3-3］。出土数のピークは2世紀から3世紀であるが，3～4世紀になるとパピルスの巻子本が冊子体に変わり始めた［図3-4］。

またケニオンは，エジプトの一地方都市オクシュリンコスのゴミ捨て場跡地から出土した3世紀から6世紀にわたるかつての廃棄文書を紹介している。その文書の9割は行政文書や手紙類で，書籍とみなされるのは残りの1割である。その1割を書籍形態とキリスト関係文書か否かで分け年代別に並べると，4世紀の巻子本から冊子本への形態の移行期に，キリスト教関係書籍が冊子体を積極的に採用していることがわかる［図3-5］。

こうした古代の書物についての知識は断片的なものでしかないが，それでも文字を駆使する文化について考える材料を提供してくれる。各地に図書館がで

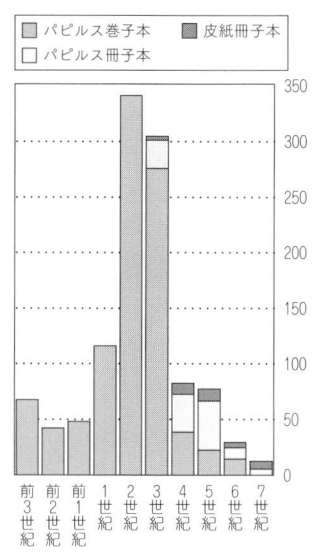

図3-4　エジプト出土文字資料の形態（キリスト教関係を除く）

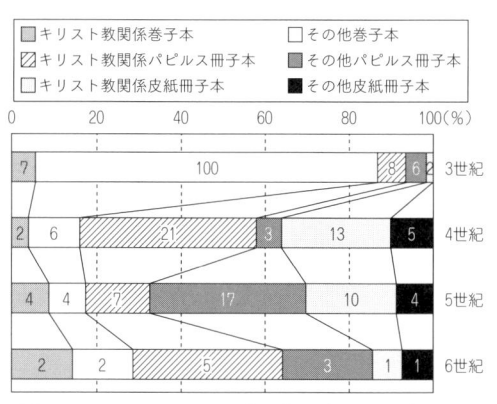

図3-5　オクシュリンコス出土文字資料の内容と書誌形態

きるほど，書かれたものは拡がっていった。しかし文書のすべては写本である。必要がなければ書き写されはしない。基本的には一点もののため，今日まで残ったのはその半分ほどである。書かれたものを大規模に収集する図書館の存在は，重要性の評価，校訂，真偽の同定などの作業があったことをうかがわせる。残ったものの多くは，ホメロスに代表される叙事詩や悲劇・喜劇といった作品群であり，歴史や哲学は人気があったとはいえない。医学書が必要とされる可能性はあったが，幾何学や天文学文書などはありふれたものではなかったようである。古代の書籍文化の最盛期は2世紀から3世紀であり，ローマ帝国の最盛期と重なる。写本の総数は4世紀には減少するが，それに比して4世紀終わりにローマ帝国の国教にまでなったキリスト教関係文書の割合が増す。大部の文書を聖典とするこの宗教は，多くの文書を盛り込める冊子体を，さらに両面が使える皮紙を積極的に採用し，書籍形態の転換に深く関係しているといえる。この特定の宗教のローマ国教化は，地中海から拡がった文字の文化にその後も大きな影響を与えることになるのである。

3　知の集積の危うさ

　79年のヴェスヴィオ火山の噴火で埋もれ，当時の姿のまま保存された奇跡の都市ポンペイには，学校も公共図書館もあった。街中の壁には驚くことに落書きまであった。ローマ帝国の一属国であったイタリア半島の街にも，リテラシーは十分に拡がっていたのである（本村　2010）。とはいえ，ポンペイにしかなかった写本は一瞬にして消滅してしまったであろう。写本が消滅する機会は自然災害だけではない。すべてが一点ものの写本は，誰かがそれを書いて写さなければ残りはしない。図書館に集められても，もし火事にでもあえば一挙に消え去ってしまう。

　実際，あらゆる種類の蔵書を誇ったアレクサンドリア図書館は，紀元前48年に焼失し，その後に再建されたとも伝え

られる。エジプトの内戦時にその仲介に入ったローマの軍人政治家ユリウス・カエサル（ジュリアス・シーザー）が，王女クレオパトラに荷担した際のことであった。そのためか，カエサルの死後にローマの実権を握ったマルクス・アントニウスは，ローマの属国となっていた小アジアのペルガモン図書館の蔵書をクレオパトラに与えたともいわれる。

アレクサンドリア図書館と蔵書を競い合ったことで有名なこのペルガモン図書館には，いくつか逸話がある。エジプトからパピルスを輸入できなくなり，ペルガモンでは代わりとなる材料を生産し始めた。羊皮紙のことをペルガモンの紙，ラテン語ではペルガメナ（英語ではパーチメント〔parchment〕）というのはこのためである。また，アリストテレスの蔵書は孫弟子がペルガモンの近くの故郷に持ち帰っていたが，次の相続人は図書館への没収を恐れて蔵書を地下に埋めていたという。その後に売却されたアリストテレス文庫は再びアテネに戻るが，その地が紀元前86年にローマ軍に征服されたのを機にローマに運ばれた後，ようやく私設文庫として公開された（ブランク　2007）。

アリストテレスの蔵書は消滅の危機を逃れたが，書かれたものはいつでも略奪，散逸，売却，廃棄，焚書など消滅の危機にさらされている。写本を収集する図書館は，その価値を共有するか否かによって，あるときは略奪の対象となり，あるときは破壊の対象となった。ギリシャやエジプトを手中に収めたローマ帝国は，憧れのギリシャ文化を学ぶためにギリシャ語写本を集め，必要なものをラテン語に翻訳した。けれども，文字を使う地域一帯がある一国に支配されるということは，書き継がれ収蔵されてきた写本文化の運命も，その支配に左右されるということではないだろうか。知が独占されれば多様性が失われる。ローマに収集されたギリシャ語写本のラテン語訳には，ローマ人が好まなかったのか，科学的な内容のものは少ないという。それ以外のギリシャ語写本も5世紀のローマの衰退と崩壊によって，またキリスト教の異教

小アジア
黒海，エーゲ海，地中海に挟まれたアナトリア地域を指し，主に現在のトルコにあたる。ペルガモン図書館の遺跡は，現在のトルコのエーゲ海寄りの街ペルガマにある。

攻撃によって散逸し，多くは忘れ去られる運命をたどった。

例えば，第二次世界大戦後に現在のイスラエル，パレスチナ自治区にあたる地域の洞窟で発見された死海文書（多くが羊皮紙巻子本）は，70年にローマ軍がエルサレム神殿を攻撃した際に隠されたものであったと推測されている。同じく洞窟から発見されたエジプトのナグ・ハマディ写本（パピルス冊子本）は，367年のアレクサンドリアの教会が発布したキリスト教聖典以外の焚書命令の際に隠されたものと推測される。さらに415年，キリスト教徒は異教への不寛容からアレクサンドリアの女性哲学者ヒュパティアを殺害する。この事件によって，科学的な写本を多数抱えていたアレクサンドリア図書館は実質的にも思想的にも破壊された（映画『アレクサンドリア』参照）。

中国での紀元前3世紀の「焚書坑儒」や5世紀から10世紀にかけての仏教弾圧「三武一宗の法難」も有名であろう。仏教発祥の地インドにおけるイスラム教による徹底的な破壊は，インドの仏教徒を現在1%未満にしてしまっている。

こうした歴史は，「異端」な思想や宗教への寛容のなさ，そしてそれがもたらす知の独占の結末を物語るものでもある。

4　写本の継承

出土したパピルス文書の数量でみたように，文字を駆使し書物を扱う文化はローマ帝国の覇権期に興隆したが，ローマ帝国の衰退とキリスト教の不寛容によって破壊された。ヨーロッパ中心主義からみた「暗黒の中世」の始まりである。ゲルマン民族の大移動のなか，ローマ帝国が395年に東西に分裂したのち，西ローマ帝国は100年もたたないうちに滅亡し，その中心は東ローマ帝国の首都コンスタンティノープルに移る。ローマ帝国が残した目立った遺産は，パンとサーカス，西ローマのカトリック教会と東ローマの正教会，そして，そこから派生した修道院生活と聖書の解釈を続ける神学争いであった。

焚書坑儒
秦の始皇帝が，紀元前史書や思想書の所有を禁じ焼き払い（焚書），400人以上の儒者を生き埋めに処した（坑儒）ことを指す。権力者による政治的な思想弾圧事件。→ p.45

三武一宗の法難
5世紀から10世紀にかけて中国に成立した国の皇帝のうち，太武帝，武帝，武宗（三武）と世宗（一宗）がおこなった，寺院の破壊や財産の没収などの仏教弾圧政策をいう。

パンとサーカス
施政者が庶民に与える食料（パン）と見世物（サーカス）のこと。古代ローマの詩人ユウェリナスが国政に無関心な世相を否定的に表現した警句。高度な福祉政策とも政治的な愚民政策ともいえる。

ヨーロッパはギリシャの遺産と断絶した。東ローマではギリシャ語が公用語にされたことでコンスタンティノープルにはいくらか継承されていたが，ギリシャ文化，とくにローマ人が好まなかった科学的な写本を，のちに伝えたのはむしろアラビア世界であったという。なぜだろうか。科学史家の伊東俊太郎は，5世紀から12世紀までの中世の断絶をつなげた科学写本の流れを跡づけている（伊東　2006）。

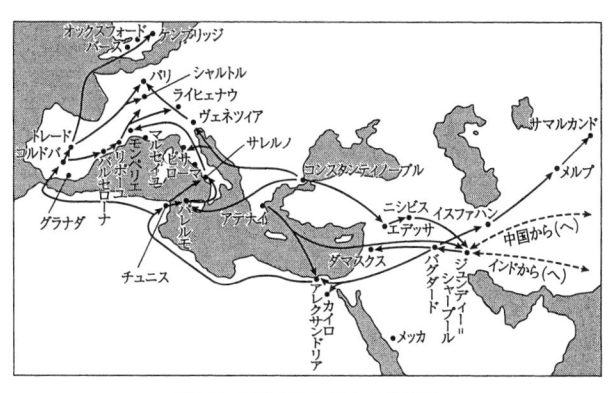

図3-6　12世紀ルネサンスの経路

伊東が示す「12世紀ルネサンスの経路」［図3-6］を見ながら，その流れを概観していこう。まずはキリスト教内での神学争いを発端とする。5世紀，コンスタンティノープル大主教でもあったネストリオスが異端とされ，東ローマ帝国を追われペルシャに移り，中央アジアで学校を建てながらネストリオス派のキリスト教を広めた。この宗派は中国では景教と呼ばれた。同じく異端とされ東ローマから追われた単性論者も，シリア地域に修道院を建てて信仰を続けた。異端者たちは，自分たちの正当性を根拠づけるために，ギリシャの遺産をシリア語に訳しながら神学の研究を続けた。この7世紀までの動きを，伊東は「シリア・ヘレニズム」と呼んでいる。

7世紀には，ムハンマド（マホメット）によるイスラム教のもとでのアラビア半島の統一が起きる。イスラム帝国が築かれるなか王朝がペルシャ系に替わり，首都バグダードにペルシャ文化が流入する。とくにムーゼイオン以来といわれるバグダードの研究機関「知恵の館」では，キリスト教異端者たちがペルシャで伝えてきたシリア語写本がアラビア語写本にされ，さらにはインドの数学や中国の技術文化まで吸収して

ルネサンス
　狭義には14〜15世紀にイタリアに始まった文化運動を，さらにそこからヨーロッパ地域に広まった古典古代文化の復興を指し，広義には古典の復興・再生による文化の活性化を意味する。

単性論者
　イエス・キリストが神性と人間性をあわせもつという両性説に対し，神性のみを主張する立場。単性説・単位論ともいう。5世紀のキリスト教公会議で両性説が採択され異端とされた。

いく。この8世紀から9世紀までの動きを,「アラビア・ルネサンス」と呼ぶ。

　10世紀になると,アラビア文化が西欧と融合した地中海西海岸の地域,具体的には現在のスペイン北東部にあったベネディクト派修道院で,アラビア語写本がラテン語訳されるようになる。11世紀には,キリスト教国のイベリア半島再征服運動（レコンキスタ）がスペイン中央部から北東部にかけて南下し,アラビア語写本とそのラテン語訳を吸収していく。またギリシャ,ローマ,東ローマ,イスラム,ノルマンの各文化が通過していった地中海中央に位置するシチリア島も,ギリシャおよびイスラム遺産のラテン世界への流入に大きな役目を果たしている。シチリア島で育ち,のちに神聖ローマ帝国の皇帝になるフリードリッヒ2世は,十字軍に参加するが,異端扱いもされ,しかもアラビアびいきで有名であった。

　ギリシャの遺産は,5世紀から7世紀に至るシリア・ルネサンス,8世紀から9世紀に至るアラビア・ルネサンス,そして10世紀からのアラビア科学のヨーロッパ流入を経て12世紀に再発見される。これを「12世紀ルネサンス」と呼ぶ（伊東　2006）。ギリシャの遺産は,他文化の流入を許容する文化的多様性を実践してきた地域をめぐっていったことになる。

5　修道院と写本

　アラビア経由の知の継承ではラテン文学,つまりキリスト教徒の文書はあまり重視されなかった。ラテン文学の継承の役割を果たしたのは,ちょうどローマ帝国衰退期の5世紀にキリスト教が広められたアイルランドである。

　ゲルマン民族が地中海世界に攻め入った暗黒の中世の形成期,アイルランドでは布教によりキリスト教が受け入れられ,ケルト系修道院が生まれた。最辺境のアイルランドでは激しい神学論争は遠い地の話で,異端を無慈悲に糾弾するようなこともなかった。大陸の大変動から逃げ出した信者と大量にもたらされた写本を受け入れたのは,こうしたアイルランド

人の大らかさと文化的な寛容であった。アイルランドの修道院は，ゲルマン民族が侵攻した後のブリテン島，そして大陸へ伝道に赴き，次第に修道院の数を増やしていった。アイルランドの修道院は9世紀にはヴァイキングに破壊されるが，それまでに大陸各地に広まった修道院には，アイルランドそしてブリテン島経由の写本がもたらされた。この流れは，ラテン語の正字化と写本の精力的な継承に努力した9世紀初頭のカロリング朝ルネサンスに間に合った（カヒル 1997）。

　このように，12世紀ルネサンスに至る古典の継承には，辺境地の修道院が重要な役割を果たしていたわけだが，その修道院で修道士が何をすべきかを決定づけたといわれるのは聖ベネディクトスである。かれがイタリア中部のローマにほど近いところにモンテ・カッシーノ修道院を建てたのは，東ローマの異教弾圧によってプラトンのアカデメイアが閉鎖された529年のことであった。修道院は，世俗との接触を重視する教会とは異なり，厳格な戒律のもとに自給自足で共同生活を営みながら苦行を積む場である。そのため食堂，厨房，納屋，鍛冶場，水車小屋といった生活に必要な施設が置かれていたが，加えて欠かせないのが写本制作室と図書館であった。ベネディクトスの戒律は，聖なる読書，祈り，手の労働が基本であったため，修道士が読むための宗教写本が必要とされ，写本づくりに専従する修道士が置かれたのである（マクニーリー／ウルヴァートン 2010）［図3-7］。

　つまりは，非キリスト教が弾圧された6世紀は，修道院と写本工房の結びつきが明確化され，さらには修道院における日課が厳格化し，手写本が日々つくられていく体制が整えられた時期であった。アイルランドのケルト系修道院でも，その戒律が模範とされるようになり，10世紀にアラビア語写本を取り入れたスペイン東部の修道院もベネディクト派修道院であった。そうした修道院内での写本制作の光景は，14世紀初頭の修道院を舞台にした

カロリング朝ルネサンス
　西ローマ帝国崩壊後，フランドル地域を発祥とするフランク王国がヨーロッパ全土に勢力を拡大した最盛期（カロリング朝）に，主にカール大帝（在位768-814）が古典研究を積極的に進めた時期を指す。しかし9世紀半ばには，フランク王国は西・中・東に分裂，西がフランス王国に，東は神聖ローマ帝国へと移り変わっていく。

図3-7　写字生ジャン・ミエロ（15世紀，フランス）

ウンベルト・エーコの小説『薔薇の名前』を映像化した作品を見るとよくわかるだろう。

小説『薔薇の名前』は，修道院に集められた写本をめぐるサスペンスである。この物語では，継承された写本をときには選りすぐり，ときには抹殺する行為が描かれている。厳格な修道院規則はアイルランドやブリテン島でも模範となり，神のための写本づくりが大陸への継承に貢献したが，それはつまりはキリスト教に関連するものだけが重視され，しかも神学争いに有利なものが残され，無視されたものは忘れ去られていくということでもある。ベネディクトスが始めたモンテ・カッシーノ修道院でさえ，様々な理由で何度も破壊の対象になっている。

書かれたものが継承されるか否かは，やはり政治的な動乱，思想的な争い，また狂信的な信念などに大きく左右されるのである。

6　写本の工房化

4世紀以降のパピルス巻子本から羊皮紙などの皮紙冊子本への移行には，積極的に写本を手がけたキリスト教修道院が関係しているであろうことはすでに述べた。修道院で一番必要とされたのは，聖書および聖歌集や祈禱書といった宗教書であった。巻子本は，文章が長くなればなるほど使いにくくなるが，冊子体ならば活用の便は飛躍的に高まる。巻子本から冊子本への移行は，書物に包容性，耐久性，参照の便を与える。聖書を代表とする文字の宗教であるキリスト教は，冊子体を採用することで大量の文書を活用する利便性を高めようとしたのである（ド・グロリエ　1992）。

辺境地に建てられていった修道院では，自分たちで使うための写本を制作していた。修道院の日課のなかに写本づくりが組み込まれ，伝道によって新たな修道院が増えてくると，修道院内の写本づくりは工房化してくる。とくに日々の学習や典礼用の写本は，読み上げられた文章を大勢の写字生が同

第3章　プレ・グーテンベルク時代の写本と紙の伝播

時に書き写すという流れ作業でつくられもしたという。こうした参照し読むための書物には，一方からしか開けない巻子本より冊子体の書物のほうが便利である。写本づくりは修道院の聖なる日課であったため，きれいな装飾が施されもした。アイルランドの修道院は，壮麗な写本『ケルズの書』でも有名だが［図3-8］，それまで区切りなく綴られていた文章を単語ごとに分けた「分かち書き」やレイアウトといった，読むための工夫をしたことでも有名である。これで文書は飛躍的に読みやすくなった。修道院では，羊を飼い，皮をなめし，羊皮紙を準備し，様々な工夫を加えながら筆写し，装飾を施し，装丁を整えるといった分業によって，まさに写本づくりを工房化していたのである。

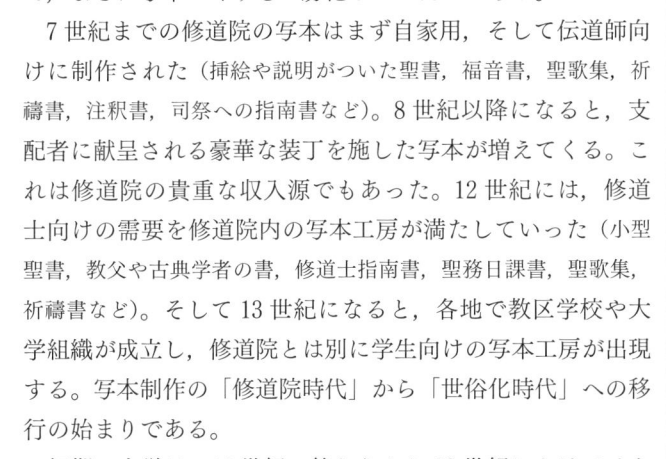

図3-8　ケルズの書（8世紀）

　7世紀までの修道院の写本はまず自家用，そして伝道師向けに制作された（挿絵や説明がついた聖書，福音書，聖歌集，祈禱書，注釈書，司祭への指南書など）。8世紀以降になると，支配者に献呈される豪華な装丁を施した写本が増えてくる。これは修道院の貴重な収入源でもあった。12世紀には，修道士向けの需要を修道院内の写本工房が満たしていった（小型聖書，教父や古典学者の書，修道士指南書，聖務日課書，聖歌集，祈禱書など）。そして13世紀になると，各地で教区学校や大学組織が成立し，修道院とは別に学生向けの写本工房が出現する。写本制作の「修道院時代」から「世俗化時代」への移行の始まりである。

　初期の大学は，12世紀の終わりから13世紀にかけてイタリアのボローニャ，パドヴァ，フランスのパリ，イギリスのオックスフォード，ケンブリッジといった地につくられている。大学に集まる学生のために，法学，神学論や聖書注釈書，天文の手引き，歴史書などが必要とされ，大学街には写本を扱う書籍商，製本屋，羊皮紙商，写字屋，写本装飾屋などができ，大学と提携した組合（ギルド）をつくり，写本工房となっていった。写本は高価なので，書籍商は教科書を分冊にして賃貸しし，学生は自分で写したり，写字屋に頼んだりし

た。とはいえ，例えばボローニャであった話では，法律の本を自分で写し終わるには1年ほどかかったという。写さずに買えば，最低でも大学教授の年収の1割はした。それに対して，分冊を借りて，写字生を集め，共同作業で一挙に複数の手写本を生産すれば比較的安くすむ。大学街を中心に，こうした安い写本の需要が増えた（横尾 1992）。この修道院の写本室から商売としての写本工房への拡がりは，のちの印刷工房の下地をつくっていくことになる。

この時代に写本をすることの意味をどう考えればいいだろうか。熱心に写本をしていたのが宗教団の信者たちであったことは明白だろう。信者たちは，自分たちが迫害されていたときも，また力を得たときも，積極的に写本づくりに携わっていた。それはまず，布教伝道する道具としての本であったが，修道院でのように神に仕える者の義務，写本を書くことで信仰に身を捧げるという意味もあった。だからこそ組織的に写本を継承する力となりえ，神学つまり神の世界創造について真剣に考えるために古典を継承する必要性を感じていた。今日まで残る豪華写本の出来は本当にすばらしいが，信者たちにとっては収入よりもそれを制作することのほうが重要だったはずである。しかし写本の継承を担ったのが，ある考え方をもった集団に偏っていたとすると，何を継承するかもそれに大きく影響されざるをえない。その意味では，多様な文化の交差点で培われる寛容さをもち，特殊な信念体系から距離を置いた世俗的な学校組織が，歴史にとってより重要だともいえるだろう。

7　文書による行政

ここまでは地中海を中心としたキリスト教や古典写本の伝播について紹介してきたが，もちろん文字と社会とのかかわりはそれに尽きるわけではない。ここで文字を使った国家統治について概観しておきたい。

紀元前17世紀から始まる殷周時代に，権威を呪術的に示

第3章　プレ・グーテンベルク時代の写本と紙の伝播

すために使われていた漢字は，さらに大規模な中央集権国家を成した紀元前3世紀からの秦漢時代になると，行政システムに不可欠なものとなる。中国の初期秦漢時代には書写材料としての紙はまだない。文字の多くは木や竹を使った書写材料に筆で書かれていた。これを総称して簡牘という［図3-9］。長い文章を記す場合は，それらを結び合わせて木冊や竹冊にする工夫がなされていた。行政システム上で使われる簡牘の多くは一本もので，保存用に綴られ冊にされた。これまで中国から出土している簡牘は27万片にも及び，莫大な古代の行政文書が読み解かれるのをいまだ待っているという（木簡学会編　2010）。

図3-9　簡牘を結び合わせた竹冊

　秦の始皇帝は，中国統一を果たした紀元前221年，行政単位を細かく設けたうえで，度量衡，貨幣，車幅そして文字の統一を命じた。その後，思想統一のため，思想書，歴史書，文学書を焼き払う命を出す（焚書）。ちなみにこの時代の中国の写本の多くは竹冊であるので，一冊の書物となると運ぶのも難しいほどだから，隠し通すのは難しかったであろう。また，王を批判する儒者を生きたまま穴埋めにもしている（坑儒）。始皇帝は，中央集権的な体制を広大な領土に張りめぐらせるため，あらゆるコミュニケーションの統一をはかったのである。

　さらに，国内には一定距離ごとに，警察署にあたる亭や通信網となる郵を置き，書体や文体また形状を使い分けた簡牘を中央から末端まで回し，さらに末端から返すことで行政システムを運用した。そこでは到着確認や遅延また検閲までが文書でチェックされたという。皇帝への口頭伝聞は禁じられ，始皇帝は秤で文書をはかり，日夜それをノルマにして文書を処理したという。こうなるとリテラシーをもつ者が多数必要であり，5000字あるいは9000字の知識を問うテストに合格した書記官である史が末端まで配属されていた。こうした皇帝政治の根幹は明らかに文書行政であったといえる（冨谷　2003）。

45

この秦の行政システムはすぐ後の漢に引き継がれる。漢時代の105年に、宦官であった行政官の蔡倫が、製紙技術を改良し、紙を書写材料として実用に耐えるものにしたとされる（鈴木 1976）。しかし、中国法制史家の冨谷至は、漢の文書行政、文書による人・モノ・流通移動の管理と検閲のシステムを可能にしていたのは、紙文書ではなく、簡牘であったという（冨谷 2010）。紙はあったが、行政文書には相変わらず木簡や竹簡が使われていたことになる。なぜだろうか。その理由は行政システムの実用性にある。

皇帝政治は朝令暮改をイメージすればよい。法律はあるが、厳密な法律解釈を必要とするようなものではなく、また行政官が適宜適用するようなものでもない。体系的な法システムで行政が運用されているわけではないので、命令が上からおり、下から報告があがってくるのが基本となる。その命令系統を回るのはもちろん文書であるが、書体や文体、形状を使い分けた簡牘という物理的な特徴をもったものの運搬のほうが、行政システムには適合的であった。そこに改めて紙という技術が入る必要はない。薄く軽く、大量な文書を処理してくれる紙は、2世紀以降、書物の書写材料としては当たり前のものとなるが、漢の行政システムにはそれほど必要とされなかったのである。中国で紙が行政システム上で駆使されるようになるのは、律令という法律文書を政治の基本とした7世紀に始まる唐時代であるという（冨谷 2003）。

法の成文化には、文字があるのはもちろん前提だが、加えて大量の文書を収めることのできる書写材料が必要である。古代メソポタミアのウル・ナンム法典は粘土板に、古代バビロニアのハンムラビ法典は石柱に、古代ローマの十二表法は12枚の銅板に記されたが、その後の大部の法典はコデックス（codex）に収められた。古い法典自体もコデックスというが、これはもともとラテン語で木の幹を意味し、転じて木材の表紙で覆われている冊子体の書籍形態のことをいった。これが現代の法典＝code という法律用語のもとになってい

法の成文化
文章によって成り立っていない法を不文法、文章化されている法を成文法という。伝統や慣習による慣習法も不文法。ウル・ナンム法典（紀元前2100年頃）は、シュメル語で記されており、現存する世界最古の成文法とされる。ハンムラビ法典（紀元前1750年頃）は、楔形文字のアッカド語で記されている。十二表法（紀元前451年）は、ローマ初の成文法。

るという（ペトロスキー　2004）。キリスト教が聖書という大部の法典を収めるために冊子体を使ったように，大部の成文法を行政の基礎にしようとするとき，ようやくその行政システムの中心に書写材料としての紙と大量の文書をまとめる冊子体が必要とされるようになったのである。いや逆に，書物の形態のほうが膨大な法の成文化を刺激したのかもしれない。

8　紙の伝播

　日本でも全国各地で簡牘が出土している。朝鮮半島の出土例は少なく，中国ではむしろ竹簡が多いが，日本出土のものはほぼ 7 世紀以降の単独の木片，つまり木簡である。日本では，すでに 7 世紀初頭に紙が入ってきているからか，冊のものはあまり出土しない（木簡学会編　2010）。

　紙は，仏教の伝来とともに 3 世紀には朝鮮半島に入り，日本へは僧曇　徴が 610 年に持ち込んだというのが通説だから，604 年の制定とされる十七条憲法の原本は少なくとも紙ではなかったことになる。そのすぐ後には聖徳太子も紙を使うようになったはずだが，仏教の経典が紙に写経された一方，行政文書の場合は木簡を使う場合が多かった。これは，古代日本の律令制の確立が 8 世紀を待たなければならないのに対応しているだろう。唐をまねた 701 年の大宝律令の制定と同時に，ようやく中央官庁の図書寮に，そして行政単位として全国に置かれた国府に製紙所が併設されたのはその証左となる。また仏教を奨励した天平年間（729〜749）には，東大寺盧舎那仏や国府への国分寺の建立に先立って，写本工房である写経所が設けられている（渡辺　1992）。正倉院古文書として残っている 1 万点以上にのぼる行政文書は，律令政治でこそ紙が駆使されたことを物語る。律令法と仏教経典という大部の法典は，行政システムを運用するための優れた書写材料としての紙を必要としたのである。

　日本に 7 世紀初頭に入ってきた製紙技術が西方に伝播するのは，イスラム世界が中国唐の支配下にあった中央アジアを

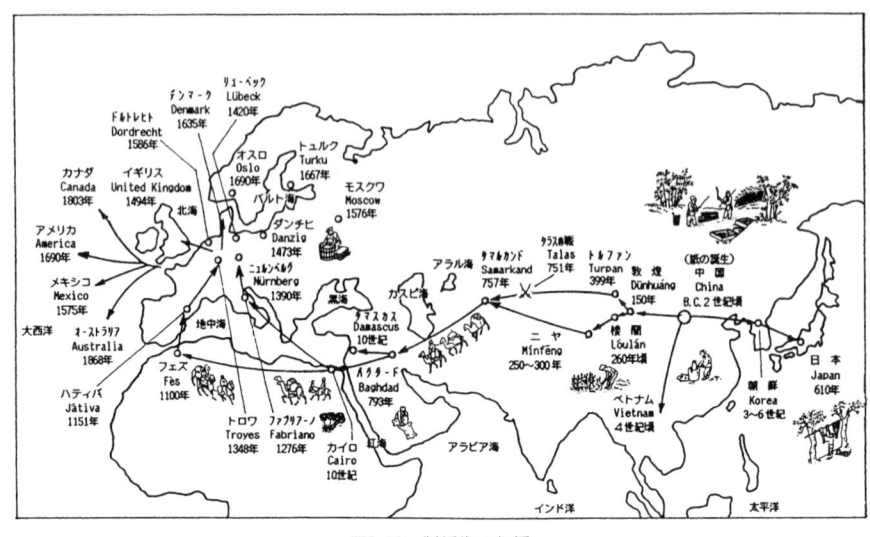

図3-10 製紙術の伝播

サマルカンド
唐とイスラム帝国が、サマルカンド近辺のタラス河畔の戦い（751年）で戦火を交え、唐が敗北したことで製紙技術が伝えられ、イスラム勢力下におかれた交通の要所サマルカンドから製紙技術が西に伝わっていったとされる。位置は図3-10を参照。

制圧する8世紀半ば以降のことであった。かくして757年，シルクロードの要であったサマルカンドに，イスラム世界初の製紙工場が建てられる。製紙技術は，イスラム帝国の領土に沿って9世紀初頭からバグダード，シリア，アラビア，エジプト，北アフリカ，シチリア島，イベリア半島へと伝わり，10世紀にはエジプトのパピルスを駆逐し，文明の交差点であったシチリア島が紙貿易の中心地となる。

ペルシャ，マケドニア，ローマ，イスラムといった広大な領土をもった帝国はみな，秦漢帝国同様に中央集権制のもとに駅伝制度をもっていた。イスラム世界が紙を用いた大きな理由も，急速に領土を拡げた帝国の中央集権的な官僚制を，文書行政で支えることにあっただろう。表面を削ることで文書偽造が容易であった羊皮紙に比べ，紙はインクを吸い込むことから偽造されにくく，おまけに安価であった。またキリスト教と同様に大部の聖典をもつイスラム教は，そのコーランの書写材料として紙を重視するようにもなる。一方，羊皮紙を重視したキリスト教圏では長いあいだ，イスラムのもの

とされた紙を使おうとはしなかったが，その禁を破ったのも
また，シチリア生まれの神聖ローマ皇帝フリードリッヒ2世
であった（ドゥ・ビアシ　2006）。

　この紙の伝播が，12世紀ルネサンスに至る写本の流れと
同じであることには注目してもよい［図3-10］。イスラム帝
国支配下の北アフリカを通った紙の道は，アラビアからコン
スタンティノープルへ，シチリアからイタリアへ，イベリア
半島からフランスへと北上しつつキリスト教圏に取り入れら
れ，13世紀にはイタリア半島中部のファブリアーノに製紙
工場がつくられた。こうして紙は，15世紀になるまでには
ヨーロッパ各地で大量生産可能な商品になり，その後の印刷
術の急速な拡がりを準備したのである。

＜参考文献＞
伊東俊太郎　2006『十二世紀ルネサンス』講談社学術文庫。
エル=アバディ，モスタファ　1991『古代アレクサンドリア図書館——よみがえる知の宝庫』
　　（松本慎二訳）中公新書。
カッソン，ライオネル　2007『図書館の誕生——古代オリエントからローマへ』（新海邦治訳）
　　刀水書房。
カヒル，トマス　1997『聖者と学僧の島——文明の灯を守ったアイルランド』（森夏樹訳）青土
　　社。
ケニオン，F・G　1953『古代の書物——ギリシア・ローマの書物と読者』（高津春繁訳）岩波
　　新書。
鈴木敏夫　1976『プレ・グーテンベルク時代——製紙・印刷・出版の黎明期』朝日新聞社。
ド・グロリエ，エリク　1992『書物の歴史』（大塚幸男訳）文庫クセジュ。
ドゥ・ビアシ，ピエール=マルク著／丸尾敏雄監修　2006『紙の歴史——文明の礎の二千年』
　　（山田美明訳）創元社。
冨谷至　2003『木簡・竹簡の語る中国古代——書記の文化史』岩波書店。
冨谷至　2010『文書行政の漢帝国——木簡・竹簡の時代』名古屋大学出版会。
ブランク，ホルスト　2007『ギリシア・ローマ時代の書物』（戸叶勝也訳）朝文社。
ペトロスキー，ヘンリー　2004『本棚の歴史』（池田栄一訳）白水社。
マクニーリー，イアン・F／ウルヴァートン，ライザ　2010『知はいかにして「再発明」された
　　か——アレクサンドリア図書館からインターネットまで』（冨永星訳）日経BP社。
木簡学会編　2010『木簡から古代がみえる』岩波新書。

本村凌二　2010『古代ポンペイの日常生活』講談社学術文庫。
横尾壮英　1992『中世大都市への旅』朝日新聞社。
レイノルズ，L・D／ウィルソン，N・G　1996『古典の継承者たち――ギリシア・ラテン語テクストの伝承にみる文化史』(西村賀子・吉武純夫訳) 国文社。
渡辺勝二郎　1992『紙の博物誌』出版ニュース社。

映画『アレクサンドリア』(アレハンドロ・アメナーバル監督，2009年)
映画『薔薇の名前』(ジャン=ジャック・アノー監督，1986年)

第4章　印刷と社会（1）

1　印刷術の始まり

　同じ内容の文書を複製するという作業は，何千年ものあいだ書き写すことでおこなわれてきた。文字を読み書くための技術も何千年もかけて洗練され，書物は紙や羊皮紙の冊子体という形になった。しかし写本づくりの大変さを考えれば，もっと簡単にならないかと思いたくもなる。長大な書物があるとき，「それでは書き写そう」とは現代人は決して考えない。なぜなら現代ではコピー技術がごく当たり前になっているからである。

　書かれたもののコピーをつくるという発想は，文字が誕生する前からすでにある。古代メソポタミアでも，粘土を押しつけて跡を残すというやり方がおこなわれていた。いまでも使われるハンコはとても単純なコピー技術といえる。筒型ハンコをつくって，粘土板の上で側面を転がせば同じ模様がいくつもつくれる。当時の社会でコピー技術そのものが重要であったなら，ハンコと粘土板式の書写材料が使われ続けただろう。そうはならなかったのは，書くほうが簡単になった時期があるからだろうか。しかし，書き写す量が増えてくるとそうもいかない。

　一挙にコピーしてしまう印刷技術は，おそらく中国に始まる。韓国慶州の仏国寺の石塔のなかから発見された仏教経典『無垢浄光陀羅尼経』は，修復されていなければ751年以前の制作で，現在最古の印刷物の可能性がある［図4-1］。年代の明確な最古の印刷物は日本で印刷された『百万塔陀羅尼』である。これは，763～770年のあいだに称徳天皇が

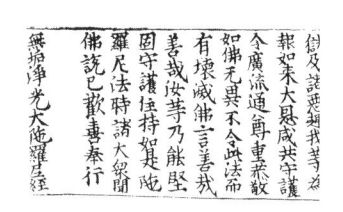

図4-1　無垢浄光陀羅尼経

図4-2 百万塔 (763-770, 日本)

祈願して奉納した100万の小塔［図4-2］のなかに納められた仏教経典の抜粋文で，現在でも法隆寺に4000枚ほど残っている。いずれも木版印刷である。どちらにしても，木版印刷は中国から仏教とともに朝鮮半島を経て日本へと渡ってきた技術で，その始まりは遅くとも8世紀半ばであったと推測される（張　1999）。

中国での文字の誕生を紀元前15世紀ぐらいとすると，文字を印刷というコピー技術で複製するまで2000年以上かかったことになる。けれども中国で生まれた印刷というアイデアが西方に拡がるには，さらに500年ほどかかる。その13世紀は，チンギス・ハーンが現在の中国ウイグル地区から覇権を拡げた時期にあたる。紙と印刷は，中国そしてペルシャやアラビアまで到達したモンゴル帝国が，シルクロードを制しながらヨーロッパ世界のすぐ隣まで広めたのである。またこの13世紀には，フランシスコ会伝道師ウィリアム・ルブルックの『東方諸国旅行記』やヴェネツィア商人マルコ・ポーロの『東方見聞録』がアジアの印刷術を紹介し，さらに西方からは十字軍がヨーロッパ世界に印刷物を持ち帰っている。

しかし知識だけでなく，実際にヨーロッパ製の紙幣，カルタ，版画などの印刷物が現れるのは14世紀末のことである（張　1999）。驚くことに，ヨーロッパで印刷が始まるには，文字の誕生から4500年以上，アルファベットの誕生から数えたとしても3000年以上かかったことになる。

2　アジアの活版印刷術

書かれたものは，文字の誕生から4500年，地中海から北のヨーロッパでは3000年，中国では2000年ものあいだ，大量にコピーする必要性を感じられていなかった。では，それまで文字はどんな用途に使われていただろうか。まずは広大な領土を統治する必要性のあった中央集権的組織の政治行政上のやりとり，また交易物資や会計財産にかかわる経済上のやりとり，そして信仰文書をつくり思想を伝えることに熱心

だった宗教上のやりとり，この3つが主なものであろう。したがって文字の必要性を強く感じていたのは主に行政官，商人，聖職者，それらの予備軍ということになる。

　このうち中国の印刷技術の発明を促したのは，聖職者と行政官僚制度である。前者は，現存する最古の印刷物が仏教経典であること，また10世紀に国家事業として印刷されたものが儒教経典であることにも表れている。後者は，中国の中央集権的な教育体制や，6世紀末から20世紀までおこなわれた科挙に代表される過酷な行政官登用制度のための教育需要である。科挙は，この制度が始まった隋時代にすでに数千人から数万人が受験する合格率数％の任官採用試験であった。国立大学であった太学の受験生も13世紀の宋時代には4万人に達している。少なくとも8世紀から印刷技術を習得していた中国一帯は，15世紀以前には全世界のどこよりも印刷された書物であふれた社会であった。

　こうした中国の印刷技術を西方にもたらしたのは，モンゴル帝国である。それにまず反応するべきはイスラム圏の学者たちであったはずだが，イスラム教の聖典である『コーラン』，それ以外のアラビア語の書物も，19世紀まで正式に印刷されていない。なぜだろうか。イスラム圏で印刷の需要がなかったのは，聖典は口承と筆写で伝えるべきだとするイスラム教思想のためであったとされる。イスラム教思想が，中国の印刷技術が西方に伝わるスピードを鈍らせたことになる（カーター　1977）。

　モンゴル帝国は，13世紀に神聖ローマ帝国や日本（元寇）まで侵攻したが［図4-3］，14世紀には分裂し，中央アジアから西方はオスマン帝国に取って代わられる。さらに西進したオスマン帝国が東ローマ帝国の首都コンスタンテ

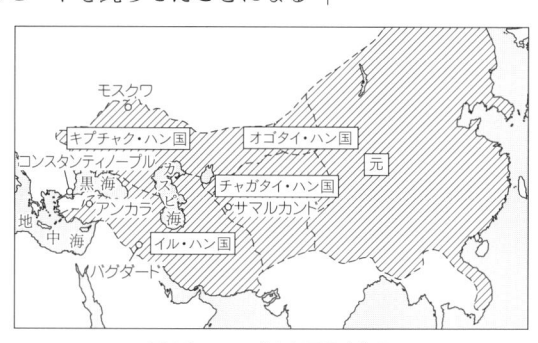

図4-3　モンゴル帝国最大版図

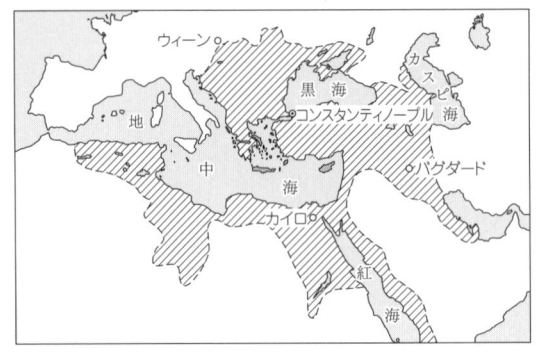

図4-4　オスマン帝国最大版図

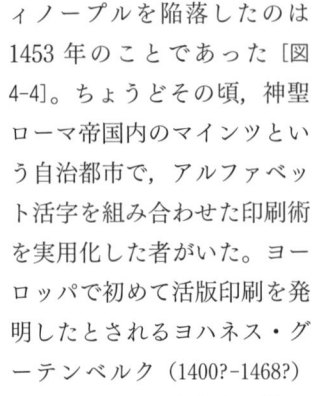

図4-5　グーテンベルク

ィノープルを陥落したのは1453年のことであった［図4-4］。ちょうどその頃，神聖ローマ帝国内のマインツという自治都市で，アルファベット活字を組み合わせた印刷術を実用化した者がいた。ヨーロッパで初めて活版印刷を発明したとされるヨハネス・グーテンベルク（1400?-1468?）である［図4-5］。このマインツで開発された活字版印刷機が，その後ヨーロッパ各地に普及し，活版印刷による書物を大量に生み出すことになる。

とはいえ，例にもれず，活字印刷そのものもすでに中国で発明されていた。12世紀の宋時代には粘土を用いた泥活字が，13世紀には朝鮮半島の高麗で銅活字，同じく13世紀にはモンゴル帝国（元）で錫活字と木活字，15世紀初頭には李氏朝鮮で鉛活字が使われている。しかし漢字を用いた活版印刷は数万種類の活字を必要とするため，実質的にはあまり使われていない。1446年に李氏朝鮮が公布したハングルならば，基本40種の活字しか必要としないため実用的な活版印刷となりえたはずであるが，漢字を尊ぶ思想が強くハングルは蔑視されたことから，一般的な書籍印刷としては普及しなかった。ちなみに日本への活版印刷の導入は，16世紀末のイエズス会宣教師アレッサンドロ・ヴァリニャーノによる西洋活字と，同じく16世紀末の豊臣秀吉の朝鮮出兵の際の朝鮮活字があったが，どちらも実質的にほとんど使われなかった（張　1999）。

アジア各地で活版印刷が存在したのに普及しなかった理由は，基本的には漢字という文字体系が活字鋳造にそぐわず，それ以前に普及していた木版印刷で十分に需要がまかなえたからであろう。では，グーテンベルクの活版印刷はなぜ広く

普及したのだろうか。その理由は，活字を使うというアイデア自体は借用だが，アルファベットという簡単な文字体系が活字向きであったこと，コピーされた文書への需要があり，印刷工房を商売として手がけようとする者たちがいたことに尽きる。とはいえ，それ以外にもグーテンベルクの印刷術が生まれ広まったのには，それなりの社会背景もある。

3　グーテンベルク活版印刷の社会的背景

　グーテンベルクの活版印刷をめぐる社会背景を4点あげてみよう。

　第1に，当時のヨーロッパの経済と自治都市の発展がある。グーテンベルクが神聖ローマ帝国内のマインツでアルファベット活字の印刷機を実用化したのは，1450年前後であった。神聖ローマ帝国とはいっても，実態は自治都市の集まりにすぎない。当時，有力な自治都市と有力な商人には余裕があった。14世紀以来，南方のイタリアではルネサンスが起こっている。その基盤には，地中海貿易の要となっていたジェノヴァやヴェネツィア，またフィレンツェのような北イタリア都市の商業的発達があった。北方ではもともと鉱山があり金属加工が盛んにおこなわれていたが，15世紀になると，商業航路の大西洋への拡大によって北方ルネサンスが生じる。ヨーロッパの経済的発展は，商人や起業家たちによる自治都市文化の花を咲かせていたのである。ちなみに，フィレンツェでプラトン・アカデミーを創設したパトロンとして有名なコジモ・デ・メディチ（1389-1464）はグーテンベルクより少し年長，遠近法を理論化したルネサンス期の万能人の典型と賞されるレオン・バッティスタ・アルベルティ（1404-1472）はほぼ同世代である。

　第2に，商業の発達に伴うリテラシー需要の高まりがある。中世史家の大黒俊二は，11世紀以降，生活に必要な「実用的リテラシー」の拡大と爆発的な文書の増加が進み，中世ヨーロッパでは「文字文化の心性」への質的な転換がもたらさ

プラトン・アカデミー
　長らく忘れられていたプラトンを新しい思想家として研究し翻訳紹介した人文主義者たちの集まり。哲学の流れをアリストテレス流の思弁的スコラ哲学（→第5章 p.74）から神秘思想や経験科学に変えた源流のひとつといわれる。

図4-6　発給書簡の増加

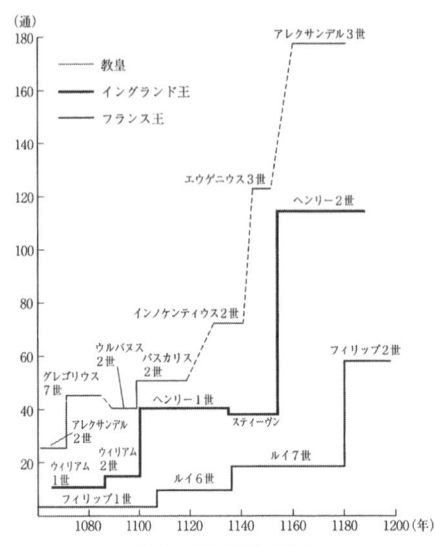

図4-7　文具類（1370頃，独リューベック）

図4-8　ホルバイン「商人ゲオルク・ギーゼ」(1532)

れたと指摘している。さらに大黒は，あえてこれを「声と文字の文化の分水嶺」と名付けてさえいる（大黒　2010）。

　貿易や商業の活性化は，文字と計算と信用という実用的な技術への需要を高める。王や教皇の発給書簡の増加が示すように，12世紀から13世紀にかけて，君主が出す書簡はそれまでの何倍もの数になった［図4-6］。売買契約などの商業契約も，公証人が作成する文書を信用の証とするようになる。13世紀の100年間で，おそらく何百万通という証書が作成された。また1410年に没したフィレンツェ近郊の商人ダティーニは，500冊以上の帳簿類と14万通にも及ぶ商業書簡と私信を残している。1427年のフィレンツェでは，成人男性のリテラシーが約7割にも達していたという試算もある。貴族に代わって経済力をつけてきた商人にとって，その仕事を継続するために必要な能力はリテラシーと算術とみなされ，私塾教育も盛んにおこなわれていた。リテラシーと算術の教育にはもちろん道具が使われたし，商人の肖像画にはその象徴として文具や紙やメモが描き込まれた［図4-7，図4-8］。

ルネサンスの前には経済的発展があり，それらが目に見える形になる前にはすでにリテラシー需要が高まっていたと考えてもいいだろう。

　第3に，キリスト教の政治的危機がある。キリスト教はヨーロッパの宗教となり，神聖ローマ帝国もキリスト教の国であった。神聖ローマ帝国の皇帝や各領邦の国王は，キリスト教のトップである教皇の顔色をうかがわなくてはならない。しかしこの宗教は大きくなりすぎ，統制がとれなくなってもいた。教皇の地位をめぐる権力争いも絶えず，14世紀には教皇がフランス王による傀儡となったり（アヴィニョン捕囚），複数の教皇が乱立したりした（教会大分裂）。要するに，キリスト教会では組織内外で地位をめぐる権力闘争と腐敗が繰り返されていた。さらに，キリスト教国のもう一方の雄である東ローマ帝国は，次第に攻め寄ってくるイスラム帝国によって，1453年には滅ぼされてしまう。こうした政治的危機に対し，15世紀は教会内部でも組織改革がおこなわれようとしていた時期にあたる。

　第4に，こうした時代のなかでのマインツという都市の政治的特異性がある。グーテンベルクが活版印刷機を稼働させたマインツは，神聖ローマ帝国のなかでも格別大きな都市というわけではない。しかし，マインツの大司教は皇帝を選ぶ権限をもつ7人の選帝侯の筆頭であり，キリスト教にとって政治的に重要な都市であった。組織内の有力者は必ずマインツを訪れる。グーテンベルクとまさに同年代の有力な改革者であった枢機卿ニコラウス・クザーヌス（1401-1464）は，聖典文書の精緻化の必要性を唱えていたが，かれもその地を訪れていたことだろう。さらに当時のマインツでは，職人層のギルドが牛耳る市議会とグーテンベルクの父を含む有力者層とのあいだで，有力者だけに有利な年金問題を原因とするいざこざが続いていた。そのいざこざに皇帝，大司教，諸侯，皇帝候補者が介入しようとした。グーテンベルクが印刷機を本格的に稼働させ始めた頃，自治都市マインツは破産して年

金制度はなくなり，おまけに司教座をめぐる戦乱まで起こり，敗者側についたグーテンベルクはその地から追放されてしまう。こうしたマインツの政治的特異性が，当地で過ごした人びとに印刷の需要を意識させ，さらにはその技術を偶然にも拡散させることになった。

4 グーテンベルクが見いだしたもの

15世紀初頭のヨーロッパでは，すでに写本工房も，製紙技術も身近なものとなっていた。木版印刷というコピー技術も使われていた。大学で学んだ者なら，必要な書物が高価なこと，写本は手間ひまがかかることも知っている。すでにアジアに先例もあった活字を使って文書をコピーをするというアイデアは，おそらくグーテンベルクだけが思いついたわけではない。では，なぜグーテンベルクが活版印刷機を完成させえたのだろうか。15世紀に生きたグーテンベルクの生涯にはよくわからないところが多く，推測を交えた紹介が数多くあるが，ここではかれの生きた社会的背景への言及の多いジョン・マンによる伝記をもとにしよう（マン 2006）。

グーテンベルクは，造幣所で硬貨鋳造を取り仕切るマインツの有力者の息子というそれなりの家柄で，父が年金持ちのためそこそこ裕福であり，大学で教育も受けた。しかし父の仕事を受け継ぐ気はなかった。家系からして鋳造や金銀細工の知識は十分にあるが，職人に甘んじるつもりもなかった。若者は模索しながら独自に道を切り開こうとするものである。グーテンベルクが見いだそうとした道は，いわば起業家の道だった。初めは手鏡を企画した。それは大聖堂巡礼用の手鏡で，誰もが土産や思い出に買って帰るため，当たることは目に見えていた。材料費と工賃のための資金を集め，大量に生産したところ，かなり儲かった。その儲けを資本にし，大口の出資者の協力を得て，次の事業を立ち上げた。それらの資金は，自身が考案した秘密の発明品に投入された。

グーテンベルクは，温めていたアイデアをもとに資金集め

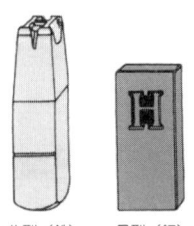

父型（鉄）　母型（銅）
図4-9　活字鋳造機と活字

第4章　印刷と社会（1）

に奔走し，長い時間をかけて秘密裏に事業を進めた。活字に適した加工しやすく耐久性のある合金を工夫し，母型から父型を複製できる独創的な道具を考案した［図4-9］。定着しやすく乾きやすいインクをつくり，ワイン絞り器を改良して印刷機を完成させた［図4-10］。こうしてみると，かれは需要を見込んで新たな事業を展開しようとした資本主義的な起業家であり，ヨーロッパの活版印刷術の発明をもたらしたのは，金属鋳造と金細工の技術をもつ自由都市民の事業家商人であったともいえるだろう。だが，かれはなぜ儲かると思ったのだろうか。グーテンベルクが初期に印刷したのは，贖宥状（免罪符），ラテン語文法書，暦やカレンダー，そして聖書であった。このラインナップこそ，グーテンベルクが見いだした需要である。

図4-10　グーテンベルク印刷機（15世紀の再現，グーテンベルク博物館）

　免罪を金で買うことを許す贖宥状は，のちに宗教改革のきっかけともなるものであるが，要するに罪の許しが書かれた紙切れである［図4-11］。教会はこれを売り，信者はこれを買うことで罪が許され，教会は懐が潤う。『ドナトゥス』として知られるラテン語文法書は，子どもたちから大人までがリテラシーを学ぶ際に一般的に使われた教科書であり，都市住民のリテラシー需要が反映されている。宗教行事や教訓が書かれた暦やカレンダーは，家に飾られる一般的なものであった。グーテンベルクが手がけた暦は，具体的にはイスラム帝国への反撃を煽る内容のものであった。聖書は今日でも世界最大のベストセラーである。聖書を手がけたことが，グーテンベルクの活版印刷発明者としての名声を高めている。『四十二行聖書』として知られるグーテンベルクの活字印刷本は，現代でも最高峰の印刷物といわれるほどの出来映えである［図4-12］。

図4-11　贖宥状（1455）

　グーテンベルクの初期印刷物のラインナップからすると，かれが見いだした書物のコピー技術の潜在的な需要は，都市

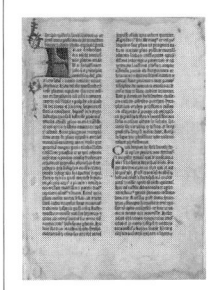

図4-12　四十二行聖書（1454-1455？）

59

住民の豊かさとリテラシー教育需要であった。加えて，教会の堕落と刷新という両側面からの需要も見いだされる。贖宥状を手がけるということは，教会と印刷工房の取引があるということになる。また聖書を手がけるということは，まったく間違いのない公認された原本をもとにしていることを示唆し，聖典文書の精緻化を目指していたクザーヌスとの関係もあったと考えられる。つまりグーテンベルクの事業は，上昇志向の都市住人とキリスト教聖職者の需要をあてにしたものであった。

　金属加工の技術を持ち合わせていたグーテンベルクは，ルネサンスをもたらした自治都市の経済的発展，それに伴う商人層のリテラシーの高まり，そしてキリスト教の混乱と刷新の動きといった社会的背景のなか，そうした動きを敏感に感じ取ることのできたマインツという都市で過ごしたからこそ，活版印刷の需要を見いだすことができた。この需要の発見こそが，金細工師グーテンベルクをして，出資者を募り，技術を完成させ，事業を推し進めさせたものであった。そして，かれの後にも，この活版印刷の需要を前提にした事業家として行動する者が続々と現れる。

　こうしてみると，中国の印刷技術の発明を促したのは聖職者と行政官僚制度であったが，グーテンベルクの活版印刷技術の発明を促したのは，聖職者と商人であったということができる。西ヨーロッパの自由都市民の事業家の行動こそが，その地に活版印刷を急速に普及させる原動力となっていたのである。

5　グーテンベルク活版印刷術の普及

　しかしグーテンベルクは起業家としては成功しなかった。なぜだろうか。かれは秘密裏に事業を進めた。聖書という大部の書物を活字で印刷するには，アルファベットとはいえ何万個もの活字と大量の紙ないし羊皮紙を必要とする。もしかれが初期投資をするだけの資産を持ち合わせていたら，西洋

アルファベットによる活版印刷術の発明は知の独占につながったかもしれない。しかしそうはならなかった。共同出資者のヨハーン・フストが，初期投資に対する見返りが遅いことにいら立ったからである。グーテンベルクは，印刷による聖書の出来映えにこだわりすぎたのかもしれない。あげくフストは訴訟を起こし，発明品を取り上げてしまった。

したがって，この発明品とそこから生まれた商品をヨーロッパに広めたのは，共同出資者であったフストとその養子のペーター・シェッファーであったというほうがむしろ正しい。ワイン好きのグーテンベルクはワイン絞り器を改良して印刷機をつくったが，ビール好きだったシェッファーの名は，いまでもかれの印刷工房が醸造元となったシェッファーホッファー・ビールとして残っている［図4-13］。

1455年の訴訟の結果，マインツの印刷工房はグーテンベルクとフスト＆シェッファーの2つになった。秘密を知った訴訟担当の公証人も，グーテンベルクの協力を得て，新たに3つ目の印刷工房を，マインツから東に200キロの地バンベルクにつくった。さらにグーテンベルクの助手たちが，手鏡をつくり発明を進めた地シュトラスブルクに戻り，4つ目の工房を建てた。グーテンベルク自身も新たな出資者をみつける。

図4-13 シェッファーホッファー・ビール

マインツでは司教座をめぐる争乱が起きようとしていた。印刷はその活躍の場をすぐさまプロパガンダに見いだす。グーテンベルクとフストは両陣営に分かれて論戦パンフレットを印刷した。1462年，ついにマインツが戦場となり，印刷工房は使いものにならなくなる。敗者側についていたグーテンベルクはマインツを追放され，近郊のエルトヴィルに工房を移す。勝者側のフストたちはしばらくしてマインツに戻り，操業を再開した。

マインツの一連の騒動のために，もともとグーテンベルクの助手兼弟子であった職人たちは，ドイツの各地へさらにドイツ国外へと活版印刷術の知識を持ち出していった。そして，

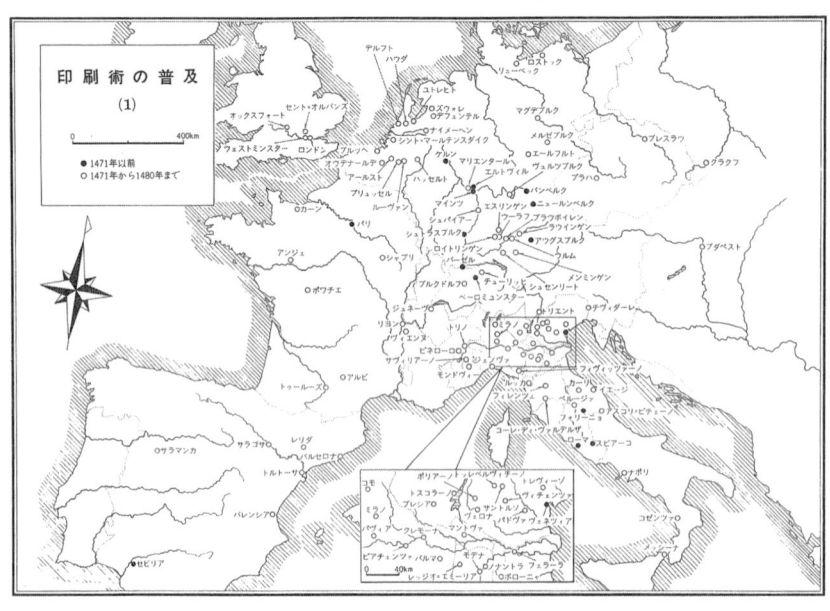

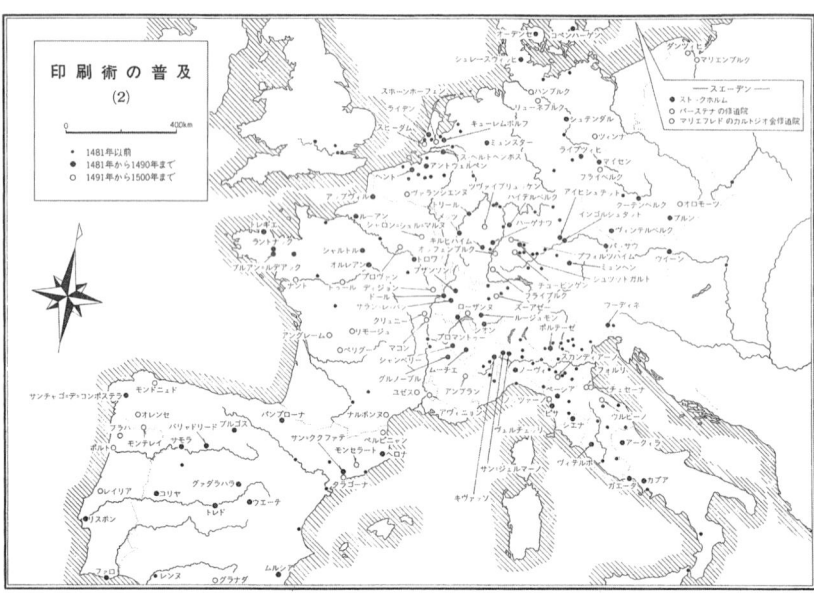

図4-14　印刷術の普及（上：1480年まで　下：1500年まで）

第4章　印刷と社会（1）

　もはや秘密ではなくなった活版印刷という商売に大勢の事業家たちが群がり始める。マインツから始まる印刷工房の拡がりの具体的な様子を，歴史家のリュシアン・フェーヴルとアンリ=ジャン・マルタンがまとめた地図から見てみよう［図4-14］。1460年まで西ヨーロッパに2つしかなかった印刷工房は，1470年までに15以上，1480年までに120以上，1500年には230以上の都市につくられていった。

　こうして西ヨーロッパで1500年までに印刷された活字本を「インキュナブラ（揺籃期本）」と呼ぶ。発行推定値を概観しておこう。大英図書館のインキュナブラ簡易目録（ISTC）に2008年までに登録されている1500年以前の活字印刷文書は，2万8351点ある。3万点（1万種）以上が発行されたとして，出版部数を500部とすると，インキュナブラの総発行部数は1500万冊以上となる。当時のヨーロッパの人口が1億人程度とされることを考えれば驚くべき数字である。ISTC掲載のインキュナブラは，その約8割が1481年以降に印刷されており，約7割がドイツとイタリアで印刷され，約7割をラテン語が占める［図4-15，図4-16］。またインキュナブラの主題分野を大英博物館所蔵初期刊本索引から探ると，宗教書・神学書が44.49％，文学書36.07％，法律書10.93％，科学書8.51％となる（折田ほか　2000）［図4-17］。

　商人と聖職者の需要をあてに発明された活版印刷から50年間に生み出された印刷本は，たしかにその半分ほどが神学書であった。ラテン語文法の教科書が必要とされたように，ラテン語での出版が多いが，やがて各国語での出版が増えていく。ドイツとイタリアがほぼ占有していた活版印刷だが，フランス，オランダ／ベルギーやスペイン，そして16世紀になるとイギリスにも印刷本が増えていく。16世紀，活字本は少なく見積もって15万点，総発行部数は1億5000万冊が出版されたと推定される。こうしてヨーロッパは，印刷された書物で満たされる社会となっていった。

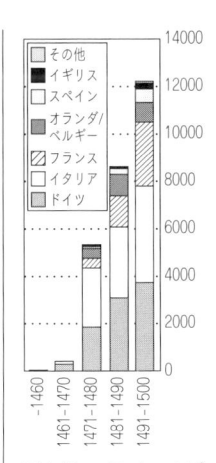

図4-15　インキュナブラ印刷国

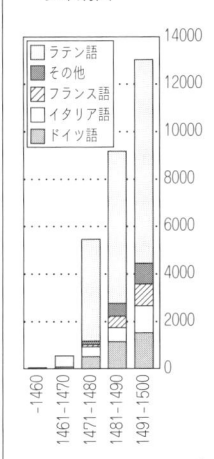

図4-16　インキュナブラ印刷言語

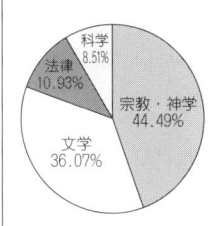

図4-17　インキュナブラ主題内容

＜参考文献＞
大黒俊二　2010『ヨーロッパの中世6　声と文字』岩波書店。
折田洋晴著／国立国会図書館図書館研究所編　2000『インキュナブラの世界』日本図書館協会。
カーター，トーマス・F　1977『中国の印刷術——その発明と西伝』1・2（藪内清・石橋正子訳注）平凡社。
張　紹勛（チャンシャオシュン）　1999『中国の書物と印刷』（高津孝訳）日本エディタースクール出版部。
戸叶勝也　1997『グーテンベルク』清水書院。
富田修二　1992『グーテンベルク聖書の行方』図書出版社。
フェーヴル，リュシアン／マルタン，アンリ＝ジャン　1998『書物の出現』上・下（関根素子ほか訳）ちくま学芸文庫。
マン，ジョン　2006『グーテンベルクの時代——印刷術が変えた世界』（田村勝省訳）原書房。

Incunabula Short Title Catalogue＝http://www.bl.uk/catalogues/istc/
Schöfferhofer Weizen＝http://www.schoefferhofer.de/

第 5 章　印刷と社会（2）

1　印刷の微弱な影響

　大量の書物を生み出していく活版印刷は，西ヨーロッパ社会を急激に変容させたのだろうか。いや，「どんなメディアもその内容はつねに別のメディアである」というマクルーハンのことばを思い出そう。新しく登場したメディアは，急激な変化をもたらすというより，まずはそれまであったメディアの内容（コンテンツ）の新しい容器となる。そもそも活字本は写本や木版本と競争関係にあった。グーテンベルクが『四十二行聖書』で目指したのも写本の模倣であった。おそらく当初の活字印刷本は手に入りやすい写本，携帯可能な写本として意識されただろう。そう考えれば活字本は，写本のコピーを安く大量生産することで競争に打ち勝ち，写本を背景にした文字文化をより浸透させた技術であったというべきであろう。

　歴史家のアンリ＝ジャン・マルタンも，印刷術の出現がただちに変動を促したのではないことを強調する。インキュナブラの多くはリテラシー教本と，修道院や司祭や説教師たちが欲した聖書，祈禱書，時禱書，ミサ典書などであった。神学書や法律書は，もともと修道院や大学の写本工房の手写本である。つまり，一般的な信仰書はそれまでの宗教意識を継続させるにとどまり，学生需要の書物も写本が印刷になっただけで内容は変わらなかった。その他の初期活字本にも同時代書は少なく，多くは写本をもとにした古典古代書の維持と復活に重きが置かれていた。コンスタンティノープル陥落から逃れた聖職者や学者たちが持ち込んだ多くのギリシャ古典も，古代書の復活に貢献している。しかし，この印刷本選別

の過程に漏れてしまった写本は忘却されてしまっただろう（フェーヴル／マルタン　1998下）。

　マルタンが強調しているのは，活字本出版は基本的に利潤を目的とした資本主義的な活動であること，しかし単純な商品ではないことである。

　活字本は同一商品の大量生産・大量消費を可能にした最初の大量消費財であり，同時に広告媒体として活用されることで別の大量消費財が発展する前提ともなった。活版印刷業者は印刷機，活字，紙，輸送費などに初期投資し需要をあてにする資本主義的な事業家として，書籍扱い業者は商人として活動した。需要を西ヨーロッパ全土から求めなければならないため，ラテン語での出版，同業者間の販路ネットワーク形成が促された。

　他方で，書籍関連ギルドに所属し，印刷本の選定，編集，修正，校正，活字鋳造などを担う者は，古典語の素養や翻訳の知識をもつ職人かつ知識人であったともいえる。印刷職人たちは労働改善を求めてストライキを頻繁に起こしたし，かつて修道院が担っていた学者たちの集会所は，書籍商や印刷工房が受けもつことになった。

　商売として重要なのは何を印刷するかに尽きるが，利潤目的の一方で，ときには利益を度外視したパトロンや好事家たちの活動もあった。とはいえ，大多数は零細な印刷屋のままであっただろう。活版印刷事業を成功させ名を残したのは，宗教書や教科書や行政文書の需要をあてにした大事業家か，古典古代書の精緻な復活にこだわりルネサンスを彩ったユマニスト印刷業者たちだけであった（フェーヴル／マルタン　1998上）。

2　文字文化の浸透

　では，こうした活字本出版業者たちの活動による文字文化の浸透はどんなところに現れたのだろうか。1560年のピーテル・ブリューゲルの版画作品にそれをみてみよう。西洋活

ユマニスト
　ルネサンス期に古典研究と徳の涵養を結びつけた教養主義者たちを指す。日本語では，人文主義者, ユマニスト（仏），フマニスト（羅），ウマニスタ（伊），ヒューマニスト（英）などと称される。有名なユマニスト印刷業者としてアルド・マヌーツィオがいる。

第 5 章　印刷と社会（2）

版印刷術の登場から約 100 年後の作品「節制」（連作版画『七つの美徳』の一葉）には，七自由学芸のモチーフが登場する［図 5-1］。画面下には，アラビア数字を使って勘定をする商人（算術），一冊ずつ本を手にもつ子どもたち（文法）が見える。画面右には，聖書を脇に議論する人びと（論理学），おそらく宗教論争であろう。右上奥の家屋，煙突，大砲，銃などから，図を用いる建築術や弾道学など（幾何学）が示唆される。中央上の地球儀にも何やら測定器具を使っている人がいる（天文学）。左上には時間を制御する楽譜を前に多声合唱団と楽器が見え（音楽），民衆のユマニスムを涵養した演劇家集団（修辞学）がいる。中央にはメガネと手綱を手にもち，時計を頭に載せ，風車の羽を踏む奇妙な人物（節制の擬人像）が置かれている。さらに，この版画自体が精緻な表現のコピーであることを暗に表すためか，左下隅にこっそりと絵描きがいる。

図5-1　ブリューゲル「節制」（1560）

七自由学芸
（seven liberal arts）
ギリシャからローマにいたる教育のなかで必ず学ぶべき技芸として定立された科目群のこと。文法，修辞学，論理学を三学，算術，幾何学，天文学，音楽を四科として区別する。

　アルフレッド・W・クロスビーは，この 16 世紀半ばの民衆の道徳的教訓を描いた版画作品から，算術やリテラシーの普及，機械時計や楽譜や複式簿記の日常化，測量や計測また表や地図を用いた経験的学問の発達などを読み取っている。つまり，印刷による同一品の大量生産という技術は，その登場から 100 年のあいだに，リテラシーを前提にした視覚化と数量化という，目で示し理解する表現形式を普及させ，その拡がりを加速させたというのである（クロスビー　2003）。

　こうした文字文化の浸透は，印刷術が登場しなくてもありえたかもしれない。しかし，活版印刷技術が社会環境の一部となったことで，そのスピードは確実に増しただろう。では，印刷というコピー技術は，それ以前にあった文字文化を，より迅速により広範囲に浸透させただけだったのだろうか。そ

れとも，写本の時代とは異なる印刷に特有の文化といったものを考えることができるのだろうか。果たして印刷本が当たり前にある社会は，それ以前とは異なる思考や行動を人びとに促すようになるのだろうか。

　印刷というメディアのこうしたバイアスを考えるにあたっては，歴史家のエリザベス・L・アイゼンステインがいうように，写本から印刷への移行に伴うアウトプットとインプットの変容を理解することが大きなヒントとなるだろう（アイゼンステイン　1987）。

3　アウトプットの増大とインプットの変容

　まず，書物のアウトプットは革命的に増大した。アウトプットの増大は，人びとの書物への接し方をかなり大きく変えたと考えられる。秘蔵と保存の対象であった書物という貴重品は，コピーを売買しながら広く公開し継承するものに変わった。書物は自分で手に入れるものとなり，多くの者が同一の内容に触れる機会が増し，また各自が生涯で目を通すことのできる書物の幅が格段に拡がった。かつて貴重であった書物も，いろいろな原典のひとつにすぎなくなり，尊重と記憶の対象というよりも，参照と比較の対象となる。注釈や伝承よりも，過ちや矛盾が意識されるようになり，新しい知識や発見と比較されることで改められる可能性のあるものとなる。かつて筆写し記憶するものであった書物は，知識を手に入れ，より正しいことを探し，矛盾があれば疑問を感じ，意欲があれば矛盾点を解消する対象となっていく。こうして印刷本の普及によって，貴重本の筆写と記憶に費やしていた時間が，より多くの書物に触れることに，また矛盾を解消するための方法の模索に，あるいは意識的な調査や観測や比較といった振る舞いに，向けられる可能性が高まった。

　アウトプットの増大は，多くの意味で書物の標準化と多様化をもたらし，インプットの様子も変容させた。印刷による出版競争により，古典古代書にはより正しい内容やより正し

いラテン語が求められた。また言語の正字法や数字などの正誤，見せ方などが意識され，正確に複製可能な図版技術との組み合わせ，書籍の扉，目次，索引，レイアウト，文章の章立てや叙述の流れなど，書物の表現形式が工夫されるようになる。多くの者が目を通すことで，絶えず読者による訂正や，新たな情報や知識のフィードバックが生じ，内容の正確さを尊重する姿勢が育まれ，記述の正しさを求める動きが活発になった。

書物というメディア形式自体がより秩序だったものとなると，知識の獲得や伝達の仕方としての書物の信頼性が高まった。そして，絶えず新たな出版物が計画され，より多くの古典古代書，言語，分野に目が向けられ，しかも常により正しく新しい情報の提供が目指されるようになり，出版物自体の多様化がもたらされた。こうして，書物に触れる層が，聖職者やエリート層から俗語しか読めない商人や職人など幅広い民衆層に拡大するようになると，伝承知よりも新しく獲得される知へ，さらには新たな実用的知識や経験的知識の獲得へと向かう意識が高まる。これにより，知的創造の担い手が多様な社会階層に拡がったことはもちろん，多くの書物や事柄を経験的知識に照らしたうえで比較参照し，独自性や創造性をさらに追求する従来とは異なる才能が，同時多発的に世に現れる可能性が高まった。こうして独自な発想を表明する著者という意識も芽生え，書物はある著者による完結した思考や思想の表明とみなされるようになり，著作者や個人という概念を意識させるものとなった。

アイゼンステインは，上記のような過程が，従来の古代崇拝を前提にした書物への接し方に新たな視点をもたらし，創造活動の増加，思考法の内部改革，知識人と職人の交流といった変化に手を貸したと論じている。イニスのいうメディアのバイアスという観点からみれば，西ヨーロッパにおける活版印刷は，地理的には急速な拡がりを促すとともに（空間バイアス），当初は従来の文化過程をなぞり深めるように促さ

時間バイアス・空間バイアス
→第1章 pp.11-12

れた（時間バイアス）が，生産と需要の担い手双方の拡がりによって，次第に変化を求めない「時間バイアス」の抵抗を突き崩すようになっていったと捉えることができる。つまり活版印刷は，自由都市民による資本主義的活動として社会に埋め込まれたことで，知への接触の裾野を拡げる方向に作用し，人びとが古い考え方や行動を超えることを可能にする新しい環境を生み出したのである。

4　印刷のある社会

　活版印刷機と印刷物は急速に増加したが，そのこと自体が急速な社会変容を引き起こしたわけではない。しかしブリューゲルの「節制」にみられたように，コピー技術の広範な使用によって文字を駆使する文化はさらに拡がっていった。問題はここからである。グーテンベルクの印刷機は，資本主義的商業活動という形で社会のなかに埋め込まれ，普及の段階を過ぎて日常環境の一部となることで，幅広い社会層の人びとにその環境を前提に考え振る舞うように促していった。印刷の社会への影響は，この相互作用のなかからゆっくりと現れる。この新たなメディアの環境化は人びとに何をもたらしたのだろうか。印刷の影響を論じ尽くすことは困難だが，マルタンやアイゼンステインが取り上げている活版印刷機と関連する社会変化の具体例を，大まかに4点にまとめてみよう（フェーヴル／マルタン　1998，アイゼンステイン　1987)。

　第1に，印刷術は16世紀前半に始まった宗教改革の拡がりを助けた。「あれがこれを滅ぼすだろう」──15世紀末を舞台にしたヴィクトル・ユゴーの小説『ノートルダム・ド・パリ』にあるセリフである。あれ＝印刷本が，これ＝ノートルダム大聖堂を滅ぼす。言い換えれば，印刷本という軽く広範囲に拡がるメディアが，重く永遠性を刻む教会を滅ぼすことを象徴することばである。

　堕落した教会を立て直し，内部改革をしようとする動きは何度も弾圧されていた。14世紀後半にはジョン・ウィクリ

フが，15世紀前半にはヤン・フスが教会改革を訴えたが，両者とも異端の罪で処刑され，その後のフス戦争も活版印刷機の登場の少し前まで続いていた。その100年後に，鉱山経営者の子から神学教授になったマルティン・ルター（1483-1546）が再び改革を唱えることになる。

フスの批判のきっかけでもあった贖宥状は，活版印刷によってさらに大量に販売されるようになっていた。マインツ司教が鉱山富豪フッガー家への借金返済のために大規模に贖宥状販売に手を染めていた1517年，ルターは公開討論用文書として『九十五カ条の論題』をヴィッテンベルク大学教会に掲げた。公開討論は特別なことではない。ところが，本人の意図とは関係なく，この論題チラシが印刷され，2週間でドイツ中に，1カ月でヨーロッパ全土に一気に広まる［図5-2］。3年後の1520年までに30刷30万部が印刷されたという。ルターとその賛同者が民衆向けに印刷した俗語と挿絵入りパンフレットは飛ぶように売れた。ルターは破門されるが，教会批判の声が大きくなるなか処刑されることはなかった。この動きはプロテスタント派となり，キリスト教は大きく二分されることになる。いわば，印刷というコピー技術が，声の届く範囲とスピードを超えて大量の読者を生み出すことで，議論と共感を活性化させ，権威や権力を打破する力をみせたのである。

第2に，印刷本の市場拡大に向けられた努力が，16世紀から17世紀にかけて，言語共同体商圏を生み出す要因となった。ルターは，教会の声を真に受けるではなく，それぞれが自分で聖書を読み，直接神と対話することを勧めた。ラテン語聖書の全文はおろか，ギリシャ語やヘブライ語など知らない司祭たちの説教という空虚な権威をすっ飛ばし，みずからの読書と家族内での説法で信仰を高めることを重要視したのである。一人一人

フス戦争
キリスト教改革論者であったヤン・フスは異端者とされ1415年に火刑に処されたが，その後，彼を信奉したフス派とカトリックのあいだで1419年から1439年までおこなわれた異端弾圧戦争を指す。

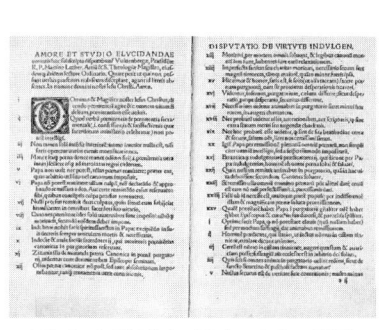

図5-2 印刷された『九十五カ条の論題』

が読むためのドイツ語聖書も翻訳出版した。プロテスタントは印刷本需要を増やし，カトリックは禁書目録の作成や俗語出版の禁止に向かった。教会の権威を維持することにこだわるカトリック向けの商売は停滞し，代わってプロテスタント諸国が印刷本の中心地となる。プロテスタントの印刷工房は需要が見込める俗語出版に積極的に乗り出し，カトリックの禁書も喜んで印刷した。

そもそも古典古代書のラテン語出版が出尽くせば，印刷事業者は市場の拡大をしなければならなかった。まず思いつくのは俗語への翻訳と小型化である。俗語翻訳はエリート層以外への需要を増やし，小型本は買い換え需要と廉価本需要をもたらした。各地の話し言葉はあったが，まだ書き言葉がない時代である。綴りも確定せず意味も不確定な方言レベルの俗語の翻訳出版や，非エリート層向けの俗語出版は，地域言語の正字法を確定することと同義であった。

こうして各国語聖書，民衆向け俗語信仰書，多国語辞書などが増えるにつれ，安定的な俗語出版圏がひとつの商圏かつ共通言語圏であるという意識を育み，逆に印刷と関係しなかった言語は方言のままに残るか，消滅の危機に瀕してしまうことになった。いわば，コピー商品の市場拡大の努力の一環であった俗語出版とそれに伴う読者の拡がりが，言語を分断したうえで言語圏と地域商圏とを結びつけ，さらには地域ナショナリズムを育成する「想像の共同体」意識を生み出す大きな要因となったのである。

第3に，ブリューゲルの版画にも表れている，印刷表現の高度化による，視覚表現への信頼の高まりと自然を観察する姿勢の涵養がある。手写本時代は挿絵も手書きであった。ということはすべてが一点もので，酷似した肖像や精緻な図を描いたとしても変形はまぬがれなかった。当然，古典古代書に図像表現はほぼない。しかし，印刷は原画通りの正確なコピーを可能にした。そもそも，コピー技術は，印鑑の時代から単純な図柄やもともと抽象図である文字を複製している。

想像の共同体
宗教や封建制に代わって出版産業が可能にした共同体意識を指す。印刷物に日々触れることは，我々や同胞や国民といった意識をもたらすが，その意識の及ぶ範囲は必ずしも民族や生活圏と一致するものではなく，共通言語への接触がもたらす想像上のものであるとされる。

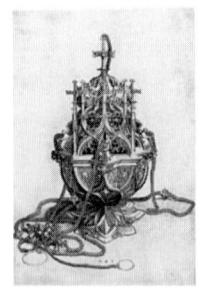

図5-3 金細工師マルティン・ショーンガウワー(1448?-1491)「釣香炉」(銅版画,エングレーヴィング)

第 5 章　印刷と社会（2）

　中国の最初期の宗教図も紙幣やトランプも木版画であった。ドイツでは木版画は印刷術登場前の 14 世紀後半頃からあったと推定されており，木版挿絵入りの活字本もすぐに始まった。

　インキュナブラの挿絵入り活字本としてとくに有名なのは，金細工師から印刷業者になったアントン・コーベルガーの出版による『ニュルンベルク年代記』（1493）である。1800 以上もの木版挿絵入りのおかげで高価で大部になったこの本は売れ残ったが，すでに活躍していた版画工房との共同作業であったことが注目される。そのミヒャエル・ヴォルゲムート（1434-1519）版画工房の徒弟であった金細工師の子アルブレヒト・デューラー（1471-1528）の名は覚えておこう。デューラーの優れた技法と自然観察の姿勢は，木版画表現を向上させた。また，遠近法を理論化したアルベルティの書はラテン語のみの手写本であったが，デューラーは遠近法の技術を俗語で図解している。緻密な絵画表現を可能にした銅版画は 15 世紀前半から始まるが，その初期銅版画家の多くも，グーテンベルク同様にドイツの金細工師であった［図5-3］。

　正確さを志向した木版挿絵入り活版印刷本としては，オットー・ブルンフェルス（1488-1534）の『植物図譜』（1530）やレオンハルト・フックス（1501-1566）の『植物誌』（1542）［図5-4］，またアンドレアス・ヴェサリウス（1514-1564）の人体解剖書『ファブリカ』（1543）［図5-5］，あるいはコンラート・ゲスナー（1516-1565）の『動物誌』（1551-1558）といったものがあげられよう。いわば，技術的に優れた版画と活字が組み合わされた挿絵入り印刷本という正確なコピーの大量生産が，精緻で写実的な視覚表現への志向と信頼を育んだのである。

　第 4 に，図解入りの活版印刷本の成果にみられるように，とくに 16 世紀後半から 17 世紀にかけて，印刷は科学革命に大きく貢献した。精緻な図版と明快な解説は，理論と実践，論理と観察，学者と職人，頭脳労働と手仕事の結びつきをも

アルブレヒト・デューラー
→第 8 章 p.113

図5-4　フックス『植物誌』（1542）
本の最後の挿絵画家と彫刻師の肖像。著者との共同作業であったことを誇示している。図は木版，彩色。画アルブレヒト・メイヤー，版画下絵ハインリッヒ・フュッルマウラー，彫刻師ルドルフ・シュペックル。

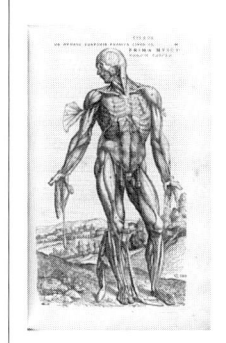

図5-5　ヴェサリウス『ファブリカ』(1543)
図は木版，彫刻師はジャン・ステファン・ヴァン・カルカル？

73

スコラ哲学
11世紀以降の学校組織で体系的におこなわれた学問方法論に基づく哲学や神学を指す。問いの矛盾点を論理的に解消しながら解決に導く方法をとる。スコラ神学者として、トマス・アクィナスが有名。アリストテレス流の論理学を重視しており、次第に思弁的だと批判されるようになる。

示している。俗語出版が増えるにつれ、秘匿の状態にあった職人ギルドの技術が図解入り俗語解説本として公開されるようになると、難渋なことばだけに終始する思弁的なスコラ哲学と当時の大学ラテン語学問は、説明の不十分さを露呈していく。

例えば、古典古代書として復活した古代アレクサンドリア図書館の学者クラウディオス・プトレマイオスによる『ジオグラフィカ』に触発された正確な地図への志向は、15世紀後半以降の大航海時代のなか、メルカトル技法や商人アブラハム・オルテリウス（1527-1598）の『世界の舞台』（1570）［図5-6］のような、測量と図法技術を伴う近代地図に結集していく。同じくプトレマイオスの『アルマゲスト』を検討しラテン語訳したレギオモンタヌス（1436-1476）は、金属加工職人の多いニュルンベルクで継続的な天体観測をおこなった。その翻訳本と観測結果は、銅商人の子ニコラウス・コペルニクス（1473-1543）の『天球の回転について』（1543）で検討され、ティコ・ブラーエ（1546-1601）による観測を促し、それを引き継いだヨハネス・ケプラー（1571-1630）の『新天文学』（1609）へ、さらにガリレオ・ガリレイ（1564-1642）の自作望遠鏡による『星界の報告』（1610）へとつながっていく。地動説は相次いでカトリックの禁書目録に加えられるが、プロテスタントの印刷所から出回ることになる。

こうして古代英知の結集地アレクサンドリア図書館で思索し、天動説を体系化したプトレマイオスへの接近とその超克は、印刷による同一本が多くの者の目に触れ、同時代の発見を加えた比較検討がなされることで達成されることになる。やがてフランシス・ベーコン（1561-1626）が『学問の進歩』（1605）を語り、『新機関』（1620）で国家による自然の

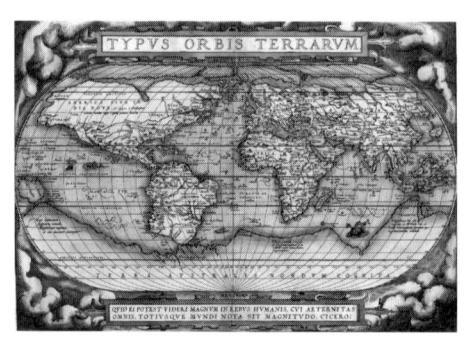

図5-6　オルテリウス『世界の舞台』（1570）

74

征服を語るようになるだろう。いわば，活版印刷が環境化した社会が，難渋な魔術の伝承を誰でもが検証可能な近代科学に至らしめたのである。

　アイゼンステインは，これらの印刷と社会のかかわりは，宗教的には「図像から言葉へ」，近代科学的には「言葉から図像へ」という相反する動きであったことに注意を促している（アイゼンステイン　1987）。活版印刷技術は，同時代のほかの経済社会環境と相互に影響し合いながら，商業活動に開放されたおかげで，ある種のコミュニケーション網の新たな連結環となり，その環境に住まう人びとの思考と知識の前提に，後戻りできない根本的な変容をもたらしたといえるだろう。

5　印刷と社会の相互作用

　グーテンベルクが秘密にしようとした活版印刷技術が，西ヨーロッパに一挙に拡がったのは偶然かもしれない。しかし，新たなメディア技術の登場とその普及とは別の事柄である。グーテンベルクの活版印刷機は，資本主義的商業活動という形で社会のなかに埋め込まれることで，幅広い社会層が接触することのできる日常環境の一部として社会と相互作用し始めた。

　興味深いことに，活版印刷機の発明とその初期の活用には，シュトラスブルク，マインツ，ヴィッテンベルク，ニュルンベルクといった，中部ヨーロッパの鉱山業を背景とした神聖ローマ帝国内の商業的自治都市の金属加工職人たちが多くかかわっていた。15世紀から16世紀にかけての中部ヨーロッパは，鉄鋼という新技術の先進地帯として多くの技術者や起業家を輩出し，またその豊かさを背景に多くの事業家や思想家を送り出した地域だったのである。印刷と社会の相互作用過程の内実は，15世紀以降の西ヨーロッパという特殊な社会経済的背景のなか，印刷出版業者が商品としての活字本を売ろうとした努力とその需要を支えた読者たちとの関係に求

めなければならない。

　こうした社会への埋め込まれ方を含めた総体としての活版印刷技術の存在を前提に人びとが動き出すことで，社会の図柄はようやく変化の可能性を示し始める。西ヨーロッパの活版印刷機は，どの諸国の王，どの自由都市，どの事業家，そしてどの宗教の独占物にもなることなく，幅広い社会階層が活用できる新しい思考のための道具となることで，それ以前の文字文化と重なり合いながら社会変容に深くかかわるメディアとなりえた。一方，7世紀から印刷技術を習得していた中国一帯は，すでに15世紀以前に全世界のどこよりも印刷された書物であふれていた。それなのに，ついに科学革命に至ることがなかったのはなぜだろうか。

　中国技術史家のジョゼフ・ニーダムはその理由を，中国での印刷技術の発明と活用が，商人階層ではなく，大規模で中央集権的な官僚制的封建制のもとで担われたことに求めている。中国での印刷は，ほぼ行政制度の維持のために使われ，結局は幅広い社会層にまで広まることがなかったのである（ニーダム　2009）。こうした印刷技術の社会への埋め込まれ方の差が，多様な階層による印刷メディアの活用の機会の違いをもたらし，それが社会への作用の仕方を左右したといえるだろう。

　西ヨーロッパの印刷機は，16世紀半ばまでにはリテラシーを前提にした「視覚化」と「数量化」を浸透させ，「言葉から図像へ」また「図像から言葉へ」という相反するが同じ源から発する動きを可能にしていった（クロスビー　2003，アイゼンステイン　1987）。科学史家の山本義隆は，絵画，解剖学，植物学，鉱山業，商業数学，機械学，力学，天文学，地理学にわたる初期の活字本をひとつひとつ検討し，それらを担った者の多くが俗語で書いた商人と職人であったことを論証している。そして山本は，職人と商人が担った「一六世紀知覚革命」と「一六世紀数学革命」をもとに，「一六世紀文化革命」とでもいうべき知の根本的な地殻変動が進行したと

述べている（山本　2007）。つまりアイゼンステインのいう「印刷革命」は，ラテン語を知らない職人や技術者や商人による印刷技術の活用によって，俗語で書かれた印刷本が商品として広く流通することで生じた出来事であったといってもいいだろう。印刷革命によるパラダイムの転換は，そのメディアが知の独占化と逆方向に促されたからこそ可能だったのである。

　印刷術が環境に組み込まれた 15 世紀半ばから 17 世紀にかけて，西ヨーロッパの人びとの意識や人生観は結果的に大きく拡大した。意識の拡大は立体的なものである。まず，古典文献の復活や文献の増大によって，過去から現在へと連なるものとしての歴史に対する感覚が芽生えた（時間意識の拡大）。また，新大陸の「発見」や地動説の提唱，望遠鏡や顕微鏡といった感覚を拡大する装置の発明は，地理的な拡がりや天空の世界，あるいは見えない世界という新たな世界観の拡がりの感覚を生み出した（空間意識の拡大）。そして，聖書を読むことで自己に誠実に向き合おうとする者の増加や書物を読むことによるリテラシーの内面化は，内省する個人という意識を芽生えさせた（内面意識の拡大）。こうして印刷が社会に埋め込まれた環境のもとで，西ヨーロッパは人間をより「近代人」に近づけていったのである。

　その頃，日本にも大航海時代の波が押し寄せ，16 世紀半ばからポルトガルとの南蛮貿易が始まり，イエズス会士フランシスコ・ザビエル，ルイス・フロイス，アレッサンドロ・ヴァリニャーノらによる伝道がおこなわれていた。日本では，キリスト教布教のみに使われた活版印刷機は忘れ去られたが，鉄砲の知識は戦国時代を終わらせ，17 世紀初頭から江戸時代が始まることになる。徳川幕府は，次第に鎖国政策を強め，17 世紀半ばには布教を重視するカトリック国と断絶する。それ以後，急速に近代化していくヨーロッパの近代科学的知識の日本での窓口は，貿易を重視するプロテスタント国のオランダのみとなった。

＜参考文献＞

アイゼンステイン，エリザベス・L　1987『印刷革命』（別宮貞徳監訳／小川昭子ほか訳）みすず書房．

青木茂監修　2001『世界版画史　カラー版』美術出版社．

カラザース，メアリー　1997『記憶術と書物――中世ヨーロッパの情報文化』（別宮貞徳監訳／柴田裕之ほか訳）工作舎．

ギンズブルグ，カルロ　1984『チーズとうじ虫――16世紀の一粉挽屋の世界像』（杉山光信訳）みすず書房．

クーマン，C 著／船越昭生監修　1997『近代地図帳の誕生――アブラハム・オルテリウスと『世界の舞台』の歴史』（長谷川孝治訳）臨川書店．

クロスビー，アルフレッド・W　2003『数量化革命――ヨーロッパ覇権をもたらした世界観の誕生』（小沢千重子訳）紀伊國屋書店．

坂井建雄　1999『謎の解剖学者ヴェサリウス』筑摩書房．

ニーダム，ジョゼフ　2009『ニーダム・コレクション』（牛山輝代編訳／山田慶兒・竹内廸也・内藤陽哉訳）ちくま学芸文庫．

バーク，ピーター　2004『知識の社会史――知と情報はいかにして商品化したか』（井山弘幸・城戸淳訳）新曜社．

ハクスリー，ロバート編　2009『西洋博物学者列伝――アリストテレスからダーウィンまで』（植松靖夫訳）悠書館．

フェーヴル，リュシアン／マルタン，アンリ＝ジャン　1998『書物の出現』上・下（関根素子ほか訳）ちくま学芸文庫．

マクニーリー，イアン・F／ウルヴァートン，ライザ　2010『知はいかにして「再発明」されたか――アレクサンドリア図書館からインターネットまで』（冨永星訳）日経BP社．

マルツォ・マーニョ，アレッサンドロ　2013『そのとき，本が生まれた』（清水由貴子訳）柏書房．

山本義隆　2007『一六世紀文化革命』1・2，みすず書房．

第6章　新聞ジャーナリズムの勃興

　ウィリアム・シェイクスピア（1564-1616）と同時代人の劇作家ベン・ジョンソン（1572-1637）に『ニュース商会（*The Staple of News*）』（1626）という作品がある（ジョンソン　1967）。とにかく雑多なニュースを集め小売りする店が主要な舞台で，ニュースならなんでもいいと，これまた雑多な客が訪れる。店は料金分だけ読んであげたり，封筒に入れてあげたりするから，ニュースの安売り屋といったところだろうか。この1626年初演の劇中で強調されているのは，ニュースの売り手と買い手双方のいい加減さであるのだが，このような雑多なニュースが商売になりつつあった17世紀初頭は，まさに新聞の萌芽期であった。

　辞書的な定義に従えば，新聞とは「社会の出来事の報道・批判を，すばやく，かつ広く伝えるための定期刊行物」である（『広辞苑　第4版』）。もちろん新聞の発達は，政治体制や経済状況，法律上の扱いなどから切り離しては論じられない。多くが地域言語で記されたため，呼び方や名称も様々である。ここでは，そうした違いを詳述するのは避け，ニュース出版の発祥を官報，かわら版，商業情報，広告情報，そして政論という5つの流れから理解し，イギリスと日本の個別事例をみていくことにしよう。

1　ニュース・メディア

　一番古くから意識的に集められたニュースは，おそらく官報としてのニュースである。古くから国のトップもしくは行政官たちは，情報を集め，限られた者に知らせてきた。中国では，秦の始皇帝が一定距離ごとに警察署にあたる亭や通信

驛伝制度
→第3章 p.48

御用新聞
　政治的立場が権力者に近い，金銭的な庇護を受けている，などの理由によって，その時代の政府や権力者を擁護し政治的宣伝の役目を果たす新聞を指す。官報とは異なる。

網となる郵を置き，文書での行政システムを運用した。7世紀の唐時代には，手書きの正式な官報である『邸報』があったという。秦のような駅伝制度は，広大な領土を擁する国に置かれる傾向にあり，そうした帝国では統治のために文書行政がおこなわれていた。文書行政の一環である官報としてのニュースは一般の人びとにも知らされる場合がある。行政上の通達や警察発表または御用新聞などを思い浮かべればよいだろう。しかしその場合も，どれだけの範囲にどんな情報を知らせるのかは行政の管理下にあるのが，官報としてのニュースの特徴である。

　かわら版は，活版印刷術が始まった西ヨーロッパ各地で，インキュナブラの時代から売られていた。ドイツ語でフルグブラット（flugblatt＝翼の紙），フランス語ではカナール（canard＝カモ，デマ），英語ではブロードサイド（broadside＝大判紙）などと呼ばれた印刷物にあたる。粗末な紙の片面刷りか両面刷りで街頭で呼び売りされた。内容は政治的動乱や災害や殺人や幽霊の出現など多岐にわたり，少なくとも1480年代以降のものが現存している。1502年には，ドイツ語で新聞という意味のノイエ・ツァイトゥング（noue zeitung＝新しいニュース）と称したかわら版が登場している（小野1967）。こうしたかわら版はそのつど発行されたもので定期刊行物とはいえないが，庶民に売れそうなものだけが題材になったこともあり，人気のあるニュース出版であったといえる。

　16世紀の半ば頃になると，自治都市の市民は政治情報と商業情報の必要性を感じ始めていた。大航海時代の16世紀は，交易の中心地がイタリア北部のヴェネツィアやジェノヴァから，大西洋に面したオランダやスペインに代わっていく時期である。郵便制度が整備されてくるのもこの頃で，宗教改革の動乱や戦争もあり，ヨーロッパを横断する商業ニュースの取引が盛んにおこなわれるようになる（菊池 2008）。有名なのはヴェネツィアで発行された『ガゼッタ』や富豪フッ

ガー家が独自に発行していた『フッガー・ツァイトゥング』である。これらは印刷されたものではなく手書きの通信で，内容は商業や金融，それにかかわる政治情報が主であった。商取引の場である市場では，不定期ではあるが印刷されたニュースも売られていた。

　週刊程度の定期性をもったものは17世紀初頭に登場する。最初期では少なくとも1609年に，シュトラスブルクで『リラチオン』[図6-1]，ヴォルフェンビュッテルで『アヴィソ』が売り出された。これらは，海外情報を伝える印刷されたニュース・レターというべきものであった。1618年に三十年戦争が始まると，オランダでは100種類以上の週刊本が発行されるようになる。これらは，その後のニュース本の模範となり，各国で訳され，海外情報週刊本として売り出された（スミス　1988）。印刷と商売に熱心で，戦時下でもあった国オランダが，商業的に必要な政治情報や宗教対立に関する情報を国際ニュースとして流す役割を負ったのは必然だっただろう。

　広告情報としてのニュースは，フランスのミシェル・ド・モンテーニュが最初のアイデアを出したとされる。情報を登録して供給と需要の出会いの場を設けるというそのアイデアは，フランス国王の侍医であったテオフラスト・ルノドーのもとで，広告登録所と『公共掲示ジュルナル』の形で1612年に実現された。前者は売買や就職の斡旋所であり，後者は広告情報誌である。情報の中継地となった登録所と出版の特権を得たルノドーは両者を安定的に運営し，1631年にはオランダのニュース週刊本のフランス版である『ガゼット』の出版へと手を拡げている（プレスベリー　1979）。その出自からして，政府に都合のよいニュースだけを掲載した官報に近い御用新聞であった『ガゼット』には，もちろん広告もふんだんに掲載された。『ガゼット』は，広告によって資金を安定させながらニュース出版をおこなうという，近代的な企業運営をおこなっていたことになる。

図6-1　『リラチオン』と呼び売り

三十年戦争
1618～1648年に，主に神聖ローマ帝国を舞台として，プロテスタント派とカトリック派のあいだで起こった紛争の総称。領邦国家間や有力貴族間の争いの側面もあった。講和条約のヴェストファーレン条約では，カトリックの権威の減少と条約締結国の対等な主権が確認されたことにより，ヨーロッパの新秩序が確立した。

ここまで，官報，かわら版，商業情報，広告情報としてのニュース出版の流れを紹介したが，社会にとってより重要だとされているのは政論としてのニュースである。この流れは，ジャーナリズムの誕生とかかわるので節を改めて述べよう。

2　政論としてのニュースと言論の自由

　官報，かわら版，商業情報，広告情報といったニュース出版の流れは，17世紀になると一斉に合流し始め，1620年代以降は定期的なニュース週刊本がヨーロッパ各地で出現する。ジョンソンの劇作『ニュース商会』がみせてくれるように，いろいろと問題を抱えていくにせよ，ニュースという概念は17世紀には日常的なものとなっていくのである。そうしたなか，政論としてのニュースが登場する。

　西ヨーロッパの活版印刷は，広い意味では最初期から政治問題を扱ってきた。すでにグーテンベルクとその出資者であったフストが，マインツ司教座の対立をめぐって出版合戦をしていたし，宗教改革と反宗教改革にかかわる宗教パンフレット合戦もペンの戦いであったといえる。これらは基本的には宗教がらみの国際的な政治問題であったが，ここでは主として国内の政治を扱ったニュース（内政ニュース）の発祥を，世界に先駆けてジャーナリズムが勃興したイギリスを中心にみていこう。

　活版印刷発祥の地である神聖ローマ帝国では，17世紀に入ってから，とくに三十年戦争期に，内政ニュースを出版する試みが数多くみられた。しかし，領邦国家の集まりである神聖ローマ帝国では，それぞれの王が国内ニュースを厳しく取り締まっており，どれも単発的なものに終わっている。この状況はどこの国でも同じだった。内政ニュース出版は合法ではなかったがゆえに，なかなか日の目をみることがなかったのである。しかし，手書きのニュース・レターはその限りではなかった。したがって，1620年代以降に定着し始めた定期的なニュース出版には，オランダ本を模範とした商業ニ

マインツの出版合戦
→第4章 pp.60-61

宗教パンフレット合戦
→第5章 pp.70-71

ュース中心の海外情報ものと，商業ニュース中心の手書きのニュース・レターのなかに内政ニュースが含まれたものとが併存していた。以下でみていくように，政論としてのニュースは，そもそも17世紀いっぱいは手書きで流通するものであった。

　1641年，国内の政治問題を中心に扱いながら，合法的に印刷された定期的なニュース出版が，ようやくイギリスに出現する。これは偶然の産物であった。国王と議会の対立によるイギリス内政の混乱のため，イギリスの出版統制に関する法律の更新がなされず，たまたま失効してしまったからである。この時期は，ピューリタン革命（1641〜），王政の廃止と共和政体制の成立（1649〜），そして王政復古（1660）と続く，絶対主義から市民社会への移行混乱期にあたる。すでにニュースという概念は浸透している。印刷業者は，国内問題への関心が高まるなか，スキあらば内政ニュースを出版しようと待ち構えていた。このとき登場した内政ニュースは，週1〜3回発刊のパンフレット形式のニュース本というべきもので，ホーカーと呼ばれる女性が呼び売りしていた。

絶対主義
君主の権威と権力を何よりも優先させる政治体制を指す。この体制を擁護する政治思想として，王権は神より付与されたものとする王権神授説がある。

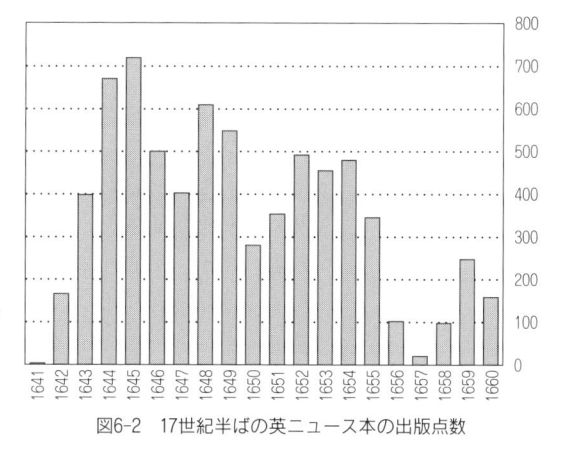

　王政復古までに発行されたパンフレットやニュース本は数多く残っており，トマソン・コレクションとして知られている。そのうちニュース本の発行号数を足したものをみてみよう［図6-2］。増減を激しく繰り返しているのは，何度もおこなわれた出版統制のためである。ようやく出現したニュース本も，1642年にすぐ許可制になり，1643年には出版物の印刷業組合への登録制が復活して検閲制度が始まる。これにより発行された内政ニュース本のタイトル数は瞬く間に半減してしまい，議会派

図6-2　17世紀半ばの英ニュース本の出版点数

第6章　新聞ジャーナリズムの勃興

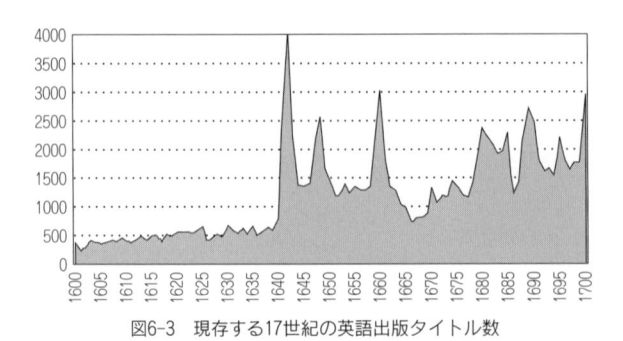

図6-3 現存する17世紀の英語出版タイトル数

と王党派の御用ニュース本だけが継続して出版され、論争を繰り広げた。国王が処刑され、共和制となった1649年には印刷法が制定され、さらに統制が厳しくなる。1655年にはオリバー・クロムウェルが特定の2つの内政ニュースしか許可しなくなる。そして王政復古を果たした1660年、議会議事の報道は厳しく禁じられてしまう。これで印刷された内政ニュース出版は再び完全に禁止されることになり、またもや手書きのニュース・レターしか存続できなくなった。18世紀までの英語の出版物を扱った大英図書館の目録（ESTC）から17世紀のタイトルを取り出したものをみても、同じ時期に同じような増減を繰り返している［図6-3］。内政問題に関する個々の主張は、むしろニュース本以外で繰り広げられた。結局は、この時期のニュース本で100号続くものはまれであった（芝田 2000）。

こうしてみると、17世紀半ばに登場した内政ニュースは中途半端なものであった。もともとイギリスでは、印刷機の所有者が限定されており、内政ニュースの出版も禁止されていた。内政ニュースは、偶然に出版への統制がゆるめられた束の間しか存在することができなかったのである。しかし、この束の間の内政ニュースの興隆は、「言論の自由」という概念を社会にとって大きな意味をもつものにした。それを象徴する著作としてジョン・ミルトンの『アレオパジティカ』を覚えておこう［図6-4］。

図6-4 ミルトン『言論・出版の自由——アレオパジティカ』（原田純訳, 岩波文庫, 2008）

『失楽園』の作者として有名なジョン・ミルトン（1608-1674）は、イギリスの革命期に多くの論争パンフレットを出版し、政府にも秘書官として仕えた人物である。かれは出版に関する法の偶然の失効を歓迎した。しかし即座に統制が再

開されてしまったので，すぐさま出版事前検閲の復活に反対する趣旨のパンフレットを執筆する。その論争パンフレットが『アレオパジティカ』(1644) である。そのなかでミルトンは，真理の追究には，「自由にして公然と開かれた対決場」が重要であり（思想の公開市場），その禁止や抑制よりも，理性と判断を信頼したうえでの言論の自由のほうがより望ましい結果をもたらす（市場の自動調整作用）と主張した。緊迫した情勢のなかで生まれたミルトンの主張は，検閲令を覆しはしなかったものの，以降の言論の自由をめぐる議論に大きな影響を及ぼすものとなる。

　このように，政論としてのニュースの登場は，「言論の自由」をめぐる長い闘いの始まりでもあったのである。言い換えれば，これはメディアを権力の独占物とするか，それとも幅広い社会層が接触することのできる日常環境の一部とするかの闘いであった。

3　新聞紙の登場とコーヒーハウス

　イギリスが市民社会への移行に奮闘していた 1650 年，神聖ローマ帝国内のザクセン選帝侯領ライプツィヒで，世界で最古とされる日刊紙が創刊された。『アインコメンデ・ツァイトゥンゲン（新着雑報）』と名付けられたこの日刊紙は，4 ページ立て 200 部ほどの予約購読制で，選帝侯の勅許を得て 20 年ほど続いたという（シュトラスナー　2002）［図 6-5］。ライプツィヒはいまでも出版の街として知られるが，ザクセン選帝侯領はもともとルターとプロテスタントを育てた地域であり，出版に寛容な土地であった。だが，この世界初の日刊新聞は，内政ニュースが切実に必要とされたはずの三十年戦争期を過ぎた後に登場し，その内容は海外情報と官報を合わせたようなもので，まだ自由な言論下での新聞の登場といえるものではなかった。

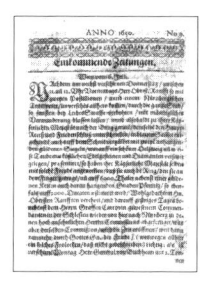

図6-5　『アインコメンデ・ツァイトゥンゲン』

　王政復古 (1660) 後のイギリスでは，1662 年からの特許検閲法 (Licensing Act) により出版法が確立したこともあり，

図6-6 『オックスフォード・ガゼット』1号（1665.11.7）

図6-7 『ロンドン・ガゼット』24号（1666.2.5）

ニュース本は検閲官が出版するものだけとなっていた。この時期は，首都ロンドンの転換期でもあった。革命が落ち着いたロンドンにペストが拡がり人口が激減，追い打ちをかけるように 1666 年にはロンドン大火があった。壊滅した首都は，ここから 18 世紀に向けて再建されることになる。1665 年，ペストで宮廷が移転していたオックスフォードで官報が創刊される。この官報『オックスフォード・ガゼット』（翌年には宮廷が戻り『ロンドン・ガゼット』に改名）は，週 2 回 1 万部印刷された大判のニュース紙であった［図 6-6，図 6-7］。それまでの推定 500 部程度のニュース本とは比較にならない大部数のこの官報は，ニュース本からニュース紙へと，つまり新聞紙へと体裁が変わるきっかけとなる。しかし内政ニュースのほうは，相変わらず検閲対象外の手書きのニュース・レターとしてしか存在できなかった。1665 年のあるニュース・レターは，年間 5 ポンドという高額な予約購読制で 140 部発行していたという。

ところが，また突然に言論の自由が訪れる。1679 年，特許検閲法が失効してしまうのである。これまた王政復古後の内政の混乱によるものだった。すぐに『ロンドン・ガゼット』をまねた体裁の新聞紙が 6 紙創刊される。だが，翌 1680 年に出版に関する国法の布告が出され，すべて廃刊となる。しばらくして反王党派が巻き返したこともあり，1681 年にかけて 10 紙が創刊される。先の布告は有効なままなので，今度は王党派の巻き返しで，1682 年の末までに無許可の内政ニュース紙はすべて廃刊，検閲官ロジャー・レストランジ卿の御用新聞『オブザヴェーター』と官報『ロンドン・ガゼット』を残すのみとなる。またもや手書きのニュース・レターだけが活躍するなか，1685 年に特許検閲法が更新され，再び言論の自由は束の間で終わってしまう（芝田 2000）。

だが 1688 年の名誉革命が待っていた。これにより，イギリスの立憲君主制が確立，統治しない王のもとで議会制が強められ，翌年「権利の章典」が宣言される。王の命令ではな

く，議会での討議により政治が進む体制となったわけである。ほどなく出版統制もゆるめられる。少し間が空くが，1695年，特許検閲法の更新を議会が拒否し廃案となる。同年中にすぐさま8紙が創刊され，内政ニュース紙を含め1705年までに20紙ほどが登場した。多くは週2・3回発刊であったが，1702年にはイギリス初の日刊紙『デイリー・クーラント』も創刊される。各紙を合わせた週発行部数は，1704年には約4万8000部になったと推定されている（芝田　2000）。

　加えて，雑多な情報を集めた雑誌も登場した。ダニエル・デフォー（『ロビンソン・クルーソー』の作者）の『レビュー』，ジョナサン・スウィフト（『ガリヴァー旅行記』の作者）の『エグザミナー』，リチャード・スティールとジョゼフ・アディソンの『タトラー』と『スペクテイター』などが有名である。ミルトンが求めた言論の自由は，とりあえず，ようやくここで日の目をみた，といっておこう。

　5万部程度の部数とはどの程度のものなのだろうか。1700年頃のロンドンの人口は約50万人とされる。概算で男性25万人のうち成人12万人，そのうちリテラシーのある者が50％とすると6万人となるから，週に約5万の新聞は数としては十分だろう。しかも新聞の読者はリテラシーのある者に限らない。1711年の創刊当時3000部であった『スペクテイター』は，1部が20人に届くとして6万の読者がいると想定していた。そもそもニュースは孤独に読みふけるものではなく，誰かが読み上げて，そこから議論が始まり，内政ともなれば談義を深め，ときには論争にも発展するネタ元である。ネタを共有する場もあった。18世紀初期にはロンドン市内に2000～3000軒あったともいわれるコーヒーハウスである。コーヒーハウスで議論するのに身分は関係なかったとされるが，実際の客は中流階級以上の男性だったろう。コーヒー談義の参加者は，多くみて7～8万といったところだろうか。

　17世紀半ばにロンドンに登場し，革命期に育てられたコーヒーハウスは，ロンドン大火後にも興隆し，上流・中流階

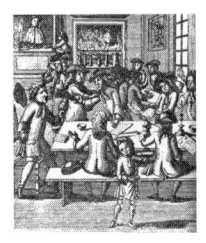

図6-8 コーヒーハウス

公共圏
広義には，仕事や生活と離れて他人とかかわりをもって過ごすことができ，また社会の一員であることを意識することができる公共的な空間を指す。文芸的，政治的など個別の目的に応じた公共圏を指す場合もある。

級の社交場として，また言論の自由な闘技場として機能した［図6-8］。そこには噂話，商業ニュース，手書きのニュース・レター，束の間の政論ニュース，論争パンフレットなどすべてのニュースがあった。手書きのニュースも印刷されたニュースも，こうした口頭の場で流通していたと考えたほうがよい。商談も，密談も，政治談義も，教養談義も，文学批評も，芸術論も，博打も，オシャレも，すべてコーヒーハウスでおこなわれていた。世界最古の保険組合であるロイズは，もともと船主たちが集まっていたロイズ・コーヒーハウスが発祥である（小林　2000）。もっとも，ロンドンに3000軒というのはおそらく誇張で，若干減った1739年の記録では551軒，その他にイン（飲める宿屋）207軒，タヴァン（居酒屋）447軒だったらしい（香内　1991）。

　イギリスのコーヒーハウスで生まれた文芸的公共圏は，様々な学問や政治の集まりを形成したが，それは市民革命や産業革命を支える場であったとともに，人びとが自由に集いながら社会に参加し文化を創造する場のモデルともなった。こうした流れが，18世紀のフランスで，カフェや貴族の主催するクラブやサロンに集う公衆が啓蒙思想を育て，革命思想を育てていく公共圏につながっていくのである。

4　新聞の社会への埋め込みと公共圏

　17世紀いっぱいをかけて，イギリスは社会体制そのものを絶対主義から市民社会へ変革させた最初の国となった。内政ニュースは，この市民社会という新たな社会へ向かう変革のただなかで登場したことになる。なぜだろうか。それは，内政ニュース出版が，印刷という技術の社会への埋め込まれ方そのものにかかわるものだからである。

　西ヨーロッパの活版印刷機は，資本主義的な商品を生産する技術として社会に埋め込まれることで日常化した。ニュース出版は，この当たり前の存在となった印刷技術の活用の一形態として生まれた出版形態である。王は統治のために，宗

教は信仰を拡げ守るために，商人たちは利益のために，ニュース出版を利用しようとした。政論としてのニュースは，まずはそうした多様な思惑が詰め込まれた新たな商品カテゴリーの一種であったといえる。しかしまた政論としてのニュース出版は，政治と市民をつなぐ政治的な言論の場として印刷技術を社会に埋め込もうとする試みでもあったのである。

　内政ニュースは，市民のための政治がおこなわれる社会で（市民社会），国家から独立した民間組織が（商業的な自由），内容を問われずにメディアを自由に使い（言論・出版の自由），政治的な議論を活性化させるオープンな場となる（政治的公共圏）ことで初めて存在意義をもつといえる。したがって内政ニュースの定着とは，印刷技術メディアが政治と市民をつなぐ自由な言論機関として社会に埋め込まれることである。自律したジャーナリズムは，幅広い社会層が接触することのできるメディアに乗ることで初めて，市民社会を機能させる一翼を担う社会的機関となることができる。ユルゲン・ハーバーマスは，この文芸的公共圏から派生した政治的公共圏を「議論する公衆の機関」と呼んだ（ハーバーマス　1994）。

　いち早く市民革命を果たしたイギリスで，いち早くジャーナリズムが勃興したのは必然であった。しかし，これでジャーナリズムが定着したわけではなかった。いったん確保されたかにみえた言論の自由は，別の形でまた足かせをはめられる。1712年に制定されたスタンプ税法（Stamp Act）がそれである。スタンプ税法には，4ページ以下の新聞とパンフレットに課税されるスタンプ税，広告掲載に課税される広告税，用紙に課税される用紙税があった。つまり，新聞や出版物の発行に課税し，かつ登録させることで，財源と統制が同時にできる。定期刊行物は税込み分の価格に上げざるをえない。このスタンプ税法によって新聞数はまた半減した。しかし，苦労して獲得した公共圏を手放すわけにはいかない。ある新聞は紙面を6ページに増やし，別の新聞は定価を上げ，また広告掲載料を上げて存続した。

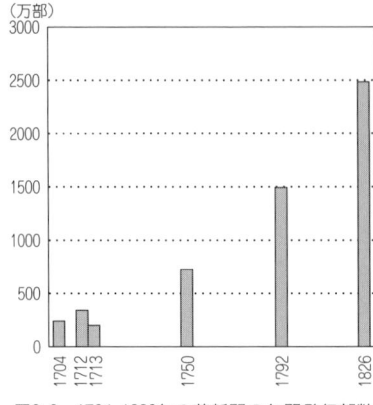

図6-9　1704-1826年の英新聞の年間発行部数

　その結果，18世紀以降のイギリスの新聞の発行部数はどうなっただろうか［図6-9］。先ほどみた1704年の週発行部数約4万8000部は年間に直すと約250万部になる。スタンプ税法施行後の1713年には減少しているが，1750年には3倍の年間750万部，1792年には6倍の1500万部，1826年には10倍の2500万部にもなっている。1825年のロンドンの人口は133万人とされるから，人口が3倍にもならないあいだに，新聞の発行部数は10倍になったことになる。建前上の言論の自由のもとではあったが，新聞は着実に社会に定着していったのである。

＊

　18世紀は啓蒙の世紀であった。イギリス革命は各人の自由と平等を求める思想に支えられていたが，いまだ絶対主義下のヨーロッパ諸国でも啓蒙思想家たちが自由の理念を広めていた。とくにフランスでは，シャルル゠ルイ・ド・モンテスキューが『法の精神』（1748）で三権分立を，ジャン゠ジャック・ルソーが『人間不平等起源論』（1755）で自由と平等を唱え，共感を集めていた。そうした思想に強く影響された植民地アメリカでも，すでに17世紀の終わりから18世紀の初めにかけて，統制を受けながらも新聞が発行されるようになっていた。そこに1765年，植民地アメリカに本国イギリス同様のスタンプ税法が課せられる。植民地側は強く反発してボイコットし，これをきっかけにアメリカ独立の動きが始まった。1776年のアメリカ独立宣言は自由と平等の理念を唱え，合衆国憲法のとくに憲法修正第1条には，「言論の自由」が盛り込まれた。1789年のフランス革命による人権宣言もこれにならっている。

　メディアを社会に埋め込み，「議論する公衆の機関」とし

ての公共圏をつくろうとする動きは，歴史的に社会の変動期に盛り上がってはすぐに押し戻される。歴史はその繰り返しである。言論の自由をめぐる動きは，いままでも，またこれからも，終わりのない闘いであるといえよう。つまり，市民社会における公共圏は，すでにそこにあるものではなく，常に獲得されなければならないものなのである。それを初めて形にしたのが新聞であったといえよう。

　イギリスの新聞の発行部数は 18 世紀初頭から 1 世紀を経て，10 倍以上になったが，新興国アメリカはさらに上をいく。1833 年，人口 2400 万人のイギリスの新聞は 320 紙で年間 3000 万部，人口 1500 万人のアメリカでは 850 紙で年間 6500 万部であったという（芝田　2000）。だが，実はそのアメリカでも新聞の爆発的な普及はまだ始まったばかりだった。新聞の大衆化は，アメリカで 1833 年に創刊された 1 部 1 セントの大衆新聞『サン』と『ヘラルド』から始まるのである。そして，この新聞の大衆化に伴い，獲得されたばかりにみえる新聞の公共圏としての社会的機能も変質し始める。

＜参考文献＞
小野秀雄　1967『かわら版物語――江戸時代マス・コミの歴史〔第 3 版〕』雄山閣出版。
菊池良生　2008『ハプスブルク帝国の情報メディア革命――近代郵便制度の誕生』集英社新書。
香内三郎　1991『ベストセラーの読まれ方――イギリス 16 世紀から 20 世紀へ』NHK ブックス。
香内三郎　2004『「読者」の誕生――活字文化はどのようにして定着したか』晶文社。
小林章夫　2000『コーヒー・ハウス――18 世紀ロンドン，都市の生活史』講談社学術文庫。
芝田正夫　2000『新聞の社会史――イギリス初期新聞史研究』晃洋書房。
シュトラスナー，エーリヒ　2002『ドイツ新聞学事始――新聞ジャーナリズムの歴史と課題』（大友展也訳）三元社。
ジョンソン，ベン　1967『新聞商会』（上野精一訳）角川文庫。
スミス，アンソニー　1988『ザ・ニュースペーパー』（仙名紀訳）新潮社。
ハーバーマス，ユルゲン　1994『公共性の構造転換――市民社会の一カテゴリーについての探究〔第 2 版〕』（細谷貞雄・山田正行訳）未来社。
プレスベリー，フランク　1979『ジャーナリズムと広告の歴史――フランク・プレスベリーの世界』（島崎保彦訳・著）青葉出版。

第7章　新聞ジャーナリズムと「そそる記事」

1　人気があったブロードサイドもの

　政論としてのニュースについては，ジャーナリズムや公共圏，また言論の自由といった社会的に重要視されている事柄にかかわるので，これまで多くのことばが費やされてきた。しかし，実は内政ニュースの発行部数など，人気があったニュースに比べれば取るに足らない。

　なかでも，かわら版はかなりの人気商品だった。イギリスでは，片面刷りをブロードサイド，両面刷りをブロードシートと呼んだようだが，一括して「ブロードサイドもの」と呼んでおこう。インキュナブラの時代から存在するブロードサイドものは，戦争や裁判のニュース，殺人などの犯罪，奇跡や怪物や魔法などの不思議話，伝染病や天災など，様々なニュースを取り扱った。半分以上はバラッド，つまり歌を載せたブロードサイド・バラッドと呼ばれるもので，伝承バラッドと呼ばれた昔話，伝説もの，ロビンフッド等の英雄譚などに加えて，ニュースもバラッドとなった。歌はニュースの記憶や教訓を長い期間にわたって伝える。そうした意味ではジャーナリズムの先駆であり，ニュース・バラッドは古いメディア形式が新たなメディアの内容になるよい例だろう。貴族たちの詠んだ歌だけが残されている日本とは違い，イギリスでは庶民の歌が収集され残されているが，それは多くがブロードサイド・バラッドとなっていたからである（チャイルド編纂　2005-2006）。現代に歌い継がれているものも多数ある。例えば「スカボロー・フェア」はどこかで聴いたことがあるはずだ（茂木　2005）。

　伝説や英雄譚などの歴史的記憶を繰り返し歌にする伝承バ

ラッドと異なり，新たな出来事を扱うニュース・バラッドには公開処刑，祝典パレード，災害などの記事が多い。出版物は事前登録が基本だったので，速報性のあるニュース・バラッドの出版は難しかったが，18世紀になると，定期刊行物とはいえないブロードサイドものは比較的自由に出版されるようになる。そうしたブロードサイドものは，人口の多い都市民衆向けに素早く売りさばくものであった。なかでも，ブロードサイドもので一番人気があったのは，恐ろしいニュースである。18世紀半ばの絵画からその様子をみてみよう。

2　恐ろしいニュース

題材は，2人の印刷工の徒弟の行状と行く末を教訓的に描いたウィリアム・ホガースの連作版画「勤勉と怠惰」（1747）である。その結末，2人の徒弟の行く手には大勢の人たちが待っている。勤勉な徒弟は新市長誕生を祝う祝典パレードの主役として，怠惰な徒弟はタイバーン処刑場に向かう主役として。怠惰な徒弟の結末をみてみよう［図7-1］。雑多な人びとがうごめいている。奥には階段状の見物席がある。その料金制の紳士淑女の特等席の前にあるのは，タイバーン処刑場名物の特大首つり台タイバーン・ツリーである［図7-2］。

図7-1　ウィリアム・ホガース「勤勉と怠惰」より（1747，エングレーヴィング）

画面下中央には，ブロードサイドを呼び売りしている女性の姿がある。そこには，怠惰な徒弟の半生の物語と獄中での反省録，またそれをもとにした「絞首台のバラッド」が書かれていることだろう。そう，恐ろしい光景見たさに集まる見物人たちにとって，公開処刑は年に数度のタイバーン祭という娯楽だった。この版画の3年後，一風変わった紳士泥棒が有名になったが，そのタイバーンでの処刑にも大勢の見物人が集まった。この紳士泥棒をモチーフにした映画『プランケッ

図7-2　タイバーン処刑場の風景（1724）

ト&マクレーン』を見ると、さらにその様子がわかるだろう。
　ブロードサイドものはいくつかまとめられて売り出されることもあった。これをとくにガーランド（詞華集）といった。ブロードサイドものやガーランドは、チャップマンと呼ばれる行商人が売り歩いたことから［図7-3］、それをチャップブックとも呼ぶ。チャップブックは、ガーランドを含めた粗末なつくりの薄い安売り本の総称である。その主な内容は、昔話、英雄譚やバラッドなど、つまりは軽い読みものだと思えばいいだろう。ブロードサイドものは主に人口の多い都市の読みものだったが、チャップブックは農村も含めた広い範囲に行商で売りさばかれた（小林　2007）。

図7-3　チャップマン

　チャップブックのなかでニュース性のあるものといえば、やはり犯罪実録ものである。犯罪者の多くが入れられていたニューゲイト監獄の名を冠した大部の書籍『ニューゲイト・カレンダー』という犯罪者列伝は何度も版を重ねたが、その人気を支えていたのもニュース・バラッドやチャップブックであった。ニュース性とはいっても、速報性や事実が大事というわけではない。過去の事件を少し料理して何度も出す「コックス（焼き直し）」や、とにかく耳目をつかむことを優先する「キャッチペニー（きわもの）」などと揶揄されるものも多かった。

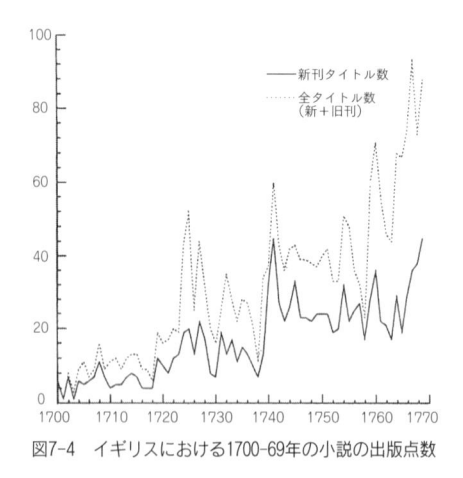

　さらにその人気は、18世紀末からニューゲイト小説と呼ばれるいわば犯罪小説を生み出し、チャップブックよりもページ数の多い売れ筋の読みものになっていく。18世紀は今日でいう小説が生み出された世紀で、後半になるとその数はぐんと増える［図7-4］。しかし庶民が好んだのは、高価な教訓小説よりも、統計には表れない廉価なブロードサイドやチャップブック、あるいはゴシック小説やニューゲイト小

図7-4　イギリスにおける1700-69年の小説の出版点数

94

説だったのである（北條　1981）。

　この頃に人気を博したブロードサイドの推定発行部数等をみておこう。1823年「サーテル殺人事件」が75万部，1827年「赤い納屋の殺人」が165万部，1828年「ウェスト・ポートの凶行」には22のバラッド，1834年「ラドクリフ街頭店主殺人事件」が165万部，1836年「グリーンエイカー結婚詐欺事件」が166万部，1840年「クルヴァワジェ主人殺人事件」が166万部，1848年「スタンフィールド一家殺人の悲劇」と1849年「マニング夫妻高利貸し殺人事件」が250万部といった記録がある（村上　2010）。ふだん新聞など読まない庶民層に爆発的に売れていたことがわかるだろう［図7-5］。

図7-5　ブロードサイド売り

3　「知識への課税」と刑法改革

　1833年，アメリカで1部1セントの大衆新聞『サン』と『ヘラルド』が創刊された。フランスでは，年間購読料を従来の半分にしたエミール・ド・ジラルダンの『ラ・プレス』が1836年に創刊された。大衆紙の時代の幕開けである。しかしイギリスでは，そんな安い新聞はつくれなかった。なぜか。1712年に制定されたスタンプ税法がまだあったからである。この「知識への課税」とイギリスの新聞の大衆化の関係を，村上直之（2010）によりながら紹介してみよう。

　スタンプ税法は，安い新聞をつくらせないことで，いわば庶民を新聞から遠ざける政策であった。この「知識への課税」政策は，イギリスの支配階級が「無知は献身と服従の母」を当然と思っていたことに対応している。お上がうまくやるから何も知らなくてもよい，というわけだ。したがって，お上がうまくやっていれば問題はないはずだった。

　だが，産業革命が進展した19世紀のイギリスでは，都市が膨張して労働者があふれ，それに伴う問題がそこかしこで聞かれるようになる。スタンプ税は繰り返し増税され，とくにフランス革命以降の増税で言論は抑えられてきた。ところが，労働環境の劣悪化に耐えられなくなった者たちが，1810

年代にスタンプ税法を無視し始める。違法なラディカル・プレスの登場である。ラディカル・プレスは一挙にあふれ，ラッダイト運動，子ども搾取，労働環境の劣悪化，その改善のための普通選挙権の獲得などの声を大きく広めた。お上の対応はこうである。1819年，議会は聖ピーター教会広場で開かれた政治集会を弾圧し（ピータールーの虐殺），言論弾圧六法（Six Act）で統制を強化，数年のあいだに125のラディカル・プレスが罪に問われ，無害な新聞には補助金が与えられた。これによって，「品のよい」新聞『タイムズ』の成長と「20年代の政治的平穏」が訪れる。

だがラディカル・プレスは1830年代によみがえる。その象徴となった1ペニーの『プアマンズ・ガーディアン』（1831-1835）をはじめ，違法な新聞は5年あまりで500種以上，1日7万部以上にのぼった。これは合法な新聞を上回る数字であった。スタンプ税法反対，労働闘争，選挙法改正を掲げた運動は，1830年代以降の改革の時代を先導する。第1回選挙法改正（1832），工場法制定（1833），救貧法改正（1834），都市自治体法制定（1835），そしてスタンプ税法下の広告税引き下げ（1833），スタンプ税と用紙税の引き下げ（1836）と，労働福祉政策が相次ぐが，その改革の不十分さは逆に労働者階級の意識を高め，その後のチャーティスト運動の盛り上がりにつながっていくことになる。

違法なラディカル・プレスが労働運動の高まりに貢献したことは明白である。従来ならば，言論への抑圧が強化されたはずであるのに広告税とスタンプ税が引き下げられたということは，議席を占める中上流階級がスタンプ税法の改正に賛同したということだ。なぜだろうか。違法なラディカル・プレスは「無知と貧困の除去」を掲げて，労働者の声を抑圧するスタンプ税法の廃止を求めていた。つまり「廉価な知識」によって，自分たちの権利に気づかせ労働運動の賛同者を増やしたかった。他方，中上流階級は，スタンプ税法の緩和が違法な新聞を駆逐し，「無知と犯罪の除去」に貢献するとみて

ラッダイト運動
機械化が進む織物産業で起こった機械破壊運動。産業革命による産業構造の変化に対する労働者たちの反動行為であるとともに，先駆的な労働運動ともいわれる。

チャーティスト運動
1838年に起草された成年男子普通選挙制などの請願書「人民憲章（チャーター）」の実現を求めた運動。1839年，1842年，1848年と三度，議会に提出されたが，いずれも否決された。運動では，各地で集会がおこなわれ武力活動で死亡者も出た。イギリスの男子普通選挙の実現は1918年だった。

いた。つまり「廉価な知識」が，逆にモラルと秩序を安定させるとみなしたのである。この論法を理解するには，同時期に進行していた刑法改革について知っておかなくてはならない。

1830年代前後から公開処刑は減っていた。1827年から，軽微な窃盗でも死刑になっていた刑法の適用が縮小されていき，30年代には大幅に狭められ，刑罰としての死刑の存廃も議論されるようになった。これには，18世紀から19世紀にかけて死に対する感性が大きく変貌したことが関係しているだろう。死の残酷さと苦痛が，近づきがたいが崇高なものとも感じられるようになるという感性の変容については，フィリップ・アリエス『図説 死の文化史』をみてほしい（アリエス　1990）。感性の変容に伴い，死刑の執行は激減し，必然的に公開処刑も激減した。同時に，人道的でない監獄も改良の対象となった。1829年には，首都警察法が制定され，国家警察制度が導入された。同時代のスタンプ税法の改正は，実は労働運動の成果などではなく，これら法と秩序の制度改革の一環だったのである。一連の刑法改革が目指したのは，死に対する権力の作為を減じながら，犯罪の抑止からその予防へと力点を移すことにあった。

4　イギリス新聞の大衆化

では，スタンプ税法の改正は，何をもたらしたのだろうか。日曜新聞の増大である。1779年創刊の『サンデー・モニター』から始まる日曜新聞は，1812年のロンドンでは18紙，1836年には58紙になった。内容的には，内政ニュースは少なく，犯罪ものや風俗ファッション，ゴシップ，スポーツ記事が多く，人気を博した［図7-6］。『パンチ』(1841)，『ロイズ絵入りロンドン新聞』(1842)，『絵入りロンドンニュース』(1843) といったイラスト入りの日曜新聞も，内容的にはブロードサイドの延長と考えればいいだろう。1840年代末には，1日あたり6～7万部の日刊紙の発行部数に対して，日曜新聞は27万部以上とその数は4倍にもなる。日曜新聞が

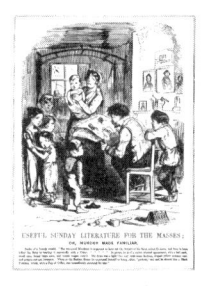

図7-6　有用な大衆向けの日曜文学，あるいは身近になった殺人 (*Punch*, 1849)

図7-7 18-20世紀の英新聞の発行部数

図7-8 犯罪の〈抑止〉思想から〈予防〉思想へ

犯罪の〈抑止〉思想
封建制
「身体」
処罰
公開処刑
路上のスペクタクル
直接見ること
恐怖を感じる共同体
（王の絶対的権力）

↓

犯罪の〈予防〉思想
民主制
「精神」
教育
ジャーナリズム
紙上のスペクタクル
間接的に知ること
道徳教育される共同体
（個々の猟奇性）

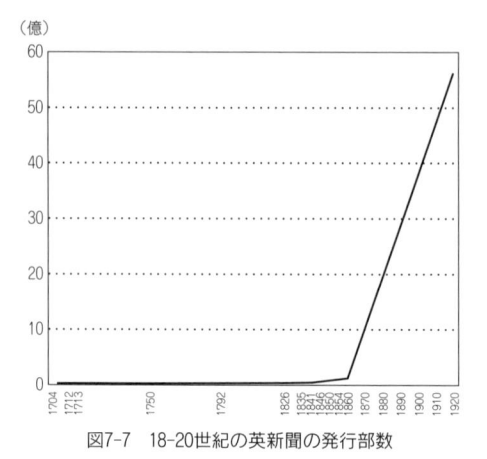

相手にした読者層は労働階級だったため，政論としてのニュース出版であったラディカル・プレスは読者層を奪われ，衰退した。他方，中産階級以上を対象にした日刊紙も価格を下げて広告を増やし，ときには政府から秘密の補助金をもらって経営を安定させた。これ以降，イギリスのジャーナリズムは，少部数の高級紙と大部数の大衆紙の併存が特徴となる。

1854年，イギリスの新聞の総数は612紙であった。スタンプ税法のうち，広告税は1853年に，スタンプ税は1855年に廃止された。それと同時に，ようやくイギリスでも1部1ペニーの日刊大衆新聞ペニー・プレスの時代が始まる。新聞はさらに飛躍的に販売部数を伸ばした。イギリス全土に警察が張りめぐらされるのは1856年，用紙税撤廃が1861年，公開処刑の廃止が1868年と続く。1870年，初等教育義務法が制定され，リテラシーの獲得が国民の義務となった。1895年になると，イギリスの新聞の総数は2304紙になる。1896年，『ロイズ週刊新聞』の発行部数が初めて100万部を超え，同年に創刊され，1部半ペニーで売り出された『デイリー・メール』は，1900年には日刊紙として初の100万部超えとなった。

「知識への課税」撤廃の結果，ブロードサイドものとバラッド売りたちは街角から姿を消し，その代わりに大量部数の安い新聞が氾濫するのである。その増え方は，これまでの新聞部数の増加が微々たるものにみえるほど驚異的である［図7-7］。言論の自由の結果，ニュースは議論する公衆のものというよりは，巨額な投資を必要とする巨大娯楽産業となったのである。

「知識への課税」撤廃と新聞の大衆化の関係をまとめてお

こう。中世以来続いていた公開処刑は，権力がおこなう残酷で過酷な処罰であったが，民衆の一大娯楽ともなっていた。見物する庶民は絶対的な権力に恐怖を感じ，犯罪は抑止されると期待されていた。だが，そうした犯罪統治の思想は19世紀に根本的に変わる。過酷な刑罰の数が減り，最終的には公開処刑が廃止される一方で，逆に人びとはいままで以上に犯罪者についてよく知るようになる。犯罪の発生から警察の逮捕劇，そして裁判経過まで事細かに日々報告してくれる廉価な新聞の爆発的な増加のおかげである。これを村上は，公開処刑と恐怖感情による「犯罪の〈抑止〉思想」から，日常的な監視と道徳教育による「犯罪の〈予防〉思想」への変化であったという（村上　2010）［図7-8］。庶民は「路上のスペクタクル」から「紙上のスペクタクル」へと目を移した。だがスペクタクルの内実に変化はない。人気があるのはやはり犯罪，不幸，有名人のゴシップである［図7-9，図7-10］。廉価な知識は，恐ろしいニュースに耳を傾けてくれる人びとのおかげで，権力のためのまさに安あがりな統治手段となったのである。

図7-9　絞首台の一騒動（Illustrated Police News, 1867. 10. 19）

図7-10　異常な妻殺し（Illustrated Police News, 1874. 2. 7）

　この変化は，社会に埋め込まれることで公共圏の機能を担うようになるはずの新聞の構造的転換でもあった。主として政治的動機から志向されたはずの「廉価な知識」は，広範な大衆層の休養娯楽に順応することによって非政治化した。民主的な議会制をもつ市民社会が一定の「言論の自由」を手に入れたそのとき，商業的な新聞は読者の期待に応えるべく，見世物的な興味関心にその紙面の多くを割くようになったのである。ハーバーマスはこの事態を「公共性の構造転換」と呼んでいる（ハーバーマス　1994）。結果，犯罪が減少すればするほどセンセーショナリズムは過激化する。こうして19世紀末は，巨大なメディア王が先導するイエロー・ペーパーの時代となる［図7-11］。言論の自由が満たしてくれたニュースへの強い欲求とは，飽くなき覗き趣味（human interest story）だったのだろうか。

図7-11　イエロー・キッド（New York Journal, 1897. 2. 21）
イエロー・ペーパーの由縁は，新聞王ジョセフ・ピュリッツァーとウィリアム・R・ハーストの新聞に載ったリチャード・F・アウトコールトのマンガ「イエロー・キッド」による

5　日本の新聞の始まり

　日本での新聞の展開はイギリスとよく似ているが，イギリスに比べて，ごく短期間に普及した。また世界的にみて超大部数の新聞がある反面，新聞社の数が極端に少ないという特徴がある。その新聞の発祥と展開を駆け足でみておこう。

　まず江戸時代以来，かわら版が出回っていた。粗末な紙に木版で印刷された一枚刷りで，読み売りされていたというから，イギリスでいうブロードサイドみたいなものである［図7-12］。一枚刷りといえば，浮世絵も名所や有名人，また新奇な出来事を伝えるものとして流布していた。幕府から庶民への通達であった『御触書』は官報にあたるだろう。海外ニュース官報にあたるものも鎖国時代から存在した。1641年よりほぼ毎年，オランダ商館長から幕府に献上された情報を手書きの海外情報としてまとめた『阿蘭陀風説書』，中国船が来航のつど求められた『唐船風説書』がこれにあたる。1840年のアヘン戦争以降は，より頻繁に『別段風説書』が求められた。江戸幕府は，こうした官報によって海外の動向をチェックしていたのである。

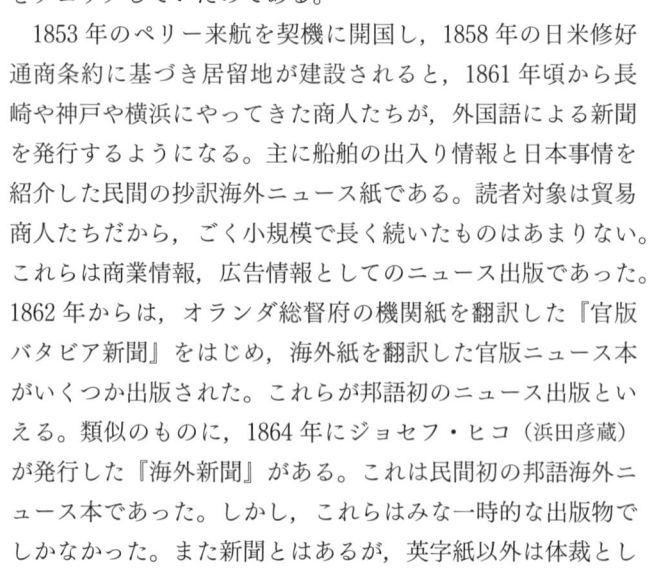

　1853年のペリー来航を契機に開国し，1858年の日米修好通商条約に基づき居留地が建設されると，1861年頃から長崎や神戸や横浜にやってきた商人たちが，外国語による新聞を発行するようになる。主に船舶の出入り情報と日本事情を紹介した民間の抄訳海外ニュース紙である。読者対象は貿易商人たちだから，ごく小規模で長く続いたものはあまりない。これらは商業情報，広告情報としてのニュース出版であった。1862年からは，オランダ総督府の機関紙を翻訳した『官版バタビア新聞』をはじめ，海外紙を翻訳した官版ニュース本がいくつか出版された。これらが邦語初のニュース出版といえる。類似のものに，1864年にジョセフ・ヒコ（浜田彦蔵）が発行した『海外新聞』がある。これは民間初の邦語海外ニュース本であった。しかし，これらはみな一時的な出版物でしかなかった。また新聞とはあるが，英字紙以外は体裁とし

図7-12　よみうり風俗
（『絵本和泉川』1745，部分）

ては冊子体のニュース本であった。

1867年，大政奉還がなされ王政復古がなると，翌1868年1月から新政府側と旧幕府側が対立し戊辰戦争が始まる。日本でも，この政治体制の混乱が政論としてのニュースを生み出す機運を高めた。ここから急展開が続く。新政府側がのちに官報ともなる『太政官日誌』を2月に京都から創刊すると，5月にかけて江戸を中心に旧幕府派のニュース本が10種以上あふれ出た。ところが，4月末には出版物を許可制にする太政官布告が出され，6月には軒並み廃刊にされてしまう。新聞への弾圧である。残った民間のニュース本は，治外法権下の居留地で発行されていた『萬国新聞』と『横浜新報もしほ草』の2つだけだった。

ところが，7月に江戸が東京となり，9月には元号が明治に変わったその翌年の1869（明治2）年2月，新政府は「新聞紙印行条例」を発布し，政論以外のニュースを奨励する政策に転じた。海外視察を重ねていた新政府は，新聞が文化の改良と早急な文明開化に効果的だとみなしたのである。いくつかのニュース本が復活し，新たにいくつかが創刊された。本格的な新聞の始まりである。初の日刊邦字紙となったのは，1870（明治3）年末創刊の『横浜毎日新聞』で，活字を用いたニュース紙であった。1871（明治4）年，新聞の管轄が文部省になる。翌年からは，『横浜毎日新聞』『新聞雑誌』『東京日日新聞』『日新真事誌』の4紙が各府県の官公庁用に買い上げられ，各地に新聞縦覧所ができ，普及が促された。これらはいわば御用新聞となった。1873（明治6）年には関連の法規を整備し「新聞紙発行条目」が公布されている。

新聞は文明開化の象徴として期待された。しかしその期待は，基本的に政論以外のニュースに限られていた。そもそも幕末から続いた内乱は，公議輿論の解釈をめぐる争いであったが，結果的には特定藩の派閥に権力が握られた。1874（明治7）年，藩閥政府への反発と啓蒙思想の浸透により，民間から議員を選ぶ民主的な議会制度が提案される（民選議院設

公議輿論
合議制政治の意。西洋列強の登場で徳川幕府が変革を迫られた際の内乱は，公の決定を下す議論の担い手（輿論）を誰にするかの争いであったともいえる。天皇による君主制，幕府大名の合議制，議会制度の導入など意見が対立したが，明治新政府の五箇条の御誓文でも「広く会議を興し万機公論に決すべし」と曖昧なままおかれた。

讒謗律
讒謗とは悪しざまに人をそしること。讒謗律は、自由民権運動の拡がりのなか名誉毀損の罪を定めた言論弾圧法令。新聞紙条例とあわせて政府批判を抑えるために制定された。

図7-13 『東京日日新聞』錦絵（明治7〔1874〕年7月）

図7-14 『大日本国絵入新聞』（明治9〔1876〕年？）

立建白書）。自由民権運動という名の公議輿論の解釈をめぐる議論が再び活発になり、国会開設をにらんで政党がいくつかつくられた。明治維新の改革の歪みから、不平士族の反乱や農民一揆も頻発した時期である。党派的な主義主張の強い内政ニュースが活発となり、新聞は政党機関紙化した。これで政府は再び言論弾圧へと政策を転じてしまう。1875（明治8）年、政府は有力新聞の買い上げを打ち切り、新聞紙発行条目を取り締まりを強化した形で「新聞紙条例」に改正し、管轄を文部省から内務省に移したうえで「讒謗律」を制定した。以後5年間で処罰者200人あまり、10年間の筆禍事件は500件以上といわれる。

　日本の新聞は、公議輿論という日本的な公共圏のあり方をめぐる議論のなかに埋め込まれかけたそのときに、規制を強化され、政治をあまり語らない紙面となるように誘導されていったことになる。たしかに新聞は文明開化の象徴だった。しかしその象徴性を表しているのは、新聞そのものよりむしろ当時頻繁に出された錦絵新聞である。錦絵というのは色刷りのカラフルな浮世絵のことだから、錦絵新聞とは新聞ネタを錦絵にしたものと考えればよい。文明開化の東京土産にもなった錦絵新聞のネタは、読者に最もウケがいいものが選ばれた。それは政論ニュースではない。強盗、殺人、心中、不思議話といった怖い話や覗き趣味を満足させる「そそる記事」、それが錦絵新聞だった［図7-13、図7-14］。その後の日本の新聞は、政治状況を知らせはするが議論することのない娯楽的なニュース出版を中心に拡大していくようになる。

6　日本の新聞の非政治化

　御用新聞や政党機関紙は大新聞と呼ばれた。大新聞は堅い漢文調で内政ニュースを中心に扱う大判の政論新聞で、娯楽的要素はほぼない。より平易な新聞は別に小新聞と呼ばれた。文体は戯作調で、絵入りふりがな付き小判、主に犯罪記事や道徳講話、有名人のゴシップ記事を扱い、政論臭さはない。

両者は値段も違えば，読者層も明らかに違っていた。大新聞は全国的に官公庁，豪農，教員といったエリート層に広く薄く読まれ，小新聞は大都市の庶民層を中心に読まれた。そもそも政府が普及を期待したのは，政府の発表する内政ニュースぐらいしか掲載しない小新聞であり，政論新聞を標榜した大新聞は邪魔な存在であったため，結局は弾圧対象とされ続けた。

実際に売れていたのも，もちろん小新聞だった。発行部数のわかっている明治20年代前半までの主な東京の日刊紙の数字をみると，初期に人気があったのは東京の代表的な小新聞『読売新聞』である［図7-15］。発行部数でみても，小新聞のほうが上回っていた［図7-16］。大阪では『読売新聞』をまねた小新聞『朝日新聞』の突出が目立つ［図7-17］。余裕の出てきた『朝日新聞』は，党派性を出さず中立的な立場で内政ニュースを知らせる紙面を拡充していき，大でも小でもない中新聞と呼ばれるようになっていく。不偏不党，客観報道，大小の融合による紙面の充実といったところだろう。中新聞『朝日新聞』はまさに政府が普及を期待したような都合のよい新聞だった。政府は内密に援助したが，『朝日新聞』の急激な成長は，それをも不要にさせたほどである。

明治10年代は，大新聞も小新聞も自由民権運動に傾いた。そのため，1883（明治16）年に新聞紙条例が改正され，さらに言論統制が強められた。そのうえ『官報』が創刊され，新聞業界は大きな打撃を受ける。一月で47紙が廃刊，年内に200紙に半減したという。しかも大新聞は売れなくなった。味方陣営は擁護して，敵陣営とあらば罵倒するような新聞，つまり党派性をもった新聞が信用されなくなり，エリート層

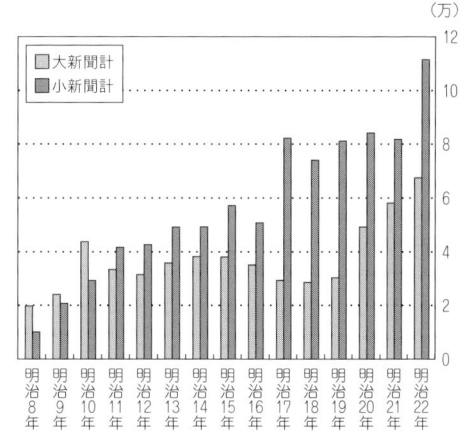

図7-16 明治前半の東京の大新聞と小新聞の年間発行部数

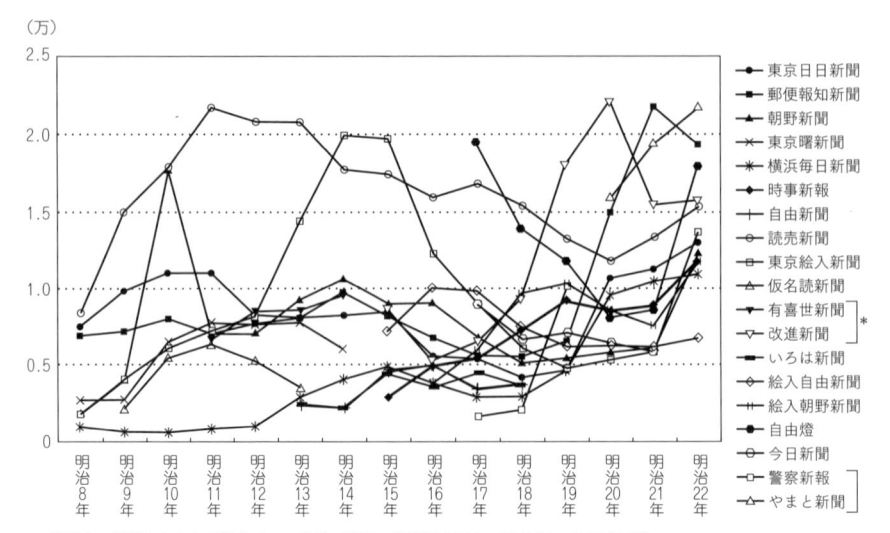

* 期間中の部数にかかわる限りでの，合併・改題・継続紙を表す。図7-17・7-18も同様。

図7-15 明治前半の主要東京紙の1日あたりの発行部数

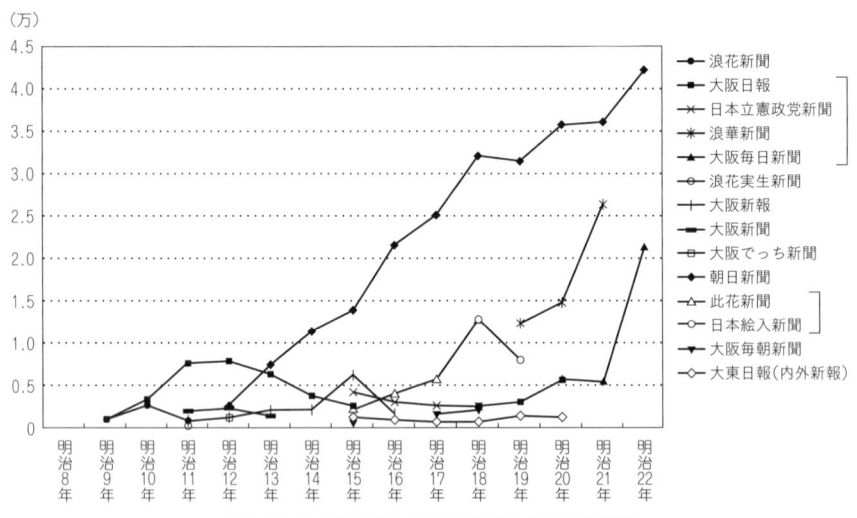

図7-17 明治前半の大阪紙の1日あたりの発行部数

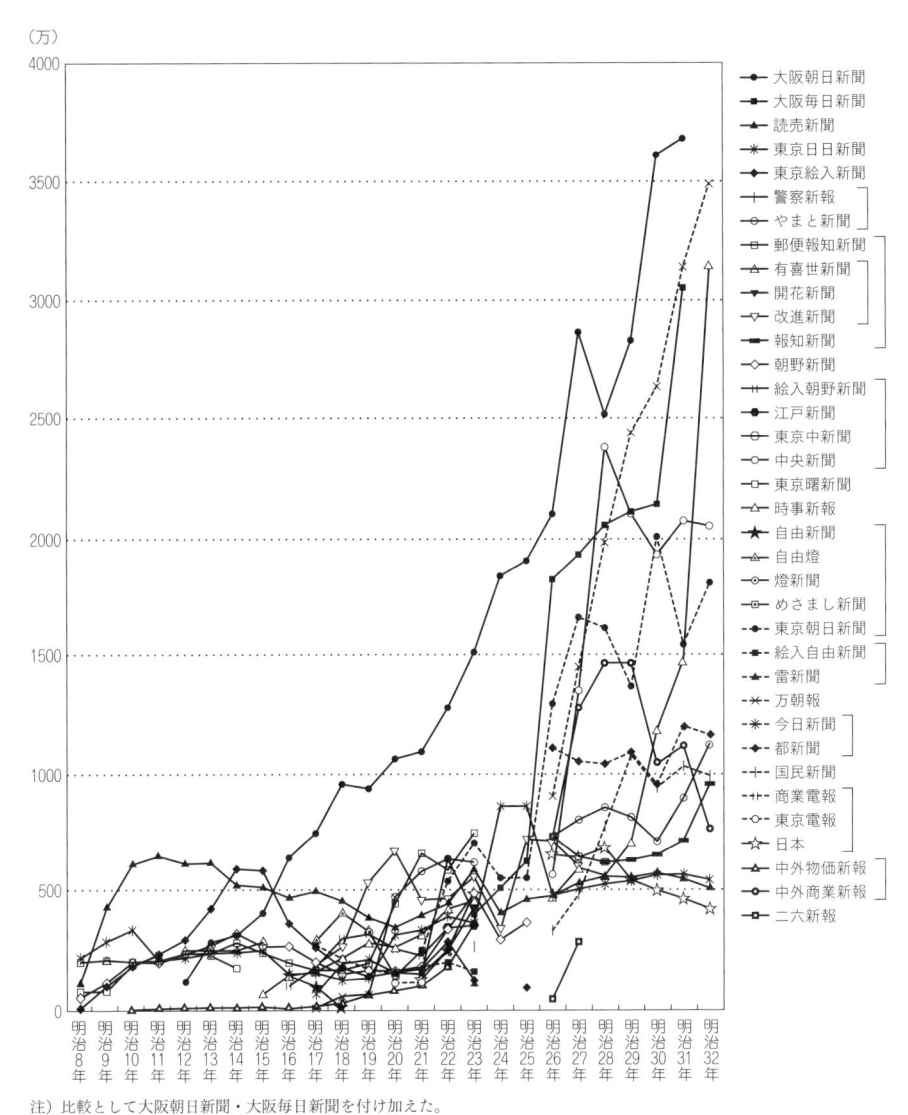

第 7 章　新聞ジャーナリズムと「そそる記事」

注）比較として大阪朝日新聞・大阪毎日新聞を付け加えた。

図7-18　明治期（8-32年）の主要東京紙の年間発行部数

から敬遠されるようになったのである。政府としては非常に都合がよい。民権運動が下火になってみると,『朝日新聞』を除き，10年代の新聞の売り上げは全体的に下降あるいは横ばいだった。だが新聞は，明治20年代から飛躍的に発行部数を増やすようになる。なぜだろうか。

　その理由はいくつかある。まず大新聞の衰退に対応して，1886（明治19）年に大新聞のひとつ『郵便報知新聞』が大改革をおこなう。内容を小新聞に近づけ文章も平易にし，価格をなんと3分の1にした。他紙は追随せざるをえなくなり，大新聞と小新聞の価格差が縮まった。そこに中新聞へと移行した『朝日新聞』が，衰退した自由党系の新聞を買い取って『郵便報知』よりも安い一銭新聞の『東京朝日新聞』に衣替えし，1888（明治21）年に東京にも販路を拡張した。創刊当初の半年間は半額という特典付きで，東京でも他紙を圧倒し部数を急拡大させた。続いて，朝日の「中新聞」化路線をまねた『中央新聞』，経済紙の『中外商業新報』，小新聞の内容を充実させた『万朝報』が創刊される。そこへきて1889（明治22）年の憲法発布と国会開設，翌年の第1回総選挙と議会開設で，議会報道が可能になる。1894（明治27）年には日清戦争が起こる。戦争はいつでも一番人気のあるニュースなので，新聞発行をさらに飛躍させた。政府発表を渡される記者クラブ制度も日清戦争期に始まった。これ以後，日本は定期的に戦争をしていくわけだが，政府の言論統制が容易になるなか，一番人気の高いニュースが相次いだことになる。

　明治20年代以降，新聞の価格は低下し，また大新聞であれ小新聞であれ『朝日新聞』の「中新聞」化路線をまねたものが部数を倍増させた。例えば，福沢諭吉の大新聞『時事新報』は，経済ニュースを充実させたうえで「中新聞」化路線を歩み，『中外商業新報』の部数を奪い躍進する。大阪では，実業界資本が大新聞『大阪日報』と小新聞『浪華新聞』を一本化した中新聞『大阪毎日新聞』を創刊し，部数を朝日と対抗できるまで伸ばす。躍進が目立つのは，小新聞から「中新

記者クラブ
取材対象者と協力することで取材を可能にする自主制度。取材対象者は無理な取材を受けずに一度に大勢を相手にすることができ，取材側は一方的に拒否されずに取材対象を確保することができる。政治的には報道を誘導しやすく，政府の発表通りの報道が期待される。現在の日本の記者クラブも大手新聞社が組織し加盟が制限されており，その閉鎖性が問題視されている。

聞」化した『朝日新聞』『中央新聞』、大新聞から経済紙的性格をもたせながら「中新聞」化した『時事新報』『大阪毎日新聞』であった。こうして日本では、欧米のような高級紙と大衆紙の区別は「中新聞」化によりなくなっていく。

しかし、それよりもさらに急激に人気を博したのは、1890（明治23）年に創刊されたばかりの『万朝報』、そして明治30年代に再刊された『二六新報』だった。この東京の両紙は大衆向けの小新聞で、センセーショナリズムで売り上げを伸ばし、とくに先発の『万朝報』は、三面記事という用語を定着させ、その紙の色から赤新聞とも呼ばれるようになった [図7-18]。

こうして日本では、社会の木鐸（ぼくたく）を自負していた新聞は次第になくなり、政治的な主義主張のない報道重視の娯楽大衆紙ばかりが売れるようになる。部数拡大路線の商業紙は、安売り、号外、付録、連載小説、懸賞、人気投票、慰安会や旅行会、スポーツの大会や文化会や美術展の主催など、ありとあらゆるアイデアで部数拡大競争に走った。例えば高校野球大会も箱根駅伝も団体旅行もみな新聞社が始めたメディア・イベントである。主義主張はなかなか陳腐化しないが、報道は鮮度が大事である。部数を拡大させた中新聞という娯楽大衆紙は、高速印刷機、電信の活用、新聞専売店の拡張、常駐特派員の派遣など、鮮度を保つ体制をいち早く確立していくとともに、広告収入を増やし一層安定化した。

そうしたなか1909（明治42）年、さらに規制を強化した「新聞紙法」が制定される。1945年の敗戦まで続いたこの法律によって、政府批判、とくに軍事や外交の報道は強く抑えつけられた。

7　日本の新聞の公共圏

日本の場合、社会に埋め込まれることで公共圏の機能を担うようになるはずの新聞は、一瞬で構造転換してしまったといえる。イギリスと同じように日本でも、民主的な議会制を

社会の木鐸
木鐸は大型の鈴で振り子が木製であるものを指す。中国で法令などを知らせるために人を集めるときに鳴らされた。論語に孔子を木鐸に喩える話があり、社会の木鐸とは、社会の注意を喚起し教え導く者という意味。

メディア・イベント
そもそもの始まりが記念事や有志の集まりなどではなく、メディア産業が注目を集めるためにおこなうイベントのこと。メディアなしでは存在しないため、疑似イベントともいわれる。メディア産業の商業活動の一貫として実施されるものはその疑似性が明確だが、どんなイベントもメディアを意識しておこなわれるという意味では判断は難しい。→第10章 p.162

もつ市民社会が安い新聞を手に入れたそのとき，商業的な新聞は読者の期待に応えるべく，見世物的な興味関心にその紙面の多くを割くようになった。こうして20世紀初頭に新聞が拡大したとき，日本でも巨大なメディア王が先導するイエロー・ペーパーの時代となる。ここでもニュースへの強い欲求とは，飽くなき覗き趣味であった。

　日本の新聞は，その黎明期から強い規制を受け続けてきた。その結果，内政ニュース軽視ゆえに規制を受けにくい都市型の大衆娯楽紙が企業として発展した。明治初期に人気があったものの，長らく小さな東京地方紙に甘んじていた小新聞『読売新聞』が，大正末期に元警察官僚であった正力松太郎に買収され，すでに主読紙となっていた『朝日新聞』『毎日新聞』をまねた併読紙路線で躍進したのも同じ流れである。つまり『読売新聞』も，中新聞を見習いながら，その大衆化路線をさらに推し進めた新聞であった。ちなみにプロ野球や民間放送を始めたのも正力である。

　『朝日新聞』『毎日新聞』のような巨大な都市型全国紙と小さな地方紙の併存という状況は，明治後期から変わらない。そうした状況をさらに強めたのが，戦時統制下における政府のプロパガンダ政策だった。第二次世界大戦が近づく時期，新聞規制と検閲，さらには用紙統制によって日本の新聞はおよそ「言論の自由」を発揮できなくなった。さらに1938年から新聞統合が始まる。当初はなかなか進まなかったが，政府主導で通信社が「同盟通信」一社に統合され，104社による日本新聞会が設立されることで，統合は一気に進んだ。一県一紙制の言論統制が進んだ結果，1938年には700紙以上あった普通日刊紙の数は，1942年には108紙，終戦時までには55紙になってしまう（里見　2011）。身近な地域に戦前どれくらい新聞があったか調べてみるとよいだろう。戦時下の国家総動員法のもとで実施された一県一紙体制の結果，メディア報道は大本営発表から逃れられなくなってしまう。

　こうしてみると日本の新聞は，言論の自由が比較的ゆるや

かな時期には，内政ニュースよりも売れる記事重視で部数拡大競争に走り，戦時下には軍部の指導下におかれ自律性をもちえなかった。結局，日本の社会に埋め込まれた新聞は，読者が議論を積み重ねる場である公共圏をつくりそこなったのである。日本で「言論の自由」が保障されたのは，GHQ 主導で作成された 1946（昭和 21）年公布の日本国憲法の第 21 条においてであった。

　では，現在，日本の新聞はいくつあるだろうか。2013 年に，日本新聞協会に加盟している新聞社は 105（地方本社・系列新聞社を含む）である。実は戦後一貫して，一県一紙体制時の数とほぼ変わっていない。日本の新聞の普及率は世界でもトップレベルである。しかも，欧米を含めた自由主義諸国の新聞のなかで，『読売新聞』『朝日新聞』『毎日新聞』『日本経済新聞』は単独一紙の発行部数としてもトップ 4 を占める（World Press Trends　2008，ただし 2013 年の発表では日経は 6 位）。ということは，日本では，驚異的な発行部数を誇る数少ない全国紙が存在する一方で，言論の多様性は失われたままになっていることになる。このような形で戦時統制下の一県一紙体制が継続していることを，どのように捉えればよいのだろうか。

　「言論の自由」を有効に活用できるはずの新聞というメディアは，イギリスや日本では娯楽志向の商業新聞として社会に埋め込まれた。そして「言論の自由」に対する政治的抑圧のなかで，その力を発揮できなかった。「議論する公衆の機関」が必要とされるならば，それは権力や国家から独立した開かれた存在でなければならない。しかし，新聞が「言論の自由」を発揮し公議輿論を活かすために自立するには，経済的な支えも必要である。それは娯楽志向の「そそる記事」でしかありえないのか，それとも何かほかの支えを考えることができるだろうか。あるいは新聞という形態に代わる別のメディアをわれわれは創造することができるのだろうか。あるいはジャーナリズムなどいらないのだろうか。

<参考文献>

アリエス，フィリップ　1990『図説 死の文化史——ひとは死をどのように生きたか』（福井憲彦訳）日本エディタースクール出版部．

オールティック，リチャード・D　1988『ヴィクトリア朝の緋色の研究』（村田靖子訳）国書刊行会．

鹿島茂　1997『新聞王ジラルダン』ちくま文庫．

木下直之・吉見俊哉編　1999『ニュースの誕生——かわら版と新聞錦絵の情報世界』東京大学総合研究博物館．

小林章夫　2007『チャップ・ブックの世界——近代イギリス庶民と廉価本』講談社学術文庫．

里見脩　2011『新聞統合——戦時期におけるメディアと国家』勁草書房．

ダヴリース，レナード編　1998『19世紀絵入り新聞が伝えるヴィクトリア朝珍事件簿——猟奇事件から幽霊譚まで』（仁賀克雄訳）原書房．

チャイルド，F・J編纂／中島久代・薮下卓郎・山中光義監修　2005-2006『全訳　チャイルド・バラッド』1-3巻（バラッド研究会編訳）音羽書房鶴見書店．

土屋礼子　2002『大衆紙の源流——明治期小新聞の研究』世界思想社．

ハーバーマス，ユルゲン　1994『公共性の構造転換——市民社会の一カテゴリーについての探究〔第2版〕』（細谷貞雄・山田正行訳）未来社．

北條文緒　1981『ニューゲイト・ノヴェル——ある犯罪小説群』研究社出版．

村上直之　2010『近代ジャーナリズムの誕生——イギリス犯罪報道の社会史から〔改訂版〕』現代人文社．

茂木健　2005『バラッドの世界——ブリティッシュ・トラッドの系譜』春秋社．

山室清　2000『横浜から新聞を創った人々』神奈川新聞社．

山本武利　1981『近代日本の新聞読者層』法政大学出版局．

山本武利　2005『新聞と民衆——日本型新聞の形成過程〔復刊版〕』紀伊國屋書店．

レイナー，J・L／クルック，G・T編　2003-2006『ニューゲイト・カレンダー大全』1-5巻（藤本隆康訳）大阪教育図書．

World Press Trends 2008, WAN-IFRA.
World Press Trends 2013, WAN-IFRA.

映画『ブランケット＆マクレーン』（ジェイク・スコット監督，1999年）

第8章　光の魔術と映画

1　空間の見え方

　いま目の前に見えているものを描いてみよう。わたしたちは，目の前の空間をどのように見ているだろうか。子どもは，純粋に見ようとしているものを一生懸命に写し取ろうとする。子どもが紙いっぱいに大きな顔や花や木を描くのは，見たいものだけを描こうとするからだろう。しかし，いつの間にかそんな描き方はしなくなる。大人は子どもの頃に見えていたものと異なる光景を見ているのだろうか。

　あなたがどんなふうに描いたとしても，おそらくそれは実際の見え方とは違っている。もし見えているとおりに描くならば，［図8-1］のように限られた視野によって曲線的に切りとられた像になるだろうし，みずからの目の裏の暗い部分や鼻も含まれるだろう。わたしたちは日常的に見え方を意識しないが，ある見方をいつの間にか身につけ，大抵それを当たり前の見え方と思ってしまっている。

　そのある見方とは遠近法的見方である。しかし，それは，決して当たり前の見え方ではない。遠近法的視覚がごく自然な見え方ならば，どんな地域のどんな時代でも遠近法的な絵画があふれているはずである。しかしそんなことはない。では，遠近法はいつ頃から絵画表現に使われ始めたものなのだろうか。

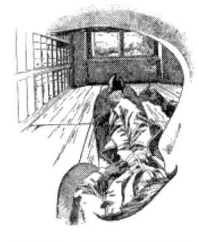

図8-1　視覚体験の素描

2　遠近法的視覚とは何か

　遠近法的絵画は，すでに古代ギリシャや古代ローマには存在していた。けれども暗黒の中世のあいだに継承が途絶え，発展していない。したがって，現代につながるのは再び遠近

図8-2 ブルネレスキの実験

図8-3 サン・ジョヴァンニ洗礼堂（イタリア，フィレンツェ）

図8-5 ダ・ヴィンチ「最後の晩餐」(1495-98)

図8-4 ダ・ヴィンチの遠近法描写装置の素描（アトランティコ手稿，1490頃）

図8-6 デューラー『測定法教則〔第2版〕』(1538) の挿絵

法が登場した15世紀のルネサンス期からである。

　まず紹介すべきは，ルネサンス初期イタリアの金細工師，彫刻家，建築家，ルネサンスの万能人的芸術家であったフィリッポ・ブルネレスキ（1377-1446）だろう。かれは1420年頃，変わった方法で遠近法的表現を実験した。ある描き方で絵を描き，その絵に開けた穴の裏側から片目で覗き，その視線の先に鏡を掲げる［図8-2］。つまり穴の裏側から鏡に映った絵を見る。これを実際のサン・ジョヴァンニ洗礼堂の前の特定の位置でおこない，実物との相違を確かめるのである［図8-3］。こんな回りくどいやり方で確認したかったものこそ，遠近法的表現であった。ブルネレスキは，この実験絵画を光学的な装置を使って描いたと推測されている（辻　1995）。

　遠近法的表現を初めて理論的に書き記したとされるのは，フィレンツェの万能人アルベルティ（1404-1472）の『絵画論』（1436）であった。また，レオナルド・ダ・ヴィンチ

（1452-1519）が遠近法を理論的に研究していたこともよく知られる。かれは遠近法描写装置として一風変わった道具をスケッチしていた［図8-4］。その成果のひとつであろう代表作「最後の晩餐」を見てわかるのは，描かれた絵画空間の奥行きである［図8-5］。しかも修道院の壁に描かれたこの作品は，壁の向こうのもうひとつの空間にも見えた。そのような錯覚を感じさせるほど立体的な見え方，それこそが遠近法的絵画表現の特徴である。

　アルベルティの絵画論には図版はなかったし，ダ・ヴィンチは秘密主義だったが，15世紀後半には印刷術が遠近法を広めた。イタリア・ルネサンスを学んだ版画の大家デューラー（1471-1528）も，遠近法的表現を描くための特殊な装置を広く公開した一人である。その著書の図版には，ダ・ヴィンチと類似の装置のほか，壁に固定した支点につながる覗き筒から描く形式，視点を固定する棒の先端から格子の衝立を覗きながら手元に描き取る形式などの紹介がある［図8-6］。そのすべてに共通するのは，固定した一点から片目で覗くという奇妙さである。

アルブレヒト・デューラー
→第5章 p.73

　遠近法の描写は，美術史家のエルヴィン・パノフスキーが指摘するように，「固定された片目で見ること」とそのやり方で見たものを「視覚像の適切な表現」とみなすことを前提にしている。そうして成立する見え方は，近さと遠さを強調し，無限に奥行きがあるように感じさせてくれるものとなる。しかし，現実の見え方は，等質的に奥の一点へと消失していく合理的な空間ではない。遠近法的絵画の鑑賞者は，自分なりに見ているのではなく，実はその作図のほうに自分の感覚を合わせているのである。したがって，パノフスキーは「遠近法は慣習的な象徴形式にすぎない」という（パノフスキー 2009）。

　絵画の分野で15世紀に始められた遠近法という「技術を媒介させて見ること」は，現代でいえば「立体感」のある「写実的」な見え方を可能にしてくれた。デューラーの描く

図8-7 デューラー「芝」(1513)

図8-8 デューラー「書斎のヒエロニムス」(1514)
遠近法的な室内描写の典型

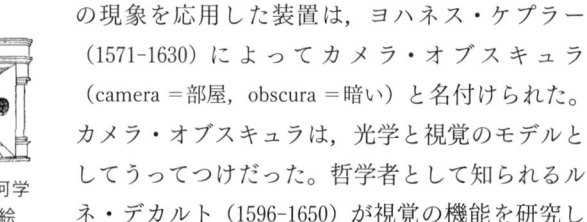

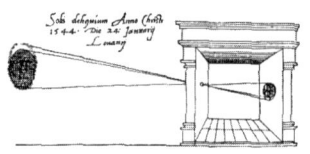

図8-9 フリシウス『天文と幾何学の光線について』(1545) の挿絵

克明な写実表現と典型的な遠近法表現は，当時としては驚くべきものである［図8-7，図8-8］。だが，この視点からものを見ることを当たり前の見え方だとみなすことは，果たして自然なのだろうか。遠近法を当たり前の見え方とみなすことは，光学技術を用いた人工的な視点を内面化した状態であるとはいえないだろうか。

3　カメラ・オブスキュラの内面化

遠近法的視覚は，少なくとも16世紀後半から18世紀末まで，知覚の真理のモデルともなっていた。その過程には，16世紀以降の光学論がモデルにした自然現象が深くかかわっている。暗い部屋に小さな穴から差し込む光が引き起こすその自然現象は，ごくありふれたもので，古くは墨子やアリストテレスも書き記していた。その原理を初めて光学と視覚のモデルに応用したのは，11世紀のイスラム科学者アルハゼン（965?-1039?）であったとされる。かれの著作は16世紀にラテン語に翻訳されたが，その頃には天文学の観察に欠かせない光学現象として，よく知られるものになっていた。印刷によって図解されたのは，1544年のゲンマ・フリシウス（1508-1555）の日食観測が初めてのようである［図8-9］。ジャンバッティスタ・デッラ・ポルタ（1538-1615）が『自然魔術』（1558）で詳しく取り上げ，のちにブラーエ，ケプラー，ガリレオなどの天文学者が，この自然現象を光学レンズに応用して天文観測をおこなうようになる。

　明るい光が小さな一点から暗い部屋のなかに差し込む。すると，外の光景が上下および左右を反転させて映り込む。この現象を応用した装置は，ヨハネス・ケプラー（1571-1630）によってカメラ・オブスキュラ（camera＝部屋，obscura＝暗い）と名付けられた。カメラ・オブスキュラは，光学と視覚のモデルとしてうってつけだった。哲学者として知られるルネ・デカルト（1596-1650）が視覚の機能を研究し

第8章 光の魔術と映画

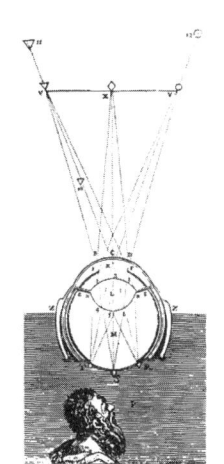

図8-10 デカルト『屈折光学』(1637)の挿絵

図8-11 二重のカメラ・オブスキュラ（キルヒャー『光と影の大いなる術』1646）

図8-12 フックのカメラ・オブスキュラ（『哲学紀要』1694）

図8-13 フェルメール「音楽のレッスン」(1662)

図8-14 カナレット「大運河」(1738頃)

た本の図解には，暗闇の背後から眼球を覗く人間が描かれている［図8-10］。イエズス会司祭のアタナシウス・キルヒャー（1601-1680）が描くカメラ・オブスキュラでは，移動式の暗室のなかに人間が入り込んでいる［図8-11］。ロバート・フック（1635-1703）が考案した片目のヘルメットのような装置では，人工的な目をすっぽりとかぶり，視覚は完全に光学技術に取って代わられている［図8-12］。

　フックの装置とダ・ヴィンチの装置との類似に注目しよう。どちらも光景を写し取る仕様になっている。このように，カメラ・オブスキュラは絵画の補助装置として使われた。そこから覗き見られるのはどんな光景だろうか。その典型例は，光を描いたといわれる17世紀のオランダ絵画である。ヨハネス・フェルメール（1632-1675）の室内絵画は，遠近法を駆使したデューラーの描写とうり二つである［図8-13］。遠近法絵画に典型的な，空が大きく開けたカナレット（1697-1768）の風景画のなんと写実的なことか（ステッドマン　2010）［図8-14］。

115

つまりカメラ・オブスキュラは，視覚の「真理」を光学的に解明するモデルであり，かつ技術を介して光景を写し取る装置であった。この視覚は，技術を介した「自然の光」が写し出す光景とそれを背後から覗く「理性の光」の合成物とみなされている。外部の目が捉えた遠近法空間を内部の目が覗く装置，これを介して写し取られたものは，内部の目が見ている光景と同じだとみなされた。遠近法を当たり前の見え方とみなすこと，それはこの人工的なメディアを身体の一部として内面化していることにほかならない（クレーリー　1997）。

4　遠近法を覗き見る

　カメラ・オブスキュラは19世紀の末までいろいろつくられている。太陽を観測する装置，遠近法的に描写する装置，製図用の縮小拡大装置，軍事用の観測監視装置と，その用途も形状も大きさも様々である［図8-15］。その応用である望遠鏡と顕微鏡も，人間の世界観を拡大してくれた。とはいえ，視覚の真理としてのモデル化に反して，カメラ・オブスキュラから見る光景に触れる機会は一般的にはあまりなかった。したがってカメラ・オブスキュラから覗き見られる遠近法空間は，驚きの光景を眺める装置を通じて，もっぱら娯楽の対象となった（ハモンド　2000）。

　風光明媚な風景を眺める建物型のカメラ・オブスキュラはいまでも残っている。東京ディズニーシーのアトラクション「フォートレス・エクスプロレーション」でも見ることができるが，実はこのアトラクションには，これとは別に遠近法絵画をより強調して見るための装置もある。名称は一定しないが，これを「覗き眼鏡」と呼んでおこう。「覗き眼鏡」に工夫を加えた見世物「ピープショウ（覗きからくり）」［図8-16］はお祭りには欠かせないものだったし，簡略式の「反射式覗き眼鏡」は家庭で楽しむこともできた［図8-17］。カメラ・オブスキュラと遠近法絵画は，特異な立体感を見せてくれる装置，ありえないはずの光景を見せてくれるものとして，

図8-15　絵画補助用のカメラ・オブスキュラ（ラードナー『科学と技術の博物館』1855）

図8-16　ゾンビーニ「覗きからくり」(1753)

図8-18　北尾政美画「画肆」（『東海道名所図会』巻6，1797，部分）

図8-17　反射式覗き眼鏡（鈴木春信「六玉川　高野の玉川」1767頃）

図8-19　葛飾北斎「江戸日本橋」（『富嶽三十六景』1831）

　市場やお祭り，さらにはブルジョワの邸宅内で，驚きの娯楽見世物として受容されていたのである。
　カメラ・オブスキュラ，遠近法絵画，そして遠近法絵画を覗き見る装置は，17世紀半ばには，出島のオランダ商館を通じて，またおそらく中国経由で，日本にも入ってきた。18世紀半ば，その驚きの光景に影響され，浮世絵に「浮絵」という新ジャンルが生まれた。絵草紙屋の店頭に並べられた「浮絵」の従来にない奇想な光景はひときわ目立つ［図8-18］。
　「浮絵」とは別に，「覗き眼鏡」専用の版画は，「眼鏡絵」とも呼ばれた。「眼鏡絵」作家としては，円山応挙（1733-1795），歌川豊春（1735-1814）などの歌川派，銅版風景画の司馬江漢（1747-1818）や亜欧堂田善（1748-1822）などが有名である。また江戸の万能人，平賀源内（1728-1780）は，みずか

らカメラ・オブスキュラを使って西洋画を模写していた。かれは『解体新書』（1774）の挿絵を描いた小田野直武（1749-1780）の秋田蘭画や多色刷り浮世絵である「錦絵」を創案した鈴木春信（1725-1770）にも直接の影響を与えているという。15世紀末頃から活版印刷に付けられた写実的版画表現が人体解剖図や植物図となって広まった状況が，ようやく日本にも訪れたことになる。遠近法的な表現は，葛飾北斎（1760-1849）や歌川広重（1797-1858）など江戸後期1830年代以降の浮世絵にも見事に活かされた［図8-19］。かれらは，光の描写を簡素にする一方，遠近法の奥行きを感じる驚きの光景をことさら強調する浮世絵を描いた。奇妙なことに，この西洋風版画は，いつの間にか日本的なものとみなされるようになっている（中川　2001）。

5　光を映し動きを眺める

18世紀のイギリスやフランスでは，絵のような風景を愛でる趣向が大流行した。これをピクチャレスクという。金持ちは携帯用のカメラ・オブスキュラや専用の鏡（クロード・グラス［claude glass］）を持ち歩いて絵のような風景を探し眺め，庶民は縁日で「覗きからくり」を眺めた。

18世紀末になると覗きからくりが大規模化していく。何人も覗ける覗きからくりは当たり前で，箱から出して遠近法を遠目で眺めるようにした「エイドフュージコン（eidophusikon）」，遠近法を眺める装置自体を大規模にした「パノラマ（panorama＝全方位眺望）」などが登場する。前者は，背後で絵に効果を与えることで光や動きをもたらし，後者は，円形の建物の内部360度に張りめぐらした遠近法絵画を建物のなかを動いて眺める［図8-20］。ともに画家による創案で，絵から距離を取ることで遠近法を感じさせやすくした。

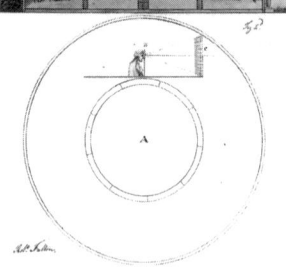

図8-20　パノラマ館計画図（1799）

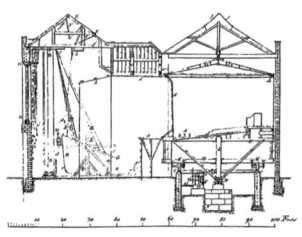

図8-21　ロンドンのディオラマ館断面図（『ディングラー総合技術新聞』1824）

第 8 章　光の魔術と映画

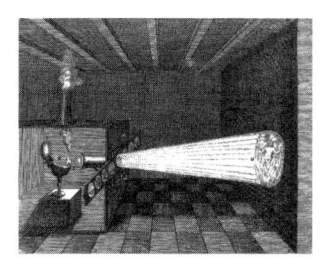

図8-22　マジック・ランタン（キルヒャー『光と影の大いなる術〔第2版〕』1671）

図8-23　作者不詳「サヴォイア人」（1817）サヴォイア出身の興行師が多かった。

図8-24　ファンタスマゴリア興行風景

　1820年代には，上の両者を組み合わせた「ディオラマ（diorama）」［図8-21］，さらに絵のほうを動かす「動くパノラマ」もお目見えする。ともに舞台上で繰り広げられる遠近法絵画の変化を楽しむもので，前者はさらに工夫を凝らした大規模なエイドフュージコンを，後者では，何十メートルも延々と続くパノラマ画を眺められた。パノラマ館などの常設館は19世紀末まで各地に建てられ人気を博した。ちなみに，日本初上陸は，1890（明治23）年に開業した「上野パノラマ館」と浅草の「日本パノラマ館」だった。
　一方，覗きからくりと似た装置で，同じく縁日での見世物として人気を博した装置があった。箱のなかや背後をロウソクなどで明るくし，その光を半透明の絵を通過させて暗い部屋の壁などに投影する装置で，「マジック・ランタン（幻燈機）」と呼ばれることが多い［図8-22］。スライド式などにして絵を交換することができ，いまでいえばプロジェクターにあたる。これもキルヒャーが紹介しており，少なくとも17世紀半ば以降には広く知られるようになった技術であった。覗きからくり同様に，18世紀にはマジック・ランタンも楽士と興行師が一緒に巡業して回る見世物となっていた［図8-23］。もちろん，お金持ちの家庭でも催された。
　この装置を応用してかなり大規模な見世物ショーにしたことで有名なのが，1790年代からパリで興行されたエティエンヌ・ロベルトソンの「ファンタスマゴリア」である［図8-

119

図8-25 歌川国芳「写絵を見る美人と子供」(1832)

図8-26 ソーマトロープ

図8-27 フェナキスティスコープ(『ラ・ナチュール』1882)

24]。マジック・ランタンに車輪をつけ簡単に動かせるようにした「ファンタスコープ」を使い，観客の前で映し出したものを拡大縮小させたり，スモークに映し出したりする。演目は「幽霊や亡霊の出現」「降霊術あるいは蘇生」「血まみれの修道女」など，ゴシック的な魔術や心霊主義の雰囲気いっぱいである。かれの見世物は模倣され，ロンドンやニューヨークなど各地で催された。マジック・ランタンによる見世物は，日本でも，幻燈による「写し絵」として19世紀に独自に発達し興行されている[図8-25]。

6 理性的な人間像から非理性的な人間像へ

マジシャンたちによって，マジック・ランタンが動きをもつショーに応用されていく19世紀，科学者たちも静止画を動かす装置をつくり始めていた。1825年，紙などの裏表に描かれた絵をくるくる回すと両面が重なって見える装置が創案される。この装置「ソーマトロープ (thaumatrope＝驚異の回転板)」は，数年後に子ども玩具として流行する[図8-26]。より科学的な試みといえるのは，物理学者のジョゼフ・プラトーが考案し，1833年に市販された「フェナキスティスコープ (phenakistiscope＝欺く眺め)」[図8-27] や，翌年これを数学者のウィリアム・ジョージ・ホーナーが改良した「ゾーイトロープ (zoetrope＝動く回転板)」[図8-28] であろう。ともに，回転によって一定間隔で生じる細い隙間から片目で覗くと，隙間の向こうの絵がアニメーションのように動いて見

図8-28 ホーナーのゾーイトロープ

第 8 章　光の魔術と映画

図8-29　ホイートストンのステレオスコープ

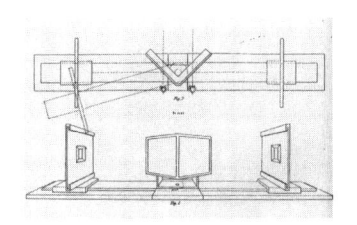

図8-30　ステレオ・ビューワー（左：折りたたみ式ステレオスコープ，1853，右：ブリュースター改良型ステレオスコープ，1855）

える装置である。

　こうした一見たわいない玩具が真剣に探求されていたのには理由がある。ちょうどこの頃，ヨハネス・P・ミュラーに代表される生理学者たちが提唱し始めた知覚の生理学によって，視覚の真理が備わっているはずの理性的な人間像が大きく揺らいでいたのである。視覚のカメラ・オブスキュラ・モデルでは，視覚は光の真理を映し出し，理性的な内部の目がそれを正しく覗くものだとされていた。ところが，動く玩具の作者たちが研究した，網膜に映る残像効果がもたらすありえない像は，正しい判断を下す理性的な人間なるものを否定している。錯視という生理現象は，網膜に映る像を操作することで人間が容易に騙されうることを証明してしまうのである。

　この事態は人間像に根本的な変化をもたらした。神に近い目をもっているはずであった人間は，19 世紀が進むにつれ，生理学によって検証される動物と同列の対象に成り下がってしまうのである（クレーリー　1997）。

　したがって，この 1830 年代に，両眼で立体視を可能にする装置「ステレオスコープ」が発明されたのは偶然ではない。ステレオスコープから見られる立体像は，異なった像を見つめる両眼を統合することでしか存在しない，まさしくありえない像である［図 8-29，図 8-30］。この装置を，物理学者チャールズ・ホイートストン（1802-1875）が両眼視差の計測から実現させたことは，かれの認識が理性的な人間像から決定的

121

に離れていることを示唆している。

　かれやミュラーの弟子ヘルマン・フォン・ヘルムホルツの知覚についての認識は，神経と電信の類似をモデルにした生理学的なものだった。電信は，同一の電気の刺激で波を送り，音を鳴らし，光を発し，スイッチを消すこともできる。この電信モデルでは，知覚は神経を通る電磁気現象にすぎず，人間の知覚も一定の刺激によって操作可能なものとみなされる。ちなみに，ホイートストンは音響の研究者でもあり，同時期にいち早く電信を商業化した事業家でもあった。

　こうなると，視覚を含めた知覚全般は，理性の働きによって認識するものではなく，操作可能な物理現象だとみなされる。光学装置を工夫する目的も，いわゆる錯視効果を，つまりいかに知覚を操作し錯覚を起こさせるかを明確にねらうようになる。1820年代の「ディオラマ」や「動くパノラマ」は，観客を受動的に座らせておくことで，錯視を効果的に発揮させる装置でもあった。錯覚をねらった舞台上の工夫として有名なのは「ペッパーズ・ゴースト」だろう［図8-31］。1863年に英王立科学技術会館教授ジョン・ヘンリー・ペッパーが考案した，舞台下の幽霊に強い光をあて舞台上のガラス板に投影させる仕組みは，光量を調整することで舞台上の幻影を突然出現させたり消したりすることもできた。この仕組みは，東京ディズニーランドの「ホーンテッドマンション」でも応用されている。

　錯視効果を応用した回転玩具を次々と改良し，物語性までもたせたのは，フランスの発明家エミール・レイノーだった。かれはまず，1876年に鏡を使った「プラクシノスコープ（praxinoscope＝動く眺め）」を開発する。そして79年に開発した覗き穴方式の「プラクシノスコープ劇場」を，

図8-31　ペッパーズ・ゴースト興行風景

図8-32　投影式プラクシノスコープ（『デ・ナツール』1882）

図8-33　テアトル・オプティーク（『デ・ナツール』1893）

80年に投影式に改良し，さらに88年にフィルムリール式の絵と組み合わせた劇場用の見世物「テアトル・オプティーク」にした［図8-32, 図8-33］。文字通り「ムービング・ピクチャー」である。だがまだ写真は使われていない。ということは，映画の発明に必要だったのは写真ではなく，理性的な人間像から非理性的な人間像への発想の転換だったことになる。

　この1830年代以降，理性では捉えられない人間が次々に発見されることで，「非理性的な人間」という新しい人間像が生まれ，当の人間はあらゆる操作の対象とまなざされるようになっていく。19世紀半ば頃より，百貨店が購買者の欲望を刺激し，新聞がセンセーショナリズムで部数を激増させていた。チャールズ・ダーウィンの『種の起源』出版は1859年，ヴィルヘルム・ヴントが初の心理学研究室を開いたのは1879年，のちに精神分析学を提唱するジークムント・フロイトが一般開業医となるのが1886年，人間の非合理性を扱ったギュスターヴ・ル・ボン『群衆心理』の出版は1895年のことであった。

ル・ボン『群衆心理』
→第10章 p.146

7　動く遠近法の見世物興行

　大規模なパノラマ館や幻燈ショーが次々と現れていた頃，写真はまだ登場していない。写真はカメラ・オブスキュラが映し出す像を化学的に定着させる技術である。おそらく多くの試みがあっただろうが，写真を最初に実用化したとされるのは，発明家ニセフォール・ニエプスの共同研究者であり，あのディオラマの創案者であったルイ・ジャック・マンデ・ダゲールだった。

　1839年に公表されたダゲールの「ダゲレオタイプ（daguerréotype）」は，フランス政府によって特許が買い取られ技術公開された。露光にはまだ数分かかり，1枚しか印画できなかったが，主に写真館での肖像写真向けに普及する。同じ年に発表されたウィリアム・ヘンリー・フォックス・タ

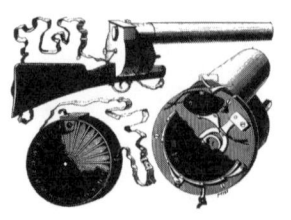

図8-34 マレイの写真銃(『ラ・ナチュール』1882 ?)

図8-35 キネトスコープの内部　　図8-36 キネトスコープ・パーラー

　ルボットの「カロタイプ」は複数印画を可能にしたが，特許を主張したため普及は限定的であった。さらに写真をより一般的なものにしたのは，1851年に開発された「コロディオン湿板法」だった。露光時間を大幅に短縮し，扱いも簡便で安くつき，しかも開発者のフレデリック・スコット・アーチャーは特許を申請しなかった。これで，ステレオスコープに初めて写真が使われるようになる。1871年には，湿板法に代わる「ゼラチン乾板法」が普及し，写真は1秒以下で写るようになった。

　すでに絵を動かす見世物は大小かかわらず多数あった。目指すところはもうわかっている。完全な遠近法描写による騙し絵を見せる装置をつくることである。映画の前史としてよく取り上げられるのは，写真家エドワード・マイブリッジや生理学者エティエンヌ=ジュール・マレイによる連続写真撮影への道である［図8-34］。だが，そうした高速分解写真よりも，むしろ重要なのは，知覚上の錯覚を有効に発揮させることにあった。

　19世紀後半，その可能性を追求した者は多数いた。それを比較的うまく実現したのは，アメリカのエジソン研究所が開発した「キネトグラフ (kinetograph＝動きの記述)」と「キネトスコープ (kinetoscope)」である［図8-35］。1894年，トーマス・アルバ・エジソンはこれと「フォノグラフ (phonograph＝音の記述，蓄音機)」をコイン式機械にして「キネトスコープ・パーラー」を開業する［図8-36］。コインを入れ，

その装置の覗き穴を覗くと，長いレールに巻かれたフィルム式の連続写真が動いてくれる。内容は，黒い背景に浮かぶスネークダンス，ボクシング，くしゃみするおじさんなど［図8-37］，多くはゾートロープの題材をまねた見世物らしいものだった。

　知覚上の錯覚をより有効に発揮する装置を発明した栄光は，フランスのリュミエール兄弟の「シネマトグラフ（cinématographe）」に与えられる。オーギュストとルイの兄弟が発明したシネマトグラフは，連続写真の撮影機であり，幻燈を組み合わせた投影映写機の機能を兼ね備えていた［図8-38，図8-39］。写真フィルム製造業を営んでいた兄弟が，この装置をお披露目した1895年，暗い部屋のなかでスクリーンに大きく投影された動く写真は人びとを驚嘆させた。リュミエール兄弟が見世物にしたのは，工場から出てくる人びとや列車が駅に到着する様子［図8-40］など，多くは迫真の自然の風景であった。

　こうした光学装置はどのように社会に埋め込まれてきたのだろうか。紹介してきた光学装置を工夫した機器の多くは，巡回興行の見世物師たちの稼ぎネタであったが，子ども玩具あるいは常設の見世物小屋として一時期人気を得てもすぐに飽きられ，すたれてしまった。なかには遊園地の一部となって生きながらえているものもある。エジソンのキネトスコープ・パーラーは，コイン式装置を集めたペニー・アーケードに取り込まれた。いまでいうゲーム・センターである。

　リュミエール兄弟は，自分たちが開発した装置もすぐに飽きられてしまうだろうと思っていた。しかも，似たような装置はすぐに各地に現れた。かれらの本職はあくまでも写真フィルム・メーカーである。兄弟は，世界に撮影技師を兼ねた巡回興行師を派遣して，各地で自然の風景を集めるとともに，見世物興行で一気に稼ぎ撤退することにした。

　日本には，キネトスコープが1896（明治29）年

図8-37　くしゃみの記録（エジソン社，1894）

図8-38　シネマトグラフ

図8-39　シネマトグラフ・リュミエール

図8-40　ラ・シオタに到着する列車（リュミエール社，1895）

図8-41 家族の食事（リュミエール社，1897）

図8-42 不思議な肖像画（メリエス，1899）

図8-43 一人オーケストラ（メリエス，1900）

末，シネマトグラフが1897（明治30）年に到来している。ちょうど幻燈が再度流行していた頃である（岩本　2002）。日本を含めた世界各地で撮影された自然の風景は，一時期は驚きの視覚経験とエキゾチックな目新しい光景で客を魅了した［図8-41］。

だが予想通り，リュミエール兄弟が得た一時の熱狂は，すぐに冷めてしまう。驚きの視覚経験など，目新しさが薄れれば誰も見向きもしなくなるものなのだろう。驚きの経験を与える光学装置は，巡回興行師の小銭稼ぎにはなるが，当たり前になったとたんに社会に埋め込まれる理由をなくしてしまうのである。

*

連続写真の撮影装置と投影装置は，驚きの視覚経験を提供する以外にいったい何に使えるだろうか。ひとつの用途は，教育の視覚的補助装置に見いだされた。とはいえ，この用途なら，スライド映写機やプロジェクターといったマジック・ランタンの末裔のほうが使い勝手がよかった。しかし，じきに現在われわれがよく知っている用途が見いだされる。それが映画である。映画，つまり物語の要素を付け加えた動画体験は，驚きの光学装置の当初の目標ではなく，のちに発見されたものだったのである。

シネマトグラフの最初のお披露目の招待客のなかに，ジョルジュ・メリエス（1861-1938）というロベール＝ウーダン劇場の支配人かつマジシャンがいた。まもなくメリエスは，撮影トリックを使った映像を一人で撮り始める［図8-42，図8-43］。さらに，専用スタジオをつくり，映像を編集してストーリー性を付け加えた。もちろん舞台の演目に入れるためである。かれは，エジソンやリュミエール兄弟とは異なる驚き

の視覚経験を，たった一人で創作した。映画という別の驚きの体験を創出したメリエスはしかし，大映画産業の一員になることなく破産してしまう。かれが見いだした映画が資本主義産業のひとつとして社会に埋め込まれていく流れは，次章にゆずろう。

　カメラ・オブスキュラが見せてくれる遠近法的視覚は，カメラによる写真として日常にあふれ，シネマトグラフが切り開いた連続写真の驚きの視覚経験は，飽きられるほど当たり前となった。こうして，光学装置が見せてくれる四角い画面とスクリーンは，わたしたちの視覚経験の切り取り方をいつの間にか規定するようになっている。そこには，光学装置が人工的に作り出す視覚を当たり前のものとして内面化し，知覚の操作を素直に受け入れているわたしたちの姿が見いだされるのではないだろうか。

＜参考文献＞
岩本憲児　2002『幻燈の世紀──映画前夜の視覚文化史』森話社。
大林信治・山中浩司編　1999『視覚と近代──観察空間の形成と変容』名古屋大学出版会。
岸文和　1994『江戸の遠近法──浮絵の視覚』勁草書房。
クレーリー，ジョナサン　1997『観察者の系譜──視覚空間の変容とモダニティ』（遠藤知巳訳）十月社（2005　以文社）。
サドゥール，ジョルジュ　1992『世界映画全史』1（村山匡一郎・出口丈人訳）国書刊行会。
スクリーチ，タイモン　1998『大江戸視覚革命──十八世紀日本の西洋科学と民衆文化』（田中優子・高山宏訳）作品社。
ステッドマン，フィリップ　2010『フェルメールのカメラ──光と空間の謎を解く』（鈴木光太郎訳）新曜社。
高山宏　1995『目の中の劇場──アリス狩り』青土社。
ツェーラム，Ｃ・Ｗ　1977『映画の考古学』（月尾嘉男訳）フィルムアート社。
辻茂　1995『遠近法の誕生──ルネサンスの芸術家と科学』朝日新聞社。
中川邦昭　2001『カメラ・オブスキュラの時代──映像の起源』ちくま学芸文庫。
バーナウ，エリック　1987『魔術師と映画──シネマの誕生物語』（山本浩訳）ありな書房。
パノフスキー，エルヴィン　2009『〈象徴形式〉としての遠近法』（木田元監訳／川戸れい子・上村清雄訳）ちくま学芸文庫。
ハモンド，ジョン・Ｈ　2000『カメラ・オブスクラ年代記』（川島昭夫訳）朝日新聞社。

ブルネッタ，ジャン・ピエロ　2010『ヨーロッパ視覚文化史』（川本英明訳）東洋書林。
ホックニー，デイヴィッド　2006『秘密の知識——巨匠も用いた知られざる技術の解明』（木下哲夫訳）青幻舎。

第9章　電気メディアの可能性

1　テレグラフの実用化

　距離を隔てて意中の人のことを知り，さらには思いを伝え合うことは，おそらく長らく人類の夢だった。千里眼（telegnois），テレパシー（telepathy）といったことばはそうした願いを表しているだろう。21世紀の現在，tele-（遠い）という接頭辞をもつ telegraph, telephone, television は当たり前のものとなっているが，この夢の実現に力を注いだのは，電気という目には見えない摩訶不思議な現象を解明しようとする科学者たちだった。だが，その実現にはさらに別の力も必要だった。テレパシーの願いは個人的な恋心から生まれるが，遠隔通信の実用化には国家や実業家や大資本の思惑が必要だったのである。

　1794年，テレグラフを最初に名乗った装置がフランスで実用化された。クロード・シャップ（1763-1805）による腕木通信である。まだ電気は使われていない。腕木通信は，通信塔に設置された大型の指示機を望遠鏡（telescope）で確認し，また別の塔へとリレー式で伝達するシステムであった［図9-1］。視覚のみで記号を伝達する腕木通信は，古代帝国の駅伝制のような運搬システムとは異なり，輸送と通信を事実上分離した。もちろん情報伝達の速度は大幅に向上した。このシステムは，1853年の廃止までに，パリを中心に最大で総延長4000 km のネットワーク網を作り上げることになる［図9-2］。

図9-1　腕木通信塔

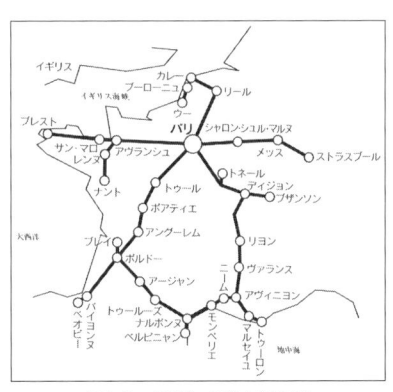

図9-2　1846年の腕木通信網

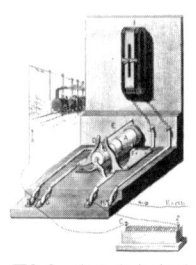

図9-3 クックとホイートストンのテレグラフ

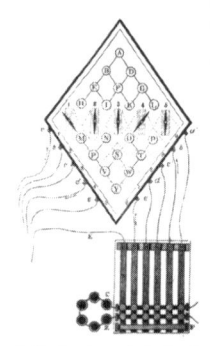

図9-4 クックとホイートストンの文字符号電信機

図9-5 サミュエル・モールス

図9-6 モールス・キー第1号機

莫大な建設費と運営費をかけて腕木通信網を建設したのは，革命冷めやらぬ時期に帝国を拡張し，外交も内政も不安定だったフランス国家であった。商業利用の機運もあったが，フランス政府は腕木通信の国家独占を決して崩そうとはしなかった。なぜだろうか。それは，この最初のテレグラフが何よりもまず，国家の統治と防衛のために設置されたものであり，その任務の安定的な遂行のために政府独占物である必要があったからであった（中野　2003）。

2　エレクトリック・テレグラフ

エレクトリック・テレグラフ，つまり「電信」が実用化され始めたのは1830年代のことである。電気の原理はまだよく解明されていなかったが，すでに電池や電磁石や継電器によって，制御した電流を長い針金に流すことはできるようになっていた。同じく1830年代には電磁場の近接作用も発見されていた。このマイケル・ファラデーによる電磁場の発見は，のちの無線通信の解明につながることになる。

電気は一瞬のうちに針金を流れる。この性質を使った電信の最初の使い道は，鉄道の沿線に設置した警報機だった［図9-3］。1837年にイギリスで最初に電信の特許を取得したウィリアム・クックのパートナーは，ステレオスコープを創案したあのホイートストンである。かれらは文字符号用の電信機も考案したが［図9-4］，同じ1837年，画家のサミュエル・モールス（1791-1872）が，それよりも簡単な仕組みの電信機の特許をアメリカで出願する［図9-5, 図9-6］。

モールスはアメリカで最初にダゲレオタイプ写真館を開業した後，1844年にアメリカ政府の援助で70km弱の長距離電信実験をおこなう。「神のつくり賜いしもの」。それがモールス信号の最初のことばだった。政府から特許の買い取りを拒否され，モールスの電信会社は民間で運営されることになる。そのため，アメリカではいくつもの電信会社が乱立したが，参入と合併が繰り返されるなか，南北戦争を契機に有力

3社だけが残り，結局1866年にウエスタン・ユニオン社が全会社を統合した電信独占会社となった（市場1966）。

各国で敷設が試みられた電信線は，1850年にドーヴァー海峡を通り，1861年にアメリカ大陸を横断した。1865年のリンカーン大統領暗殺のニュースはイギリスに到着するのに船で10日かかったが，1866年には大西洋を横断した電信によって，わずか数分で伝えられるようになった。国際間の協議機関である万国電信連合（ITU）が設立されたのは1865年のことであった。電信は，日本にもペリーによって1854年に持ち込まれている。明治新政府は即採用し，1869（明治2）年に東京―横浜間，

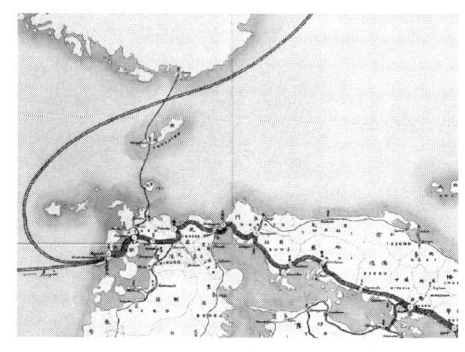

図9-7　大日本電信線路図（1887, 部分）

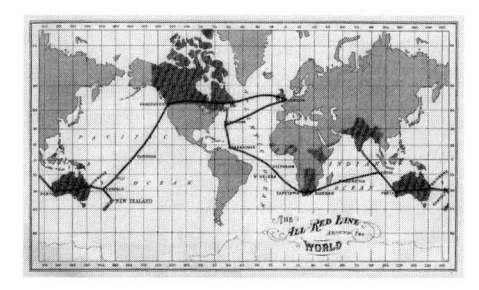

図9-8　オール・レッド・ライン（1903）

1871（明治4）年に長崎が上海とシベリアにつながり，1873（明治6）年には東京まで開通する［図9-7］。

イギリスは，民間会社が敷設した国内電信を1868年に国有化する一方，国際通信を民間に敷設させ，1900年には世界の海底ケーブルの70％以上を占有した。1902年，さらにイギリスは海底ケーブルの太平洋横断を果たし，自国の植民地のみで世界を一周できるオール・レッド・ラインを完成させた［図9-8］。こうしたイギリスによる電信の独占化は，イギリスの覇権と情報の独占を意味していた（ヘッドリク1989）。

3　テレグラフと通信社

1835年，シャルル＝ルイ・アヴァスによってパリにアヴァス通信社が設立される。フランスで大衆新聞『ラ・プレス』

が創刊されたのが1836年だから，まさに大衆紙の時代の直前である。通信社とは，速く正確に情報を届けることを売りにする会社である。主な顧客は金融情報を扱う投資家とニュースを扱う新聞社だった。ちょうど鉄道の敷設による交通網の拡大が急激に進んでいた最中で，1825年にイギリス，1827年にアメリカ，1832年にフランス，1835年にドイツと敷かれていった鉄道網は，各国で投機熱を煽り，株式市場を拡大させていた。そして腕木通信を使えず伝書鳩に頼っていたアヴァス通信社の前に，しばらくすると電信が登場する。

1840年代後半以降，各国で争うように電信線が引かれるなか，フランスも遅ればせながら腕木通信からの切り替えを始め，新たな通信網は民間利用に開放された。以後，アヴァス通信社はもっぱら電信を利用した。そして，ドイツの電信線が民間に開放された1849年，ベルンハルト・ヴォルフがベルリンで新たな通信社を開業する。ドーヴァー海峡に海底ケーブルが引かれ，イギリスが大陸とつながったその翌年の1851年には，ポール・ジュリアス・ロイターがロンドンの金融街シティに通信社を構えた。2人とも，短期間だがアヴァスのもとで働いていた人物であった。

アメリカでは，1848年，新聞社の共同出資でAP通信社が正式に立ち上げられる。これによって，先物市場を扱うシカゴ商品取引所が開設された。フランスの2月革命，ドイツの3月革命の動きがヨーロッパ各国およびラテンアメリカまで波及したこの1848年は，アメリカでは西部金鉱の発見によってゴールドラッシュが始まり，イギリスでは資本主義に対立する『共産党宣言』が出版された年でもあった。第1回ロンドン万博が開かれた1851年，大英帝国はパクス・ブリタニカのもとで，世界の金融業を支配する金融国家になろうとしていた。

こうした動きは，ヨーロッパが近代国家を樹立し，国家規模で通信網を管理しながら，民間の通信社や金融街に便をはかる経済政策を採用するようになったことを意味する。電気

1848年
ナポレオンと周辺国の対立が終結した1815年以後，ヨーロッパは伝統的な君主権を尊重するウィーン体制にあったが，1848年の2月にフランス，3月にドイツなど各地で王政打破を求める民主主義運動が頻発した。これ以後，ウィーン体制が崩壊していくため，これらの動きは「1848年革命」とも呼ばれる。

『共産党宣言』
産業革命によって人間の搾取が起こっているという認識のもと，労働者の団結を求める共産主義を示した宣言文書。資本主義と対立したマルクス主義の綱領的な文書となり，平等を求める労働運動，社会主義運動，共産主義運動のバイブルとなった。

パクス・ブリタニカ
イギリスによる平和の意。産業革命による経済力と軍事力をもったイギリス帝国の強大な覇権を背景に，国際的な紛争が抑制された平和状態を指す。主に1848年革命から1914年の第一次世界大戦勃発までの期間を指す。

の力を得た通信網は，閉じた国防のシステムから，経済を刺激する開かれた神経網とみなされるようになったのである。一方，それぞれの国家の庇護を得たアヴァス，ヴォルフ，ロイターの通信社は，ヨーロッパの経済規模の拡大と新聞の大衆化が進むなか，競合を避ける世界分割の協定を結び，世界のニュース配信と株式速報をほぼ独占した。この国家と情報インフラと通信社の結びつきは，国際的な情報統制網の寡占状態の固定化（カルテル）を意味していた（倉田　1996）。

ちなみに，のちにヴォルフ社はナチ党によって国策通信社に吸収され，アヴァス社は一時国営となった現在のフランス通信（AFP），ロイター社は現在のトムソン・ロイターとなっている。

4　テレグラフで声を伝える

テレグラフは電気の振動波を伝える装置である。糸電話は音の振動波を伝える装置である。では，音の振動は電気の振動に変えられないのだろうか。それが可能なことは，物理学者チャールズ・グラフトン・ペイジが，モールス電信機の特許と同じ1837年に発見していた。また1854年には発明家アントニオ・メウッチ，1861年には物理学者フィリップ・ライスが実現もしていた。だが，電話の発明家として知られているのはアレグサンダー・グラハム・ベル（1847-1922）である［図9-9］。なぜなのだろうか。

1876年，アメリカでベルとイライシャ・グレイが同日に特許を申請する。ベルの父は高名な聾唖教育者で，アレグサンダー自身も熱心な発声指導者であり，ボストン大学の音声生理学教授となっていた。かれは発声と音のエキスパートではあったが，技術者でも物理学者でもない。グレイは，電信独占会社ウエスタン・ユニオン傘下となったウエスタン・エレクトリック社を興した後，オーバリン大学の工学教授となり，のちには電子楽器やファクシミリも発明した人物である［図9-10］。当時，かれらが目指していたのは，電信に同時

図9-9　アレグサンダー・グラハム・ベル

図9-10　イライシャ・グレイ

に複数のメッセージを送る多重電信のシステムであった。

特許はベルに認められた。それが正しかったかは定かではない。電信の改良に興味をもったベルは，特許専門の弁護士で実業家でもあったガーディナー・グリーン・ハバードから財政的な援助を受けていた。ハバードはウエスタン・ユニオン社による電信独占反対論者で，難聴のためベルの指導を受けていたメイブル（のちにベルと結婚する）の父親でもあった。グレイのものになるかもしれなかった電話の特許をベルにもたらしたのは，おそらく特許取得の専門家ハバードである。ベルの実質的な電話実験の成功は，特許申請後であり，しかも知りえないはずのグレイの特許申請の仕様をまねたときであった。グレイは自分の発明が盗まれたかもしれないことに気がつかなかったし，多重電信のほうに関心があった［図9-11］（シュルマン 2010）。

電信線に声が伝わる技術は驚くべき玩具ではあったが，みなその利点をよくわかっていなかった。ハバードは，ウエスタン・ユニオン社にベルの特許の購入を持ちかけたが拒否される。そこでハバードは，1877年にベル・テレフォン社を設立し，電話システムのリースを始めた。ウエスタン・ユニオン社は判断ミスに気づき，急遽トーマス・アルバ・エジソン（1847-1931）に電話の開発を打診した。エジソンは，音の振動を電気に変換する要であるマイクロフォンや増幅器などを開発し，期待にこたえた。グレイとエジソンの特許を買い取ったウエスタン・ユニオン社は，アメリカン・スピーキング社を設立し，ハバードに対抗した。ベル・テレフォン社は，エジソンと同様の装置の特許をもっていたエミール・ベルリナーを特許とともに雇い入れ，エジソンの特許を避けて実用的な電話を完成させる。そして特許紛争が始まる。

1879年，最終的に両社はすべての特許をベル・テレフォン社に譲渡し，事業収入の2割をウエスタン・ユニオン社に支払うことで合意，電信と電話の市場は別々に独占される。特許期限の切れた17年後には，多くの電話事業参入社が現

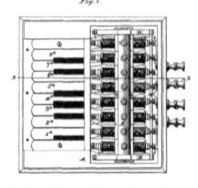

図9-11 グレイの音楽多重電信

第9章　電気メディアの可能性

れるが，1909年のウエスタン・ユニオン社買収も含め，その多くが最終的にはベル・テレフォン社の後継会社アメリカン・テレフォン＆テレグラフ社（AT＆T）に買収統合されることになる（ブルース　1991）。

5　声を記録する

電信と電話の開発は副産物をもたらした。エジソンの開発チームが電話の記録装置の開発時に発見した，音波を記録する装置フォノグラフ（phonograph＝音の記述，蓄音機）である［図9-12］。1878年，エジソン・スピーキング・フォノグラフ社が設立される。出資した株主のなかにはベルの義父ハバードもいた。エジソンは，これを留守番電話やビジネス向けの口述録音に使おうとした。だが，科学玩具として面白がられただけで，会社は倒産してしまう。エジソンは電球の開発に専念することにした。

ハバードは，ベル・テレフォン社に置かれていたヴォルタ研究所にフォノグラフの改良を打診した。かなり時間はかかったが1885年に完成し，翌年にグラフォフォン（graphophone）社を設立する［図9-13］。ベル側はエジソンに共同事業を持ちかけた。ところがエジソンはこれを拒絶し，フォノグラフの改良を猛烈に進め，1888年に電動モーター式のパーフェクテッド・フォノグラフを完成させる。一方，1887年，ベル・テレフォン社のヴォルタ研究所を退社したあのベルリナーが別方式の蓄音機グラモフォン（gramophone）の特許を取得していた［図9-14］。

またもや特許が問題となる。アメリカでは，グラフォフォンの単独ライセンスとフォノグラフの特許権の両方を購入したノース・アメリカン・フォノグラフ社が地域ごとのフランチャイズ権を売り，地域子会社がリース販売に乗り出した。しかし，ビジネス向けの口述録音機として売り込むものの軌道に乗らず，各地域のフランチャイズ権をもつ子会社は売れない発明の売り方に手こずった。ノース・アメリカン・フォ

図9-12　ティンフォイル1号機，複製（最初のエジソン式蓄音機「フォノグラフ」）

図9-13　グラフォフォン・コロムビア（ベル式蓄音機「グラフォフォン」）

図9-14　ビクター・V-E機（ベルリナー式蓄音機「グラモフォン」）

135

ノグラフ社は破産し，エジソンは2年で特許を買い戻した。そのなかで，コロンビア特別区の販売権をもつコロムビア・フォノグラフ社（のちのCBSレコード）などが，コイン式の再生専用グラフォフォンを売りながら，音楽や話芸や朗読の録音盤，つまりソフトを制作販売し始めていた。イギリスでは，エジソンとベルの会社が合併し，エジソン・ベル・フォノグラフ社が創設され，主にグラフォフォンを販売した。エジソンは，お話人形を売り出したり，1889年にはコイン式のフォノグラフ・パーラーを始めたりしながら，売れないフォノグラフの改良を進め，独自路線を歩んだ（ミラード　1998）。

蓄音機は，おもちゃとしては面白がられたかもしれないが，売れない発明だった。当初の使い方の提案が主にビジネス向けの録音再生機だったからである。けれども大道芸的な見世物としては客を集めたし，フォノグラフ・パーラーは当たった。アメリカのフォノグラフ・パーラーは，数年後にキネトスコープ・パーラーとなっていく施設である。フランスでフォノグラフの独占権をとり，製造販売をしながらフォノグラフ・サロンを開いていたパテ兄弟社も，しばらくすると出しものに動く写真の風景を付け加え，映写機やフィルムを売るようになる。

スター・システム
　コンテンツ産業において，売りたい人物やキャラクターを前面に押し出し，人気の創造と安定を前提にしたコンテンツの制作販売戦略をたてる手法のこと。音楽や物語作品の優劣よりもスターの有無がコンテンツの前提となり，宣伝の量によって爆発的に売れるコンテンツを作り出す。

音楽というコンテンツを録音し，スター・システムの戦略を積極的にとり，販売を軌道に乗せ始めたのは，コロムビア・フォノグラフ社であった。エジソンはしぶしぶ追随した。一方，1900年までに英米独仏露に相次いでグラモフォン社を設立したベルリナーは，音楽コンテンツに積極的にかかわり，ヨーロッパの市場を席巻する。だがアメリカでは特許紛争に巻き込まれ，販売委託会社にゾノフォンという名で独立され，しかもグラモフォンという名称まで使えなくなる。

アメリカのグラモフォン社は，技師のエルドリッジ・R・ジョンソンの主導で，大幅に性能を向上させた機材と，音質のよい大量生産可能なレコード盤をひっさげて，1901年にビクター・トーキング・マシーン社として衣替えする（のち

のRCAビクター)。だが，今度は音質を向上させた円盤レコードの特許をコロムビア・フォノグラフ社にとられ，両社は特許を融通し合うことになる。とはいえ，ベルリナーのグラモフォンは，もともと円盤形レコードの再生専用機として考案されており，この形式が録音時間の長さと大量複製のしやすさからレコードの主流となっていく。録音も可能な円筒盤と良質なクラシック音楽に最後まで固執したのはエジソンだけであった。ちなみにイギリスのグラモフォン社とコロムビア社は，のちに合併してEMIレコードとなっている（ジェラット 1981）。

音波の記録再生装置の普及がなかなか進まなかった主な理由は，発明特許権の制約と需要の見誤りということになるだろう。蓄音機は，「特許に基づくハード」と「専用機にしか対応しないソフト」という，消費者にはありがたくない製造販売モデルを採用し続けた。そしてようやく主要な需要を音楽再生ソフトに見いだし，再生専用ハード機を売るために新譜レコードのコンテンツを絶え間なく供給していくようになる。こうしてレコード産業が飛躍し始めるのは，ハードの特許切れで参入が増え，どの円盤レコードにも対応して再生できる汎用機が出てきた1910年代半ばである［図9-15］。

再生専用装置としての蓄音機は，複製技術を使ったコンテンツの大量販売という印刷物のような産業モデルによって初めて，家庭向け大量消費財メディアとなった。この背景には，家庭内の音楽消費が，次第に増加する中産階級のアイデンティティを示す恰好の趣味・娯楽としてもてはやされるようになり，車や電話よりも手に入れやすい蓄音機を購入することが理にかなうようになったことがあげられるだろう。

エジソンが最初の蓄音機会社を立ち上げたのは1878（明治11）年だったが，その数カ月後には日本にもフォノグラフが紹介されている。その後のグラフォフォンや改良

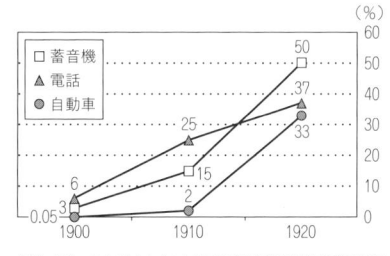

図9-15 アメリカにおける家庭用機器の普及率

版フォノグラフもすぐに紹介された。エジソン式の録音再生機を使った見世物興行も各地でおこなわれている。1907（明治40）年には，国産を目的にした日米蓄音機製造社が横浜に設立される。この頃までには，欧米諸国では円盤レコード式の音楽再生機が主流となり，すでにコロムビア・フォノグラフ社などが日本に進出していた。先の会社が日本蓄音機製造社となり，初の国産蓄音機を発売するのは1909（明治42）年のことである。1914（大正3）年に円盤レコードとして発売された松井須磨子の「カチューシャの唄」が，最初の流行歌であったという。大正期にかけ，蓄音機から流れてくる音楽はモダンを運ぶ最先端の風俗となっていくのである。また，この流行歌は，蓄音機と映画を連動させたエジソンのキネトフォン（kinetophone）としても制作された（倉田 2006）。

6　見世物興行から映画へ

フォノグラフ・パーラーがキネトスコープ・パーラーに衣替えする1894年，映画はまだ動く写真を穴から覗く見世物にすぎなかった。フランスでフォノグラフ・サロンを開いていたパテ兄弟社は1895年に，まだ風景動画ばかりだったシネマトグラフをいち早く興行に加えていった。当時フランスのメリエスだけが，舞台の出しものとして映画を捉え，物語性のあるトリック映画をつくっていた。

ジョルジュ・メリエス
→第8章 p.126

動く写真は，各国独自の演芸場や露天小屋や仮設施設で上映され，小銭を稼いでいた。この娯楽がすでに飽きられ，なくなりかけていた1905年頃，アメリカのペニー・アーケードや見世物小屋の興行主たちは常設館をつくってみた。驚くことに，5セント硬貨（ニッケル）だけで見世物が楽しめるこの小屋（ニッケル・オデオン）に入場客が殺到した。客の多くは，その頃のアメリカ経済の膨張をあてに押し寄せてきていたヨーロッパからの移民たちだった。まだ音のないサイレントであった動く写真は，新しもの好きの中産階級の興味本位の対象から，言葉いらずのわかりやすく安い娯楽としての

需要を見いだすようになったのである（加藤 2006）。

　ズーカー，ロウ，フォックス，レムリ，ワーナー兄弟といった貧しい移民上がりのニッケル・オデオンの興行主たちは，常設館をチェーン化するようになる。急激に増えていく上映館は1909年までには1万館を超える。すぐに飽きられる動く見世物の人気を継続させるためには，コンテンツの内容を工夫しながら，次々と変えていかなくてはならない。作品を供給する技量と能力をもっていたのは主にフランスだった。メリエスやパテ兄弟社は作品制作と配給に精を出すようになる。ニュース映画や物語映画，またコメディやメロドラマや犯罪ものが意識されるようになるのは，ようやくこの頃である。一人で作品づくりをやっていたメリエスは力尽きてしまうが，蓄音機の儲けを投資したパテ兄弟社は，リュミエールの特許も得て機器やフィルム製造，そして作品制作までを手がけ，純益を驚異的に増やしていった［図9-16］。常設館と客の増加が，作品の需要と質を飛躍的に高め，映画がさらに儲かる産業となる予感をもたらした。それを牛耳ろうとしたのはエジソンだった。

　1908年，エジソンは撮影機やフィルムの特許協定を管理するモーション・ピクチャー・パテンツ・カンパニー（MPPC）を設立する。エジソン・トラストという悪名で呼ばれたこの協定は，制作者，興行者，上映館のどれにも特許使用料を支払うことを要求し，上映館の半数にしか特許使用権を与えなかった。残りは勝手につぶれていくと考えたのである。これに対抗したのが，ニッケル・オデオンの映画興行主たちだった。リュミエール社がフィルムを提供し，コロムビア・フォノグラフ社から派生したコロムビア映画社が特許に触れない機器を提供した。かれらは，独立系の制作会社を立ち上げ，エジソン・トラスト

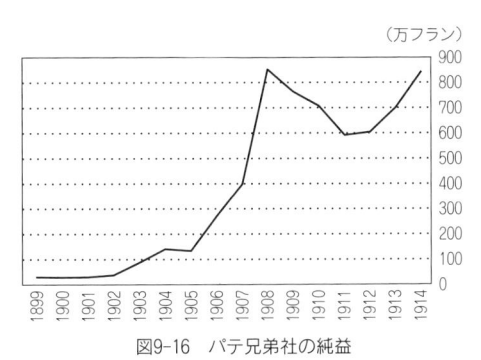

図9-16　パテ兄弟社の純益

反トラスト法
アメリカで、1890年以後に制定された独占禁止法に関連する法律の総称。独占禁止法は、独占資本活動が自由競争を阻害するという考えのもと、大企業による不正な競争と独占化を規制するために設けられた法律を指す。アメリカでは、メディア関連産業がしばしば反トラスト法の対象となる。

垂直統合
→第10章 p.157

とは別に作品を制作し、配給し始める。

　独立系映画会社は、長編映画を手がけるために都会のスタジオから遠く離れ、エジソンの手の及びにくいハリウッドにスタジオを築き始めた。映画の需要は増え続けるが、MPPCは1915年に反トラスト法違反の判決を受け、解散せざるをえなくなる。他方、第一次世界大戦が勃発したことで、ヨーロッパでの映画制作は動きを止めてしまう。こうして、もともと興行主たちが主導していたアメリカの独立系映画会社は、制作・配給・上映までを垂直統合し、世界に映画を輸出するハリウッド・メジャー（ズーカーのパラマウント、ロウのMGM、フォックスの20世紀フォックス、レムリのユニヴァーサル、ワーナー兄弟のワーナー・ブラザーズ）となっていくのである（スクラー　1995）。

7　声を飛ばす

　電気は電磁場となって空中をも伝わる。この1830年代には発見されていた電気の不思議な作用を実用化し、のちにノーベル物理学賞を受けることになる人物は、電気の専門家でも技術者でもない。電線なしで電磁波を遠くに飛ばし、それをキャッチするワイアレス・テレグラフを実用化したのは、自力で実験を繰り返していたイタリアの若者グリエルモ・マルコーニ（1874-1937）だった［図9-17］。

　当初、イタリアではマルコーニの支援者は現れず、かれは親類を頼ってイギリスに行く。公開実験に興味を示したのはイギリス海軍だった。マルコーニの無線通信は、1899年にイギリス海峡間、1901年には大西洋間で成功する。1900年に設立されたマルコーニ・ワイアレス・テレグラフ社は、軍の支援を受け、またその特性から海上保険ロイズと契約し、無線機リースと無線技士派遣というモデルで市場を独占した。

　1905年の日露戦争での日本海海戦の勝利は、「敵艦見ユ」の無線通信を受けた日本海軍の情報戦の勝利だとされる。イギリスのオール・レッド・ラインに対抗するために、各国が

図9-17　グリエルモ・マルコーニ

海底ケーブルの設置に躍起になっていたときであった。特許紛争も及ばない極東の小国が，いち早く最新技術を駆使して戦争に勝利したことに世界は驚く。そして第一次世界大戦は，敵に切断される電信よりも無線が国防上の最重要テクノロジーと認識され，通信社が暗躍する宣伝戦と暗号戦となる。

　アメリカは自国の無線技術が統括されていないことにあわて，大戦後の 1919 年，アメリカン・マルコーニ社を国内企業に買収させた。同年創設されたラジオ・コーポレーション・オブ・アメリカ (RCA) の主な株主は，エジソンのゼネラル・エレクトリック (GE)，ベルの AT＆T，ウエスタン・エレクトリックといった各種特許をもつ大企業機器メーカーだった。アメリカ国内で RCA の特許トラストが築かれるなか，英マルコーニ社，独テレフンケン社，仏ジェネラル無線テレグラフィー (CSF) 社，米 RCA 社は 1921 年に国際カルテルを結び，無線の市場を分割独占した（フリッシー2005）。

　無線に声を乗せる研究も進んでいた。電話と同様に無線でも双方向の声のやりとりができるようになり，多くの科学少年たちが，回路を工夫し，アンテナを立て，電波を遠くに飛ばし，送受信を楽しむ無線マニアとなっていた。だが，放送という発想が熟すには時間がかかった。1912 年のタイタニック号沈没の際，その救助信号をニューヨークで受信中継し続け有名になったアメリカン・マルコーニ社の通信技師デヴィット・サーノフは，1915 年に「ラジオ・ミュージック・ボックス」という事業を会社に提案する。いわゆる音楽ラジオ放送だが，この事業案を会社は採用しなかった。なぜだろうか。それは，軍事的ないしビジネスとして重要な双方向コミュニケーション技術を娯楽用に提供するなど意味がないし，ましてや需要がなく儲からないと判断したからだった。

8　声を撒き散らす

　しかしラジオ放送らしき試みはすでにおこなわれていた。

音声無線を成功させたレジナルド・フェッセンデンが1906年におこなった海上での実験が，世界初の娯楽ラジオ送信だとされる。電気回路の制御装置として重要な三極真空管（オーディオン）を発明したリー・ド・フォレストは，1908年にエッフェル塔からパテ兄弟社レコードの放送実験をおこなった。1914年設立のド・フォレスト・ラジオ・テレフォン＆テレグラフ社では，コロムビア・フォノグラフ社からコンテンツの提供を受け，音楽送信もしていた。この3つのメディアの名を冠した会社名は，これら声のメディアの類似性を示しているだろう。事業に失敗したド・フォレストの優れた真空管特許を買収したのは，無線にも関心を示していたAT＆Tだった。

大戦をはさみ，米商務省は放送用の周波数の認可を開始する。1920年，最初に事業目的で定期的な無線送信を一般向けに始めたのは，機器メーカーのウエスティングハウス社だった。RCAの特許トラストから外された自社製無線機器の販売促進のための苦肉の策である。この試みの成功により，ウエスティングハウス社はRCAへの資本参加と特許相互協定に参画することになる。協定に参画している機器メーカー，そして新聞社や多くのアマチュア無線家たちも，事業収入の有無にかかわらず，この新たなアイデアである放送に参入し，1923年になるとラジオ放送局は一気にあふれた［図9-18］。

受信機器の売り上げは増大し，蓄音機メーカーはラジオ組み込み型蓄音機をつくり始めた［図9-19］。世界経済の中心がアメリカになっていくこの1920年代は，音楽を奏でるラジオのブームによって，ジャズ・エイジと呼ばれるようになる。

新たなラジオの収入源を考

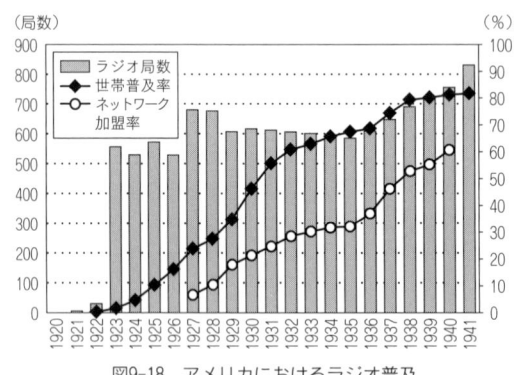

図9-18　アメリカにおけるラジオ普及

え出したのは，特許相互協定で受信機の製造販売権のない AT＆T だった。電信電話独占会社である AT＆T は，電話交換局に類する放送施設をつくり，そこから無線局を電話回線でつなぎ，一斉に同一番組を同時送信するという，大規模な有線＋無線のチェーン放送ナショナル・ブロードキャスティング・システム（NBS）を構想する。AT＆T は，スポンサーに放送施設と長距離回線を時間貸しした。だが技術屋であった AT＆T は番組制作の能力に乏しく，制作はすぐに広告代理店に外注するようになる。ここにようやく，放送施設，スポンサー，番組制作という放送概念が誕生することになる。AT＆T は，特許相互協定に基づき，この時間貸しシステムの独占権と特許を主張し，このシステムと同じスポンサー広告で運営する各局から特許料を徴収した。このシステムは高品質の回線がなければうまくいかない。したがって AT＆T は放送でも独占企業となるはずだった。

図9-19 エレクトローラー・ラジオ 10-55E 機（ラジオ付き高級蓄音機, 1927）

ところが，1924 年に RCA 関連企業に反トラスト法違反の是正勧告が出される。無線機器の製造販売や電信電話事業が本業である RCA 関連企業は，反トラスト法違反を逃れるため，放送事業を別会社化せざるをえなくなる。1926 年，あのデヴィット・サーノフを社長に，放送事業をナショナル・ブロードキャスティング・カンパニー（NBC）として分社化し，AT＆T はこの NBC に NBS を売却，メーカーは機器の製造販売に，また AT＆T はチェーン放送時の回線貸し出し事業のみに徹することにし，放送から撤退した。

放送のスポンサー・モデルとチェーン放送構想が開放されたことで，NBC 設立の翌 1927 年には，あるタレント・エージェントが新ネットワークの設立を目指す。これにコロムビア・フォノグラフ社が出資し，コロムビア・フォノグラフ・ブロードキャスティング・システム社が設立される。しかし，すぐにタバコ王のウィリアム・サミュエル・ペイリーに売却

連邦通信委員会
(FCC, Federal Communications Commission)
　放送通信事業を規制・監督する権限をもつアメリカの独立機関。1927年,船舶を前提としていたラジオ法が,放送概念に対応し,規制・監督の権限が商務省から独立行政機関「連邦ラジオ委員会(FRC)」へと移され,さらに1934年の通信法(The Communications of Act)により「連邦通信委員会」となる。政府から独立した「公共の利益」を標榜する機関が規制・監督権をもつ点が,アメリカの放送通信行政の特徴である。

メディア・コングロマリット
(media conglomerate)
　メディア複合企業ともいう。様々なマス・メディア関連企業を傘下に置く巨大な企業連合を指す。複合企業体として一貫した活動ができるため,機器とコンテンツの連動や,単一コンテンツの多メディア展開などが可能となる。マス・メディア産業の寡占企業化の象徴的企業形態とも指摘される。
→第13章 pp.205-208

され,「フォノグラフ」をとってCBSとなる。1929年には,大都市の4つのラジオ局がクオリティ・ネットワークとして提携し,1934年には参加ラジオ局の相互ネットワーク組織ミューチュアル・ブロードキャスティング・システム(MBS)に発展する。またNBCは,連邦通信委員会(FCC)の命令によりさらに分割され,1943年に新たにアメリカン・ブロードキャスティング・カンパニー(ABC)が設けられる。NBC, CBS, MBS, ABCの4つのネットワークへの加盟局は確実に増えていった[図9-18]。こうしてラジオは,強大な4大ネットワーク局と零細な独立局に分断されながら,全米を広告と声でつなぐメディアとなっていくのである(水越 2023)。

　RCAは,その後数年でラジオ,音楽,映画産業を傘下に置きながら,コンテンツ再生用の家電を大衆向けに製造販売する複合企業となり,以降のグローバルなメディア・コングロマリットのモデルとなる。4大ネットワークのうちMBS以外は,のちに音楽,映画,さらにテレビを傘下にした複合企業となった。

　ラジオ放送は,イギリス1922年,ドイツ1923年,日本1925年と,各国で正式に開始された。しかし,アメリカとは異なり,イギリスや日本は公共放送,ドイツは国営放送を選択する。なぜだろうか。資本家たちのメディア,公共のメディア,国のメディアの違いは,資本主義,民主主義,社会主義の思想の捉え方および市場と公共性と国防の思想の違いに求めなければならない。

　振り返ってみれば,電気メディアは寡占を基本モデルとするメディアとなった。以降,メディアの社会への埋め込まれ方はテレグラフとラジオをモデルとするようになる。どういった選択が好ましいのか。それは各時代状況のなかで考えていかなければならないだろう。

＜参考文献＞
市場泰男　1966『通信の開拓者たち』さ・え・ら書房。
加藤幹郎　2006『映画館と観客の文化史』中公新書。
倉田保雄　1996『ニュースの商人ロイター』朝日文庫。
倉田喜弘　2006『日本レコード文化史』岩波現代文庫。
ジェラット，ローランド　1981『レコードの歴史――エジソンからビートルズまで』（石坂範一郎訳）音楽之友社。
シュルマン，セス　2010『グラハム・ベル空白の12日間の謎――今明かされる電話誕生の秘話』（吉田三知世訳）日経BP社。
スクラー，ロバート　1995『アメリカ映画の文化史――映画がつくったアメリカ』上・下（鈴木主税訳）講談社学術文庫。
スタンデージ，トム　2011『ヴィクトリア朝時代のインターネット』（服部桂訳）NTT出版。
中野明　2003『腕木通信――ナポレオンが見たインターネットの夜明け』朝日新聞社。
パレーシェ，デーニャ・マルコーニ　2007『父マルコーニ』（御舩佳子訳）東京電機大学出版局。
フリッシー，パトリス　2005『メディアの近代史――公共空間と私生活のゆらぎのなかで』（江下雅之・山本淑子訳）水声社。
ブルース，ロバート・V　1991『孤独の克服――グラハム・ベルの生涯』（唐津一監訳）NTT出版。
ヘッドリク，ダニエル・R　1989『帝国の手先――ヨーロッパ膨張と技術』（原田勝正ほか訳）日本経済評論社。
水越伸　2023『メディアの生成――アメリカ・ラジオの動態史』ちくま学芸文庫。
ミラード，アンドレ　1998『エジソン発明会社の没落』（橋本毅彦訳）朝日新聞社。
吉見俊哉　2012『「声」の資本主義――電話・ラジオ・蓄音機の社会史』河出文庫。

第10章　マス・メディアの時代

　19世紀半ば頃から，各国には大衆新聞が登場し，大陸が通信網でつながれ，電磁気学が電話，無線，蓄音機，ラジオ，そしてトーキーを登場させていった。新たなメディア技術は，資本家たちの活躍の場となり，また国民国家の領土拡張と国防のためにナショナリズムを煽るテクノロジーとなった。20世紀は，のちのTelevisionを含め，マス・コミュニケーションが日常に浸透し，その社会への埋め込まれ方が，政治，社会，文化，経済と人びととの関係をさらに大きく変化させていく時代となる。

1　群衆，公衆，少数エリート

　マス・コミュニケーションの浸透は，まず民主制を取り入れた社会から強く意識され始めた。最初に市民革命が生じたイギリスでは，17世紀半ば以来，議会制民主主義のもとでの言論の自由と新聞統制の議論が活発におこなわれていた。そして18世紀末には，アメリカ独立戦争，フランス革命が起きる。当時のアメリカの民主主義を観察しその特質を論じたのは，フランスの政治家アレクシス・ド・トクヴィル（1805-1859）であった。いわく，民主制においては，政治家は世論に気を配る必要があり，知的判断は無視されがちで多数者の専制に陥りやすい。そう著された『アメリカのデモクラシー』（1835）［図10-1］が出版された頃，ちょうど両国では新聞の大衆化が始まる。そして映画が登場した頃，フランスのギュスターヴ・ル・ボン（1841-1931）は，都市に集合する大衆の狂信と暴力の非合理性を分析し，民主制下であるからこそ少数エリートによる政治主導と大衆誘導が必要だと説

図10-1　トクヴィル『アメリカのデモクラシー』(4分冊，松本礼二訳，岩波文庫，2005-2008)

図10-2　ギュスターヴ・ル・ボン『群衆心理』(桜井成夫訳，講談社学術文庫，1993)

き，注目された（『群衆心理』1895）［図10-2］。

ル・ボンの群衆論に対し，フランスのガブリエル・タルド（1843-1904）が，新聞の読者を結びつける側面に注目した「公衆」概念を唱えたのは1901年であった。タルドによれば，新聞は離れていながら結びつく理性的な集団「公衆」を形成することができる（『世論と群集』）［図10-3］。タルドは，人びとの理性に期待し，マス・メディアを「議論する公衆の機関」（ハーバーマス）として捉えていた。

エドガー・アラン・ポー（1809-1849）が小説に「群集の人」を登場させたのは1840年のことであった。19世紀の産業革命以降の近代国家は，多くの人びとを親密な農村共同体社会から都市へと流入させ，サラリーマン化した匿名の他者の集まりであるとされる大衆社会を生んだ。大衆社会において，移ろいやすい世論をどのように手なずけ，暴動を避けつつ社会を統制していくのか。20世紀は，マス・コミュニケーションの社会への埋め込まれ方いかんで政治が左右されることを意識せざるをえない時代となっていったのである。

図10-3 ガブリエル・タルド『世論と群集』（稲葉三千男訳，未来社，1989）

マス・コミュニケーションを可能にするメディアは，「大衆を誘導する装置」にも「議論する公衆の機関」にもなりうる。それは，少数エリートが人びとを群衆とみるのか，公衆とみるのか，あるいは人びとが個人的利害によらず政治的決定に参加する気があるのかないのかに，大きく左右されることになる［図10-4］。

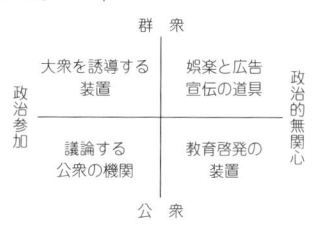

図10-4 マス・コミュニケーションの社会への埋め込まれ方

2 戦争とプロパガンダ

戦争の世紀であった20世紀，メディアが「大衆を誘導する装置」としてプロパガンダ活動に使われたことは明白である。プロパガンダとは，宗教上の布教活動に使われていたことばだが，現代では広く世論を誘導する宣伝活動を意味する。事実に基づく報告や広報活動であるホワイト・プロパガンダ，嘘や誇張を交えた宣伝や扇動活動であるブラック・プロパガ

ンダ，その中間の情報源の不確かなグレー・プロパガンダに区別される。

　国家規模でのプロパガンダ活動としては，自国内外の共産主義発展のために宣伝・扇動・洗脳を最重要視し，社会主義政権を目指したロシアが有名である。ウラジーミル・レーニン（1870-1924）の指導のもと，1917年のロシア革命後に成立したソヴィエト連邦は，宣伝国家との異名をとった。

　第一次世界大戦時には，各国が意識的にプロパガンダ活動をおこなった。戦時には，自国民の意識統一，敵国民の戦意喪失，中立国の同情獲得の3つのプロパガンダがおこなわれるが，第一次世界大戦時のイギリスは，新聞や電信や空中ビラを駆使し，国民の戦意高揚と敵国ドイツの戦意喪失，そして中立国アメリカの参戦を成功させたといわれる。またこの心理戦争は，その後のドイツやアメリカのプロパガンダ研究に大きな影響をもたらすことになる。

　第一次世界大戦参戦時にアメリカで設けられた広報委員会には，著名なジャーナリストとなるウォルター・リップマン（1889-1974）やPR業界の第一人者となるフロイトの甥エドワード・バーネイズ（1891-1995）らがいた。戦後，リップマンは，『世論』（1922）［図10-5］や『幻の公衆』（1925）を著し，人びとがそもそも画一的なステレオタイプで思考することや，社会の動向を逐一知るわけではなく頭のなかだけに思い描く「疑似環境」に生きていることを指摘する。バーネイズは，『プロパガンダ』（1928）［図10-6］を著し，人びとをコントロールし合意を創出する技術を説いた。どちらも，人びとの非理性的な面を説き，大衆を信頼しないル・ボンの思想の後継者であるといえる。これらに対して哲学者のジョン・デューイ（1859-1952）は，『公衆とその諸問題』（1927）［図10-7］を著し，「公衆」を基礎とする民主制を擁護し，公教育の重要性を唱えた。

　ル・ボン流の群衆心理学を最も忠実に受け継いだといえるのは，イタリアやドイツのファシスト政権だった。とりわけ

図10-5　W・リップマン『世論』（上・下，掛川トミ子訳，岩波文庫，1987）

図10-6　エドワード・バーネイズ『プロパガンダ』（中田安彦訳，成甲書房，2010）

図10-7　ジョン・デューイ『公衆とその諸問題——現代政治の基礎』（阿部齊訳，ちくま学芸文庫，2014）

第10章　マス・メディアの時代

1932年の総選挙で第一党となり，敗戦国ドイツの再起の象徴となったナチ党首アドルフ・ヒトラー（1889-1945）とその宣伝相となったヨーゼフ・ゲッベルス（1897-1945）は，群衆心理学を熱心に取り入れ，プロパガンダ活動を大規模に実践した。ナチ党は，新聞統制，通信社とラジオ局の国営化，国民ラジオ受信機の大量生産［図10-8］，世界初のテレビ放送やテレビ電話の実用化，国策映画やオリンピックの記録映画の制作と，新聞，雑誌，ポスター，拡声器，音楽，ラジオ，映画［図10-9］，祝祭イベントといったすべてをプロパガンダ活動につぎ込んだ。もちろん同盟国であった日本も，一県一紙体制，国策通信社，国策ニュース映画，プロパガンダ放送など，ナチ党から多くを学び，プロパガンダを実践した。その結果が，第二次世界大戦時のナチ政権下のホロコーストであり，軍国主義日本の特攻隊や集団自決だったのかもしれない。

図10-8　ドイツの国民ラジオ購買推進のポスター（1936）

図10-9　映画制作会社を視察するヒトラーとゲッベルス（1935）

3　マス・コミュニケーション研究の始まり

アメリカでは，1920年代の大戦間から第二次世界大戦時にかけて，多くの人材を集めてプロパガンダが実践され，研究がおこなわれた。このプロパガンダ研究には，実践家以外にも大学教員やドイツから亡命してきた知識人らが参加し，のちのマス・コミュニケーション研究者を数多く輩出することになる。マス・コミュニケーション研究は，戦争をきっかけに本格的に始まったといってよいだろう。

マス・コミュニケーション研究は，大衆社会におけるプロパガンダの影響力を，ル・ボン流の社会心理学を前提に検証することから始められた。それが想定したのは，大衆は非合理でメディアは強力な影響力をもつのだから，個人に与えるプロパガンダの効果は直接的で絶大であるという考え方だった。この「強力効果論」や「魔法の弾丸理論」あるいは「皮下注射効果モデル」と呼ばれる考え方は，エリート主義的な

一県一紙体制
→第7章 pp.108-109

149

図10-10 エーリッヒ・フロム『自由からの逃走』(日高六郎訳, 東京創元社, 現代社会科学叢書, 1951)

図10-11 ホルクハイマー／アドルノ『啓蒙の弁証法——哲学的断想』(徳永恂訳, 岩波文庫, 2007)

図10-12 E・カッツ／P・F・ラザースフェルド『パーソナル・インフルエンス——オピニオン・リーダーと人びとの意思決定』(竹内郁郎訳, 培風館, 1965)

大衆社会論から生み出され，戦時中のプロパガンダ体験を経て，フランクフルト学派に受け継がれる。

フランクフルト学派は，マルクス主義と精神分析を組み合わせて批判理論を主張した，ドイツからのユダヤ系亡命知識人たちだった。例えばエーリッヒ・フロム（1900-1980）は，『自由からの逃走』(1941) [図10-10] を著し，ドイツ人がヒトラーに従う権威主義に陥っていった心理を分析した。またテオドール・W・アドルノ (1903-1969) とマックス・ホルクハイマー (1895-1973) は，『啓蒙の弁証法』(1947) [図10-11] で，商業主義によって低俗化する文化産業と，喜んでそのカモとなる大衆を批判した。批判理論は，マス・コミュニケーションの背後にあるより大きな政治，経済，社会の力が，弱い人間に及ぼす影響を強調した考え方であるといえるだろう。

だが「強力効果論」は，1938年にCBSで放送されたラジオドラマの研究から否定され始める。この番組は，未知の物体の出現を報道する臨時ニュースが通常番組を中断して始まるという趣向だったこともあり，恐怖感からパニックが引き起こされたことで有名になった。しかし，この事件を研究したハドレー・キャントリル (1906-1969) の『火星からの侵入』(1940) は，当日の聴取者の行動を調べ，最終的にパニックに陥った人がそう多くなかったことを明らかにする。パニックになった人たちは，情報の真偽を確認しなかった者だけで，その他多くの人はラジオドラマだと理解していた。こうした実証研究および実験と統計的な手法を用いた行動分析が，「強力効果論」を否定し「限定効果論」を提示し始めたのである。

とりわけ，批判理論家たちと同じくドイツから亡命してきた研究者ポール・ラザースフェルド (1901-1976) が率いたラジオ調査は，多くの知見をもたらした。とくに『ピープルズ・チョイス』(1948) と『パーソナル・インフルエンス』(1955) [図10-12] で提唱した「コミュニケーションの2段階の流れ」仮説は重要な成果となる。この調査では，多くの

人びとの選挙投票や日用品や流行や映画の選択は，メディアの直接の影響ではなく，その分野に詳しい知人のオピニオン・リーダーとの対話に促されたものであったことが発見された。しかもオピニオン・リーダーは，新聞や雑誌やラジオに，より多く接触する傾向にあった。つまり，オピニオン・リーダーは，ある分野に関心をもち，判断力をもってメディアと積極的にかかわる社交的な人物で，その評判と信頼性が身近なフォロワーの口コミにつながる，という流れの存在が見いだされたのである［図10-13］。

　こうした「強力効果論」の否定は，1960年代までマス・コミュニケーション研究の主流となる。「限定効果論」の知見では，マス・コミュニケーションは，個人が身につけてきた社会的経験（社会的属性）と身近な集団（集団所属）との関係のなかでしか作用せず，直接的な影響をもたらすことはほとんどない。また人びとは，すでにもっている価値や信念や考え方と一致する情報を好み（選択的接触），一致しない情報を避ける傾向があり（認知的不協和），マス・コミュニケーションは既存の態度を補強する影響しかもたらさない。簡単にいえば，「限定効果論」は，マス・コミュニケーションの影響は微々たるものでしかないと結論づけたのである。しかし，テレビという新しいメディア技術の影響力についての知見はまだ積み重ねられていなかった。

4　テレビの登場

　声を電信で送ることはできた。では光はどうだろうか。光を電気に変換するというTelevision（テレビジョン）の技術的可能性は，すでに19世紀半ばからファクシミリとして試みられていた。19世紀末の映画の登場の頃には，フェナキスティスコープに似たニプコー円板，ブラウン管，写真伝送が実現しており，電信での映像送受信は当然の発想となる。後は，光を電気信号に変える技術の精度と強度だけが問題だった。

＜皮下注射効果モデル＞

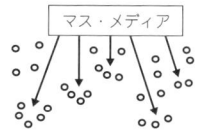

○＝大衆を構成する孤立した個人

＜2段階の流れモデル＞

○＝オピニオン・リーダー
＝オピニオン・リーダーと社会的接触をもつ個人

図10-13　皮下注射効果モデルと2段階の流れモデル

図10-14 ベアードとニプコー円板を使った機械式テレビジョン

図10-15 ファーンズワースと電子式テレビジョン

図10-16 高柳健次郎と電子式受像器

図10-17 ジェンキンスと機械式テレビジョン

　ラジオが日常に現れた1920年代のテレビジョンの開発には，同時並行的に進められた2通りの発想があった。ニプコー円板などを使った機械式と，ブラウン管などを使った電子式である。機械式で有名なのは，スコットランドの大学で学んだ貧窮の発明家ジョン・ロジー・ベアードだろう［図10-14］。かれは苦労の末1925年に実験を成功させ，短期間で有線，無線，カラーでの送信を果たす。電子式では，弱冠20歳のアメリカ人，フィロ・テイラー・ファーンズワースが1927年に撮影器と受像器の実験をともに成功させていた［図10-15］。日本でも，1926年には安藤博が機械式で，高柳健次郎が電子式受像器での実験を成功させ［図10-16］，1930年には高柳式と川原田政太郎の早稲田式（機械式）の公開実験がおこなわれている（川原田は1990年NHK連続テレビ小説『凛凛と』のモデル）。

　1929年，ドイツとイギリスでベアード方式による映像の無線送信実験が始まる。一方，アメリカでは1928年から多数の実験局が開設されていた。なかでも週3日の仮放送をしていたチャールズ・フランシス・ジェンキンス［図10-17］は，かつてエジソン社が販売権を買った映画装置ヴァイタス

152

コープの発明者だった。ワイアレス映画，それもありうる可能性のひとつだったのである。ところが，米連邦ラジオ委員会（FRC）は正式な放送認可をどこにも出さなかったため，ジェンキンスの会社は事業のめどが立たず，1932年に清算となる。会社の財産は，ド・フォレスト・ラジオ社を経てRCAに引き取られた。RCAはジェンキンスの特許を使おうともせず，ただその可能性の芽をつぶした。1934年，通信法が制定され，政府から独立した機関として連邦通信委員会（FCC）が設立される。だが，まだ正式認可は出ない。

連邦ラジオ委員会
→第9章 p.144 連邦通信委員会

　1935年，世界初のテレビ定期放送がナチ政権下のドイツで始まった。まだ満足のいくものではなかったが，ベアードの機械式とファーンズワースの電子式，またウラジミール・ツヴォルキンの電子式が使われた。ツヴォルキンは，RCAに雇われたロシア移民の研究者だった。どうもかれは，ファーンズワースの装置をまねしたらしいのだが，RCAはツヴォルキンの実験の成功を「電子式テレビジョンの最初の発明」と吹聴し，発明を売らないファーンズワースを特許紛争に巻き込んだ。

　ファーンズワースは，イギリスのベアードの会社に電子式の使用権を売り，パートナーとなる。1936年，英国放送協会（BBC）は，ベアードとファーンズワースの方式，およびマルコーニとEMI（英コロムビア社と英グラモフォン社の合併会社）のツヴォルキン方式の正式な検討を試みた。ところが，ロンドンのクリスタル・パレスにあったベアードの会社が火事で燃えてしまう。BBCは後者を採用し，本放送を開始した。続いて1937年フランス，1938年ソヴィエト連邦でテレビ放送が始まる。イギリスBBCは，ラジオの公共放送の思想をテレビにも適用したが，ほかの国は実質的には国営であった。一方，アメリカはまだ本放送を認可しない。なぜだろうか。

　米連邦通信委員会FCCに待ったをかけていたのは，おそらくRCAである。全米ラジオネットワークNBCを所有す

図10-18　1939年4月，万国博覧会においてテレビカメラの前でTelevisionを発表するRCA社長のデヴィット・サーノフ

る機器メーカーRCAは現行体制，つまりラジオ・トラストをそのままテレビ・トラストに移行するために，自前の特許を手にする猶予が欲しかった。ところがテレビジョンの特許は，ほぼファーンズワースに認められた。しかも同軸ケーブル特許をもつAT＆Tがファーンズワースと相互特許を結んだ。やろうと思えばケーブルテレビでのテレビ事業ができる。1938年，RCAは独自特許を諦め，ファーンズワースに特許料支払いの交渉を求めた。

　1939年の春，RCAはニューヨーク万国博覧会で全米ネットワーク商業テレビ放送構想を公表する［図10-18］。RCAはテレビ・トラストを築けなかったが，これでアメリカのテレビジョンのイメージは，他国とは異なり，商業ラジオ・ネットワークの後継として社会に埋め込まれた。その数カ月後，ドイツがポーランドに侵攻し，第二次世界大戦が始まる。商業放送の正式な認可はまだおりない。

　1940年前後，AT＆TとRCAはFCCによる反トラスト法調査を受けていた。そのためかAT＆Tはテレビ事業には参入しなかった。またRCAは，1941年に勧告を受け，ネットワークをNBCとABCに分割させられた。ようやく商業テレビ放送の認可がおりたのは，RCAの主導で1941年に全米テレビジョン放送方式委員会規格（NTSC）が決まった後のことだった。しかし，その12月，真珠湾が攻撃される。結局，アメリカの商業テレビ放送の発達は第二次世界大戦後にもちこされることになった。

5　テレビ放送の日本への導入

　1936年のベルリンオリンピックは，世界初のテレビ中継を果たした。次のオリンピックは，さらに本格的なテレビ実況中継が期待される。その開催国は日本だった。いわゆる1940年の幻の東京オリンピックである。高柳健次郎を中心

第10章 マス・メディアの時代

にテレビ本放送の開始準備が進められ，本放送まですぐのところだった。だが戦争がすべてを中断させた。

第二次世界大戦は情報戦だった。日露戦争では無線がいち早く活躍したが，第二次世界大戦で重視されたのは暗号とレーダーである。日本は新しい無線技術で遅れをとる。情報は筒抜けで，暗号は解読され，レーダーで動きをすべて読まれていた。日本はまともなレーダーを最後まで開発できなかった。精神力だけで勝てるわけがない。

図10-19 玉音放送を聞く人びと

1945年8月15日，ラジオから初めて流れる天皇の声が，日本国民に敗戦を知らせる［図10-19］。占領国となった極東の島国を統治したのは，軍国主義の排除と民主主義の育成を掲げ，日本を反共の砦と位置づけるアメリカだった。新聞も雑誌もラジオも指導と検閲を受け，ラジオ番組『真相はこうだ』の例のように，「ウォー・ギルト」を日本人に感じさせることが徹底された。とはいえ，GHQ 創案の新憲法には，言論の自由と検閲の禁止が書き込まれる（第21条）。またGHQ は，電波法，放送法，そして FCC 同様の政府独立機関「電波管理委員会」を設け（電波三法），アメリカ流の民間放送を導入できるようにした。これに基づき，1950年には受信契約制の特殊法人 NHK が開設され，1951年には民間ラジオ局16局に予備免許が出された。

ウォー・ギルト
（war guilt）
直訳すれば「戦争犯罪の罪悪感」。GHQ は，メディアや教育機関を通じて，戦争を起こした罪と罪悪感を日本人に植えつけるためのプロパガンダ活動を実施していたとされる（江藤 1994）。

日本でも，テレビをどのように社会に埋め込むのかが最初から決まっていたわけではない。1940年の開設が目指されていた公共放送としてのテレビは，戦争で夢と消えていた。同じ頃，現在の日産を築いた鮎川義介は，RCA の子会社である日本ビクターの経営権を握り，高柳健次郎を引き抜いてテレビ産業を興そうとしていた。ところが日本が中国進出に傾いたため，鮎川は満州開発に方向転換した。社会の状況がテレビの行方を大きく左右していたのである。敗戦後，アメリカでテレビのネットワークが拡大していく噂は入ってきて

155

図10-20 トーキー渡来碑
浅草の待乳山聖天に皆川芳造が建てた碑はテレビジョンの創設にも触れている

マイクロ波の多重通信網
　マイクロ波は，電波のなかで短い波長域の範囲を指す。テレビ放送，地上デジタル放送，携帯電話，GPS，無線LAN，衛星放送，電波天文台，レーダーなど，多様な用途に使われている。技術的には，一方向のみの放送にも，双方向の多重通信にも活用可能で，実際の周波数の割り当てや使用用途は，政治的判断に左右される。

いた。だが占領下の日本では，軍事技術に直結するテレビ技術の開発研究は禁止された。
　戦後，最初に日本でのテレビ事業を画策したとされるのは，ラジオ草創期の発明で名を売ったあのド・フォレストである。まだ占領下の1948年頃，ド・フォレストはみずから発明したトーキーの代理人だった皆川芳造を通じて，日本へのテレビ導入を計画する［図10-20］。導入資金がない皆川は鮎川義介に近づき，鮎川はその話を巣鴨プリズンで一緒だった正力松太郎にゆずった。正力は，読売新聞を買収して発行部数を伸ばしたやり手として知られる元警察官僚だった。正力はその気になる。
　1950年6月，朝鮮戦争が勃発し，日本は軍事基地の最前線となった。同月のアメリカ議会では，「視覚による爆弾」としてのテレビを含む多重通信網を設置し，反共の砦を築くという「ビジョン・オブ・アメリカ」構想が発表されていた。太平洋沿岸一帯をマイクロ波の多重通信網でつなぎ，民間と軍事の両方でテレビ，ラジオ，電話，ファクシミリ，レーダー，データ放送などを使うという壮大な構想である［図10-21］。正力はこちらの構想に乗り換え，日本テレビ放送網の設立を目指した。言論の自由が建前の米政府は民間放送を，米諜報機関である中央情報局（CIA）は軍事的な通信網を求め，正力は新聞に代わるマス・メディアを，NHKはラジオに代わる公共放送を求めていた。
　1952年4月，占領が終結し，日本は再び独立国となった。その3カ月後，電波管理委員会は，CIAをバックにちらつかせて財界から金を集めた正力の日本テレビ放送網に，東京地区の民間商業テレビの認可を与える。電波管理委員会が廃止され，管轄が郵政省に移管される20分前のこと

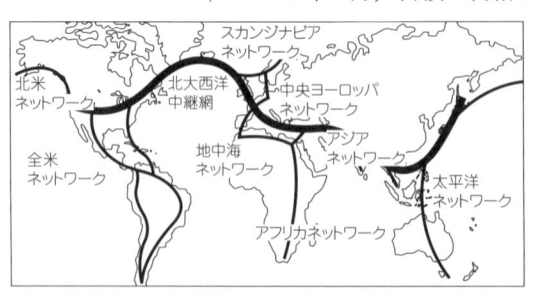

図10-21　マイクロ波通信網の世界展開計画

だった。その3カ月後，郵政省電波監理局はNHKに認可を与える。こうして1953年，日本のテレビは公共放送と民間放送の両方で始まった。テレビ規格はNTSC，放送施設はRCA製，またこの年にはRCA主導でNTSCカラー規格が制定されている。

これ以降，日本はテレビ受像器とテレビ・コンテンツの広大な市場となり，「視覚による爆弾」が確実に降り注ぐ地域となった。他方，正力があてにしていたアメリカからの融資話は国会で問題となり頓挫する。マイクロ波通信網は国の管理のもと電電公社が敷設することになり，日本テレビ放送網は多重通信網を欠いたまま今日に至る。だがNTSC規格は，日本，韓国，台湾，フィリピン，タイで採用された。アジアに反共の砦を築くというビジョン・オブ・アメリカの構想はある程度成功したともいえるかもしれない。

6 テレビ・メディアの影響力

第二次世界大戦後の1948年，アメリカの映画産業は反トラスト法違反判決を受け，制作，配給，上映の垂直統合を解体させられた。その影響の最中に，テレビは爆発的に普及する［図10-22］。テレビは，これまで見聞きできなかった光景を家庭の居間で垣間見せてくれる驚くべきメディアとして歓迎された。だが，ファーンズワースもツヴォルキンもテレビの発明を後悔していたという話がある。なぜだろうか。

テレビが見せてくれる光景は世界のほんの一部だし，常に真実だとも限らない。庶民がそんなことを薄々感じ始めたのは，ようやく1960年代が近づいた頃だった。1959年にアメリカで，テレビの疑似環境を白日のもとにさらした人気クイズ番組『21』のやらせ事件が起こる。クイズ・ショウで次々と相手を負かしていくあらかじめ正解を知っていた素人回答者に，視聴者は熱狂させられていた。しかも承知の

垂直統合
制作，配給，興行を系列化し，独占的に支配する体制。映画産業ならば，独立上映館や他系列への配給の拒否や系列内外での抱き合わせ販売が常態化する可能性が高くなる。企業側からすると独占利益が得やすく，消費者側からすると満足が得られにくい体制といわれる。

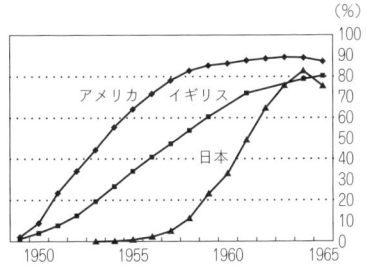

図10-22 戦後のテレビ普及率の日米英比較

はずのテレビ局もスポンサーもおとがめなしだった（映画『クイズ・ショウ』参照）。1961年には，テレビ討論を制したテレビ映りのいいジョン・F・ケネディ大統領が誕生する。1962年，宇宙を介したテレビの衛星中継が可能となったが，1963年11月の日米間衛星中継初実験の日，緊急ニュースはケネディ大統領の暗殺事件，2度目の実験時の映像は容疑者オズワルドの射殺事件と大統領の国葬だった。60年代後半になると，ヴェトナム戦争の過酷で悲惨な状況が家庭に放送されてきた。

　この頃，研究者たちはマス・コミュニケーションはたいした影響をもつわけではないと結論づけていた。だが新しいメディアであったテレビは，人びとの行動習慣を変えていた。新しいメディアは，それ以前のメディアを完全に駆逐するのではなく，一日の限りある時間枠に侵入する。テレビ平均視聴率はラジオを大きく上回り，アメリカでは1956年に4時間を超え，日本では普及率が90％を超えた1965年には3時間41分となる［図10-23，図10-24，図10-25］。テレビは，劇場，ホール，寄席，映画館，大道芸，噂話といった古い見世物メディアを代替し，外出時間を減らしていった。テレビが生活に分け入った頃，子どもの外遊びは減り，食事と勉強と就寝の時間は遅くにずれていた。

図10-23　ラジオ・テレビの1日平均利用時間（アメリカ・世帯）

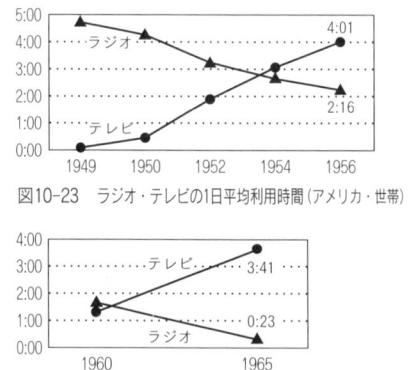

図10-24　ラジオ・テレビの1日平均利用時間（日本・個人）

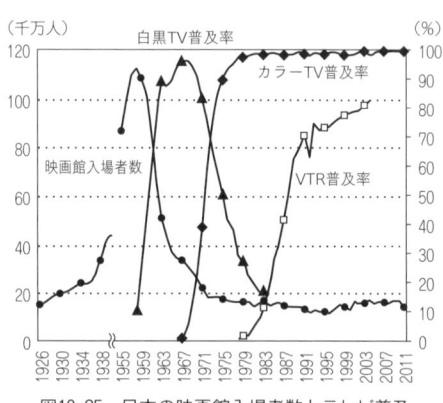

図10-25　日本の映画館入場者数とテレビ普及

第10章 マス・メディアの時代

　社会学者のデヴィット・リースマン（1909-2002）が，アメリカ人の社会的性格が伝統志向から内部志向へ，そしてテレビ時代には他人志向へと変化していくと指摘した『孤独な群集』を出版したのは1950年だった。のちに政治学者のロバート・パットナム（1940-）も，社会への参加が次第に減少していったことは，テレビ娯楽の時間と密接な関連をもっていたと指摘している（パットナム　2006）。人びとの生活は，近隣集団よりも何よりもテレビと過ごすことを前提にし，テレビで見たことを共有し合い，テレビのなかに価値の基準を求める傾向を強めたのである。

　こうしたなか，限定効果論に懐疑的な目を向け始めたのが，マス・コミュニケーションを商業放送として社会に埋め込んだアメリカであったことは，驚くにあたらない。無味乾燥な国営放送とは違って，アメリカではNBC，CBS，ABCとして生き残った3大商業テレビネットワークの視聴率競争が，多様な番組を作り出していたからである。反戦運動と若者の反乱の季節だった1960年代の後半になると，メディアと暴力との関係，そして子どもへの影響に目が向けられ始め，アメリカ政府が調査に乗り出した。

反戦運動と若者の反乱の季節
→第11章 p.177カウンターカルチャー

　テレビで描かれる暴力は子どもに影響を与える。それが調査の結論だった。もちろん，ただ悪影響を与えるという単純な話ではないが，テレビと子どもとの関係において考慮すべきとされたことは，むしろ常識的なことだった。人は，周りを見ながら知識を得て，事の善し悪しの判断を学び，社会的な学習をする。テレビは，これまでの子ども時代なら経験しなかったことをわかりやすく伝え，家庭や学校や教会での経験と競合するかもしれないが，とにかく「社会的学習」を積むひとつの場となる。テレビのキャラクターに憧れたり，その振る舞いをまねることができ，逆に否定的に描かれた登場人物に嫌悪感を抱くこともある。もちろん，その学習知識をどう判断し行動するかは，受け取る側の視聴状況や心理状態，社会的経験や時代背景に左右される。だが，テレビは「社会

159

的学習」という点で，日常的環境の一部として知識を簡単に共有するツールとなったことは明白だった（社会的認知理論）。

7　新強力効果論

テレビが日常となり環境の一部として当たり前になった社会では，その認知過程が人びとの経験や知識に蓄積される。1970年代以降，蓄積される知識がどのように作用するのかという新しい視点が研究の焦点となった。「社会的学習」という観点をあわせもつ「新強力効果論」と呼ばれるようになった研究のいくつかを紹介しよう。

ジョージ・ガーブナーらは，コンテンツの制作過程，コンテンツの内容，視聴者の考え方を関連させる文化指標プロジェクトを提唱し研究を進めた。なかでも視聴者の考え方や意見の分析から，テレビが日常的な知識を培養しているとする培養効果（cultivation effect）を提議した。培養分析の調査結果では，テレビをより長く見る人は，よりテレビ的になる傾向があった［図10-26］。例えば，テレビ・ドラマやニュースは，犯罪や事件が描かれやすいが，現実にはそんな経験にあうのはまれである。しかし，テレビをよく見る者ほど，自分が事件に巻き込まれやすいと考えている。万人に受け入れられようとするテレビは保守的な見解を披露する傾向にあるが，テレビをよく見る人ほど保守的な見解を抱いている。つまり，テレビをよく見る人ほど，テレビ的な見解を抱く傾向にあるというのが培養分析の知見である。

マックスウェル・マコームズとドナルド・ショウが提唱したメディアの議題設定機能（agenda setting）は，投票行動に影響を及ぼす選挙の争点（議題）は，テレビや新聞といったマス・メディアに取り上げられるものが重要であるかのように認識される傾向にあるとする［図10-27］。投票行

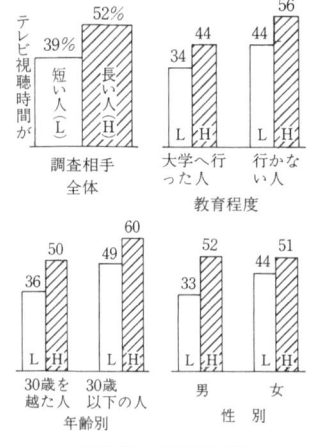

図10-26　培養分析例
「ある一週間に，あなたが何らかの暴力に巻き込まれる危険はどの程度だと思いますか？」という質問に対して，「10回に1回」というテレビ寄りの回答をした人の率

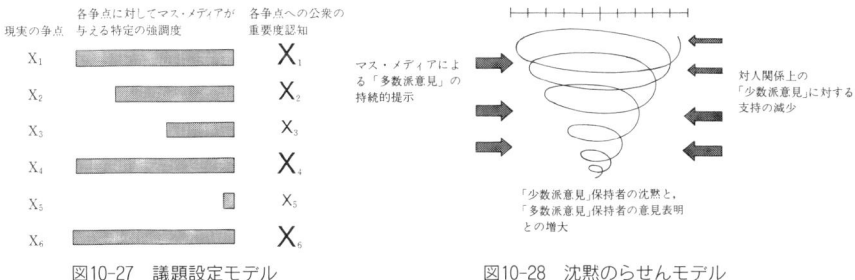

図10-27　議題設定モデル　　　　　　　　図10-28　沈黙のらせんモデル

動への影響とは，つまりは政治への影響ということである。そもそも選挙で誰に投票するかを決定する観点は人それぞれであり，政治へのかかわりも多様で，政治に何を期待するかも様々なはずである。しかし，議題設定が及ぼす効果においては，熱心にメディアに接するオピニオン・リーダーも，政治に関心のない無党派層も，マス・メディアが報道する「今回の選挙の争点」を考慮してしまうことになる。また議題設定機能は，人びとが何をどのように枠づけ理解するかに関する「フレーミング」と呼ばれる認識概念にも深くかかわるとされている。

　エリザベート・ノエル゠ノイマンが提唱した沈黙のらせん（spiral of silence）仮説は，集団心理的に少数意見は出しにくく多数派は声を上げやすくなる結果，同調効果で多数派の声はますます大きくなり少数派が小さくなる傾向を指摘する［図10-28］。この仮説で重視されるのは，個々人がもつ孤立や場の空気を乱すことへの恐怖感である。この結果，マス・コミュニケーションを媒介して，ささいな社会心理が大きな潮流につながる可能性が指摘される。ノエル゠ノイマンが，ナチ党を生み出したドイツの研究者であることも覚えておきたい。

8　メディア・イベントと共有の文化

　新聞，雑誌，ラジオ，さらにテレビと，マス・コミュニケーションは，日々の世の中に関する知識を得る環境の一部と

なった。マス・メディアは，当然あるべきものとして存在することで頼られるものとなり，環境認知や選挙行動に影響を与えるメディアと捉えられるようになる。この変化を，藤竹暁（2008）は「疑似環境の環境化」と呼んだ。

しかもマス・コミュニケーションは疑似環境を積極的に作り出そうとする。メディアは取り上げる出来事をいつも探しているが，注目を集める出来事がそうあるわけではない。そこでメディアはイベントをつくろうとする。大規模な「メディア・イベント」を最初に始めたのは，継続的に読者を獲得したい雑誌や新聞で，博覧会，美術展，即売会，観光展，音楽会，競技大会など，様々なニュースのネタを作り出した。これらは，ニュースを製造するので「疑似イベント」ともいわれる。日本での例としてわかりやすいのは，新聞が始めた高校野球大会や箱根駅伝，ラジオが始めたラジオ体操や紅白歌合戦（第4回からテレビ放送開始）だろう。夏にはラジオ体操をして高校野球を見る。年末年始は紅白や駅伝の行方に一喜一憂する。いつの間にか日常の一部となっているメディア・イベントは数多い。そもそも，スターやアイドルや犯罪者といった疑似的な偶像を作り出すのも，新聞，映画，ラジオ，テレビといったマス・コミュニケーションである。

こうしてみると20世紀は，放送を中心としたマス・コミュニケーションの発達によって文化を共有する時代であったといえる。国営や公共放送しかない国では，疑似イベントと有名人崇拝によって，国家統制とナショナリズムが煽られてきた。商業メディアが発達したアメリカでは，ラジオとテレビが系列化し，同様に日本では，新聞とテレビが系列化することで，疑似イベントや有名人や広告がより共有され，人びとは自発的に同じ消費財を求め，同じ生活を志向することが顕著になった。そして20世紀に肥大化したマス・コミュニケーション産業は，各国で程度の差こそあれ，新聞，出版，音楽，映画，ラジオ，テレビといった多くの隣接領域を統合した寡占メディア・コングロマリットを形成し，ますますグ

メディア・コングロマリット
→第9章 p.144 メディア・コングロマリット

意図的かどうかにかかわらず，マス・コミュニケーションの伝えることは無垢ではない。マス・メディアの時代は，平和を希求しながらも多様性を認めない矛盾したグローバル・ヴィレッジの時代であり，そのために別のメディアが待望されもした。どのようにメディアを社会に埋め込むのか，それはメディアを「議論する公衆の機関」として意識するかどうかにかかっているだろう。

＜参考文献＞
有馬哲夫　2011『日本テレビとCIA――発掘された「正力ファイル」』宝島社。
猪瀬直樹　2013『欲望のメディア』小学館文庫。
ウー，ティム著／坂村健監修・解説　2012『マスタースイッチ――「正しい独裁者」を模索するアメリカ』（斎藤栄一郎訳）飛鳥新社。
江藤淳　1994『閉された言語空間――占領軍の検閲と戦後日本』文春文庫。
NHK放送文化研究所監修／日本放送出版協会編　2002『放送の20世紀――ラジオからテレビ，そして多メディアへ』日本放送出版協会。
加藤秀俊　1965『見世物からテレビへ』岩波新書。
サーノフ，デービット　1970『創造への衝動――RCAを築いた技術哲学』（坂元正義監訳）ダイヤモンド社。
髙橋雄造　2011『ラジオの歴史――工作の〈文化〉と電子工業のあゆみ』法政大学出版局。
田崎篤郎・児島和人編　2003『マス・コミュニケーション効果研究の展開〔改訂新版〕』北樹出版。
ダヤーン，ダニエル／カッツ，エリユ　1996『メディア・イベント――歴史をつくるメディア・セレモニー』（浅見克彦訳）青弓社。
パットナム，ロバート・D　2006『孤独なボウリング――米国コミュニティの崩壊と再生』（柴内康文訳）柏書房。
バラン，スタンリー・J／デイビス，デニス・K　2007『マス・コミュニケーション理論――メディア・文化・社会』上・下（宮崎寿子監訳／李津娥ほか訳）新曜社。
ブーアスティン，ダニエル・J　1964『幻影の時代――マスコミが製造する事実』（後藤和彦・星野郁美訳）東京創元社。
藤竹暁　2008『環境になったメディア――マスメディアは社会をどう変えているか〔改訂版〕』北樹出版。
フリッシー，パトリス　2005『メディアの近代史――公共空間と私生活のゆらぎのなかで』（江下雅之・山本淑子訳）水声社。
水越伸　2023『メディアの生成――アメリカ・ラジオの動態史』ちくま学芸文庫。

モレリ，アンヌ　2015『戦争プロパガンダ 10 の法則』（永田千奈訳）草思社文庫。
ラスウエル，ハロルド　1940『宣傳技術と毆洲大戰』（小松孝彰訳）髙山書院。
リンクス，ワーナー　1967『第五の壁テレビ――その歴史的変遷と実態』（山本透訳）東京創元新社。
Schatzkin, Paul 2002 *The Boy who Invented Television: A Story of Inspiration, Persistence, and Quiet Passion*, Silver Spring, TeamCom Books.
Schwoch, James 2009 *Global TV: New Media and the Cold War, 1946-69*, Urbana and Chicago, University of Illinois Press.

映画『クイズ・ショウ』（ロバート・レッドフォード監督，1994 年）

第 11 章　地球村の戦争と平和

　20世紀に主流となったメディアは，新聞，ラジオ，テレビといった，不特定多数の大衆に一方的に情報を送りつけるものばかりだった。21世紀のメディアはいまだテレグラフの延長線上にはあるが，マス・メディアとは異なり，個人が不特定多数の個人と相互に情報をやりとりする可能性をデザインするようになる。そうした変化の土壌を準備したのは，19世紀のような個人の発明家ではなく，理論物理学に精通した軍産学の研究者集団と，既存の社会に違和感を感じていた若者たちである。だが，その背景にあったのは，大陸間弾道ミサイルを擁する大国間の冷戦構造と人工衛星，コンピュータ，トランジスタといった新たなテクノロジーだった。

1　大戦から冷戦へ

　第二次世界大戦末期，強力な推進力をもつ大陸間弾道ミサイルが，イギリスなどの連合国を突如爆撃した。そのナチ党のV2ロケット［図11-1］を開発したのは，もともとは宇宙に飛び立つことを夢見た科学者たちだった。この大戦で活躍した戦闘機は，レーダー無線の開発競争によって事前に発見され打ち落とされるようになっていたが，音速以上で飛ぶV2ロケットにレーダーは無力だった。だが起死回生のV2ロケットは登場するのが遅すぎた。1945年5月のドイツの降伏後，アメリカはV2ロケットの実物と主要な開発技術者100名以上を，ソヴィエト連邦（ソ連）は現地の研究施設と開発協力者を確保する。

図11-1　V2ロケット（1943）

　ナチ政権は，攻撃兵器としての可能性を見込み，膨大な軍事費をつぎ込んで強力なミサイルを完成させていた。しかし，

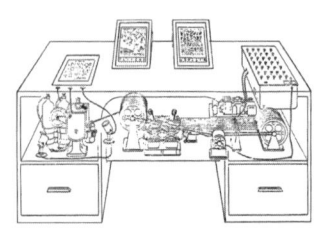

図11-2　memex

ドイツの物理学者たちは核融合の研究には非協力的で，原子爆弾の開発には失敗していた。他方，アメリカの物理学者たちは原爆開発のためのマンハッタン計画に協力した。1945年8月，完成した原爆はB-29という飛行機から8月6日に広島へ，9日に長崎へ投下される。その時点で，ロケット・ミサイルと原爆の両者を確保することができれば，軍事的優位性は明らかだった。

終戦前の7月，マンハッタン計画を進めた米科学研究開発局長官ヴァネヴァー・ブッシュは，人類が生み出したすべての記憶を保存し，相互に参照できる未来の科学技術「メメックス（memex）」を夢想した。メメックスの想像図はコンピュータの登場を予見している［図11-2］。終戦後の10月には，イギリスの2人の作家が近未来の世界を予言する。のちにSF作家として有名になるイギリス軍のレーダー開発者アーサー・C・クラークは，地球の軌道に3つの静止衛星を打ち上げることができれば，世界同時放送が可能となり，それが実現すれば地球はひとつの村となると提案した。大戦時にプロパガンダ・ラジオ放送に従事したジョージ・オーウェルは，限られた原爆保有による超大国間の覇権争いを見通し，その状態を「冷戦」と表現した。

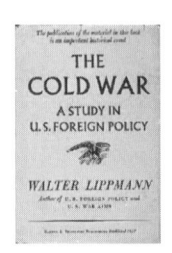

図11-3　Walter Lippmann, *The Cold War: A Study in U.S. Foreign Policy*（Harper, 1947）

第二次世界大戦が終わり，日本が被占領国となっていた頃，世界は共産主義圏と資本主義圏の東西対立を深めていく。この戦闘なき対立状態を冷戦と呼ぶことを定着させたのは，ジャーナリストのリップマンだった［図11-3］。1949年，ソ連が原爆実験を成功させ，1950年には朝鮮戦争が勃発する。日本は戦争景気に沸いたが，これで核抑止力による冷戦は決定的となった。

1949年，オーウェルは，反ユートピア小説『一九八四年』を出版した［図11-4］。この小説で描かれたのは，全体主義国家によって言論の自由が封じられ，ビッグ・ブラザーによってすべてが監視されている世界だった。

図11-4　ジョージ・オーウェル『一九八四年〔新訳版〕』（高橋和久訳，早川書房，2009）

2　中央管理型大型コンピュータの開発

　第二次世界大戦では，戦闘機や潜水艦が主力となり，レーダーでの敵捕捉や弾道計算や暗号解読のための高速な計算機が必要とされた。大戦末期には，それまでのパンチ式のカード読み取りシステムと人海戦術に代わる，1万8000本弱もの真空管を使った電子式の計算機 ENIAC の開発計画がアメリカで進められる［図11-5］。

　その ENIAC に，高度な計算を必要とする原爆開発にかかわっていたジョン・フォン・ノイマンが興味をもつ。ENIAC 開発者と一緒に問題点を洗い出したノイマンは，1945年，次に計画された計算機 EDVAC に関する報告書の草稿（"First Draft of a Report on the EDVAC"）で，2進法の採用，入出力装置の実装，プログラム内蔵方式などのコンピュータ設計の概念をまとめる［図11-6］。ENIAC も EDVAC も戦時中には完成しなかったが，その開発思想は戦後に関係者にレクチャーされ，草稿で提示されたノイマン・アーキテクチャはコンピュータの設計概念を決定することになる。

　一方，戦闘機の飛行訓練シミュレーターの開発構想プロジェクト・ワールウインド（つむじ風）も，中央管理型コンピュータ技術を躍進させていた。飛行中のリアルタイムの挙動を訓練するためのシミュレーターには，高速な演算処理や記憶装置やディスプレイ装置が必要だった。リアルタイムに反応する速度の問題は戦時中には解決できず，戦後になって速度優先のノイマン型デジタル・コンピュータ構築計画に変更される。5000本の真空管をもつ世界最速のワールウインド・コンピュータが完成したのは1953年だった。ところが，1949年のソ連の原爆開発と実験が，防空システムの高度化の必要性を高めており，ワールウインド・コンピュータは次世代国防計画に取り込まれ，中央管理型のシステムと様々な周辺機器の開発計

図11-5　部屋を占める ENIAC

図11-6　EDVAC の前に立つ原爆の父ロバート・オッペンハイマー（右）とノイマン（左）

図11-7　SAGE

画の中核を担うようになる。

　アメリカ空軍が計画した冷戦下の遠距離早期警戒システム SAGE は，レーダー通信網を電話回線でネットワークし，各地の指令センターから収集したデータをリアルタイムにモニターに表示，捕捉した爆撃機をコンピュータ制御で迎撃する防空計画だった［図 11-7］。ワールウインド・コンピュータは SAGE プロジェクトに沿うように整備され，1958 年から全米 23 カ所に 4 階建ての SAGE の指令センターが順次設置され始める。各指令センターの 2 階は，ワールウインド・コンピュータの後継コンピュータ 2 台分の 5 万 8000 本もの真空管で占められた。それを受注したのは IBM 社だった。もともとパンチカードで情報処理システムを扱っていた IBM は，その後コンピュータ産業での独占的な地位を築くことになる。

　SAGE のリアルタイム技術は，1960 年代以降，IBM によって航空機などの座席予約システムに，またその後の ATM や POS 端末といった産業の情報化に応用され，大規模な中央管理型応用コンピュータの象徴となる。また，この SAGE プロジェクトには，莫大な人員が登用されており，のちにコンピュータ科学を担うことになる人材を大量に世に送り出した。

3　トランジスタとメディアのポータブル化

　1948 年，戦時体制を解かれて間もないベル研究所から，ある発明が生まれた。指先ほどにも満たない小さな電気増幅器「トランジスタ」である。トランジスタの恩恵を最初に受けたのは，もともとベル研究所もかかわっていた地対空ミサイル用のレーダーを制御するための通信装置だった。トランジスタはいつでも待機状態で反応する。素早さが要求されるミサイル誘導には，真空管よりもトランジスタが優れていた。つまりトランジスタは，真空管に代わるコンピュータ演算装

ベル研究所
グラハム・ベル創設の AT&T 社とその製造部門を担っていたイライシャ・グレイ創設のウエスタン・エレクトリック社が，1925年に設けた独立研究所。以来，通信の基礎研究と軍産学の共同開発をおこない，アメリカのイノベーションの発信源のひとつとなる。→第 9 章 p.133

置の2進法スイッチとして使われたことになる。
　1952年，電話の発明者ベルの理念を引き継いで特許が免除された補聴器用に，最初のトランジスタ商品が発売された。真空管や大きな電池をぶら下げていた補聴器は耳の後ろに収まるようになる。
　1954年には，テキサス・インスツルメンツ社が軍用向けの，高性能のトランジスタの生産に成功する。だが朝鮮戦争の終結で軍からの注文が激減したため，一般市場向けに転用された。世界初のトランジスタ・ラジオ「リージェンシーTR-1」である［図11-8］。翌年，同じく高性能トランジスタの生産に成功した東京通信工業も，トランジスタ・ラジオ「TR-55」を発売する［図11-9］。この会社の2人の創業者も戦時中，無線兵器の開発にかかわっていた人物であった。トランジスタ・ラジオの輸出を機に社名をソニーと改めた小さな会社は，それをきっかけに世界の一流メーカーに育っていくことになる。
　1956年，ベル研究所でトランジスタの発明にかかわった3人の研究者がノーベル賞を受賞する。そのなかに，大戦中にB-29のレーダー爆撃操作訓練プログラムを策定した人物がいた。開発を先導したウィリアム・ショックリーである。かれは，すでに受賞の年にはベル研究所を離れ，若く優秀な科学者や技術者を集めて，西海岸カリフォルニアのパロ・アルトに半導体研究所を開設していた。しかし，この研究所はうまく機能せず，そこから「8人の反逆者」が独立する。反逆者たちは，軍のミサイルを開発していた会社の出資を受け，1957年10月，同じパロ・アルトにフェアチャイルド半導体社を設立する。同じ年，東海岸ではワールウインド・コンピュータのトランジスタ化を進めていた研究者が独立し，ミニ・コンピュータで有名になるDEC社を設立した。
　やがてこのトランジスタの応用技術が，ガラスを使った大きくてかさばる真空管に取って代わり，すべての電化製品を小型化することになる。大量の真空管を用いて一部屋を占領

2進法スイッチ
　2進法は1と0のみを使い計算する方式。1937年に，数学者のクロード・シャノンが電子回路ではオンかオフのみで論理計算が可能であることを示し，同年，ベル研究所のジョージ・スティビッツが2進法を加算する計算機を開発。ノイマンはこれらをコンピュータの設計概念に盛り込むが，当初は回路のひとつひとつにガラス容器の真空管が使われていた。さらにベル研究所に移ったシャノンは，1948年に2進法の一桁を情報の最小単位ビットとする情報理論を発表し，デジタル技術の基礎理論をつくった（シャノン／ウィーバー 2009）。

図11-8　リージェンシーTR-1 (1954) の広告（部分）

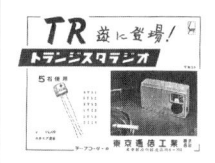

図11-9　東京通信工業のTR-55発売の広告

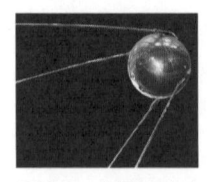

図11-10 人類初の人工衛星スプートニク1号

消費主義
消費財を大量に生産，消費，廃棄することを前提に資本主義活動をおこなう社会を消費社会（consumer society），消費社会を目標にした経済政策や消費社会の価値観を好む生き方を消費主義（consumerism）という。消費社会の成立には，消費財を宣伝するマス・メディアの役割が大きくかかわっており，消費主義もマス・メディアによって育成される側面が大きい。しばしばコカ・コーラ，マクドナルド，ディズニーなどのアメリカ製品がその象徴とされる。

図11-11 ウォルト・ディズニーとフォン・ブラウン

しなければならなかった ENIAC や EDVAC やワールウインドのようなコンピュータは，トランジスタによって劇的に小型化されることが予想された。

その予想は，ある事件がきっかけで急速に実現に向かう。同じ 1957 年の 10 月，冷戦の均衡を崩す脅威とみなされた事件が起きた。ソ連による人類初の人工衛星スプートニク1号（SP1）の打ち上げ成功である［図11-10］。スプートニク1号の表面的な偉業は大気圏外からの無線通信の成功だが，宇宙までロケットを飛ばす技術は，原水爆を搭載した大陸間弾道ミサイルの実現だと受け取られた。これが，いわゆるスプートニク・ショックである。

4 グローバル・ヴィレッジ

スプートニク・ショックが起こった頃，ディズニーのテレビ番組『ディズニーランド』の「トゥモロー・ランド・コーナー」では，宇宙への夢が子どもたちに語られていた。案内役は，ナチ政権下で V2 ロケットの開発責任者だったヴェルナー・フォン・ブラウンだった［図11-11］。マス・メディアが消費主義を煽っていた矢先，アメリカは突如の緊張状態に包まれた。

1957 年 12 月，急遽アメリカも人工衛星の打ち上げを試みた。打ち上げがテレビ中継された海軍のヴァンガード1号はしかし，轟音とともに崩れ落ち，文字通り視聴者を釘付けにした。翌年 1 月，フォン・ブラウン率いる陸軍の開発チームが，人工衛星エクスプローラー1号の打ち上げをようやく成功させる。こうして米ソは，冷戦下の宇宙開発競争の時代に突入した。

1958 年，アメリカは国防計画を立て直すために NASA（国家航空宇宙局）を設立する。国防費が増強されたところで，1959 年，フェアチャイルド半導体社がシリコンを素材としたトランジスタの集積回路（IC）を開発した［図11-12］。IC とは，トランジスタや抵抗やコンデンサなどの電子部品をさ

第 11 章　地球村の戦争と平和

らに小さくひとつのチップにしたものだった。すべてをさらに小型化するシリコンがもたらされ，莫大な軍事需要を梃子に，シリコン・ヴァレーの興隆が始まった。

　1961 年に就任したケネディ大統領は，壮大な宇宙計画を打ち立てた。60 年代末までに人類を月へ運ぶというアポロ計画である。NASA は IC で小型化された衛星を打ち上げ，1960 年にテレビ放送実験，1962 年に大西洋間のテレビ中継，1963 年には日米間のテレビ中継実験を成功させる。日米間テレビ中継実験の日に暗殺されたケネディ大統領のニュースは，すぐに日本に伝わった。翌 1964 年には初の静止通信衛星の打ち上げを成功させ，この年に開催された東京オリンピック開会式は国際生中継された。

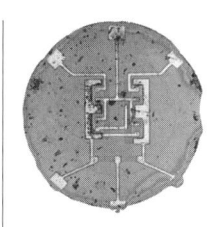

図11-12　フェアチャイルド半導体社で開発されたシリコン素材の集積回路（IC）

　1968 年，アーサー・C・クラークは，スタンリー・キューブリック監督との共同作品『2001 年宇宙の旅（*2001: A Space Odyssey*）』を公開し，人工知能をもつ殺人コンピュータ HAL を登場させた［図 11-13］。同年，電子メディア時代の予言者として有名になったマクルーハンは『グローバル・ヴィレッジの戦争と平和』を出版する。1969 年にはクラークの予言通り 3 基の静止衛星が地球をおおい，アポロ 11 号乗組員の月への上陸が世界に生中継された［図 11-14］。その一方で，ケネディ以後のアメリカは，冷戦下の代理戦争といわれたヴェトナム戦争への介入を深め，戦況を泥沼化させていた。

図11-13　映画『2001年宇宙の旅』（スタンリー・キューブリック監督，1968）

　ワイアレスのテレグラフを一方向的に送信するラジオやテレビといったメディアが急激に普及した 1950 年代から 60 年代にかけて，テレビ視聴は国民行事となっていった。そして，60 年代の宇宙開発競争は，1945 年のクラークの予言を実現させ，世界は時空の壁を超えて，オリンピックや月面着陸を同時に共有できるようになる。その後，アポロ計画は計 6 度の有人月面着陸を成功させ，1972 年に完了した。

図11-14　アポロ11号乗組員の月への上陸

　アポロ計画の任務の内実は何だったのだろうか。1958 年から 84 年に打ち上げられたとされるロケット 2200 機のうちの 75 % は軍事衛星で，その 40 % は偵察衛星だったといわれ

171

る（青木　2006）。グローバル・ヴィレッジで世界同時放送が可能となるということは，核を搭載した大陸間弾道ミサイルが常に発射態勢にあり，くまなく地上を撮影する偵察衛星と通信レーダーの防御態勢が，中央集権的なコンピュータ管理によって駆動しているということだった。そればかりか，1953年に諜報活動組織として正式に発足した国家安全保障局（NSA）は，シギント（signal intelligence = SIGINT）による通信傍受をあらゆる通信網に拡げ，大規模におこなうようになっていた。

こうした最新の技術を何に使うのか。人類は平和なひとつの地球村に住む部族となるのか，それともオーウェルが描いたような抑圧的な全体主義国家体制を築くのか。アメリカは，マス・メディアとレーダー通信網と中央管理型コンピュータの力を借りて，それを選択できる状態にあった。ポール・N・エドワーズがいうように，アメリカが冷戦時代にとったのは，中央集権的に制御され自動化されたグローバルな権力というビジョンだった（エドワーズ　2003）。

5　インターネットの起源

NASA が設立された 1958 年，アメリカ国防総省に，先端科学の軍事応用技術研究に助成と支援をおこなう機関 ARPA（高等研究計画局）が設けられていた。この ARPA が，のちにインターネットの実質的な母体 ARPA ネットを作り出すことになる。

1957 年に始まった SAGE の整備が完了したのは 1963 年だった。だが，原水爆を搭載した大陸間弾道ミサイルが発見から数分で到達してしまうことを前提にすれば，SAGE 防空システムはその初期段階からすでに役に立たないことは目に見えていた。NASA で衛星の打ち上げ実験をし，SAGE が完成間近になった 1962 年，ARPA にコンピュータ科学を支援する情報処理技術部（IPTO）が新たに設けられる。ARPA でコンピュータの応用研究を進めることが，冷戦下での次世代

国家安全保障局（NSA, National Security Agency）

アメリカ国防総省管轄の諜報機関。CIA（Central Intelligence Agency）は，軍から独立した大統領直轄組織で，主に対外的なヒューミント活動をおこなうが，軍管轄の NSA はシギント活動をおこなう。UKUSA 同盟で各国が協力しているシギント情報の解析システム「エシュロン」（→第12章 p. 190），インターネット監視システム「プリズム」などの存在が指摘されている。実際の活動は公表されていなかったが，2013年6月に内部告発された。

シギント

情報機関がおこなう諜報活動の一種。諜報活動全般をインテリジェンス（intelligence）といい，人間に対しておこなう活動をヒューミント（human intelligence = HUMINT），信号情報に対しておこなう活動をシギント（signal intelligence = SIGINT）と区別する。後者は主に通信を傍受する活動を指し，コンピュータの増大とともに活動範囲が拡げられた。

国防システムの強化につながることは明白だろう。

　ARPA の初代 IPTO 部局長のジョゼフ・C・R・リックライダーは，軍産学を渡り歩き，国防研究にかかわり続けていた人物だった。かれは ARPA で主にコンピュータのタイムシェアリングのプロジェクトを進めた。もともとリックライダーには，タイムシェアリングによって高価なコンピュータを一人で使っているような感覚にさせる「人間とコンピュータの共生」という理念があった。当時の発想は，できるだけ高速で大型のコンピュータを構築し，それをタイムシェアリングで共有するというものである。IPTO では，その実現のために大型コンピュータをかなり離れた場所からでも遠隔操作可能にする「銀河間コンピュータ・ネットワーク」の構築が目指された。リックライダーの決定した資金援助は，国防費からするとささやかなものだったが，萌芽期のコンピュータ科学にとっては莫大なものとなった。

　1963 年頃には研究拠点でのタイムシェアリング技術が成熟し，拠点間ネットワークの構築が検討され始める。しかし，コストに配慮しながら互換性のない大型コンピュータ同士をつなぐには，できるだけ大型コンピュータをいじらず，さらに通信の無駄を省くことが必要だった。前者は，大型コンピュータの前に通信だけを制御する小型コンピュータをはさむことで解決された。この解決には，IC 化によって価格が抑えられたミニ・コンピュータの登場が幸いした。後者は，パケット交換技術の採用によって解決された。パケット交換とは，情報を小さく分割して複数の回線を経由して送り，届け先で復元する方法である。このアイデアは，かつて空軍に提案された核戦争下にも耐えられる分散型ネットワーク構想と同じものだった。

　1968 年に 4 つの大学をつなげて始まった拠点間ネットワーク ARPA ネットは，1972 年の公開実験の際には助成先 15 カ所の大型コンピュータに接続されていた。だが，ARPA ネットの初期の目的だった研究機関同士の資源共有は，あま

173

りうまくいかなかった。なぜだろうか。

　まずARPAネットにつながれた大型コンピュータは，他の研究機関がアクセスする動機に乏しい，各研究拠点で使うためのものであり，実際に使うには手続きも面倒だった。ところが研究者たちは，資源共有よりも，電子メール，メーリングリスト，電子掲示板，ファイル交換といった情報の共有と交流を活発におこない始める。ネットワークされた環境をもつことで，当初の目的とは別の使い道に気づいたのである。そうした使い道には，むしろ大型コンピュータはいらなかった。

　60年代の後半にはミニ・コンピュータが普及してきており，少なくともそれを買う予算のある研究施設では大型コンピュータの存在意義自体が薄れつつあった。1965年に，フェアチャイルド半導体社のゴードン・ムーアは，ICのトランジスタ数は2年ごとに2倍になると予測したが（ムーアの法則)，それが実現し続ければ，コンピュータはトランジスタのおかげで加速度的に小さく速く安くなっていくことになる。これは誇大妄想ではなかった。

6　コミュニティ・アンテナからケーブル・ネットワークへ

　アポロ計画が終了しARPAネットが公開された1972年，マス・メディアの影響力が危惧され始めたこともあり，アメリカの連邦通信委員会（FCC）は，NBC，CBS，ABCの3大ネットワークの力を削ぐ政策を進めていた。FCCは，商業向け衛星システムの申請条件を緩和するオープンスカイ政策を採用し，さらに放送の再送信だけしか許されていなかったコミュニティ・アンテナ局に独自番組の配信を許可する規制緩和を施す。テレビ放送の黎明期からあるコミュニティ・アンテナ・テレビジョン（CATV）は，電波が届きにくい難視聴世帯向けの小規模な地域の共同アンテナ事業だった。

　同年，ニューヨークの都市型CATVが，独自プログラムをケーブルで有料配信するホーム・ボックス・オフィス（H

連邦通信委員会
→第9章 p.144 連邦通信委員会

BO）という会社を設立した。HBO の後ろ盾には，業績が下降気味で新規事業を模索していた雑誌社タイム-ライフ社がいた。タイム-ライフ社の HBO 担当者ジェリー・レビンは，1974 年に打ち上げられた初の国内通信向け商業衛星を使うアイデアを思いつく。翌 1975 年，HBO は，マニラからモハメド・アリのボクシング・タイトルマッチを生中継し，衛星を使った初めての CATV 局となる。つまり，HBO はいきなり市場を全米に拡大した。

　HBO は 1976 年，新しく打ち上げられた RCA の衛星に乗り換え，今度は地方局の WTCG，クリスチャン放送ネットワーク（CBN）と共同で衛星を使い始めた。HBO と CBN は有料チャンネル形式であったが，アトランタの一地方局にすぎなかった WTCG は，衛星を使って全米の CATV に配信するネットワーク局，スーパーステーションとなった。これをきっかけに，アメリカの CATV は，鮮明なテレビ画面が売りの再送信事業から，多チャンネルの有料放送事業へと概念を変え，加入者を急激に増やし始める［図 11-15］。タイム-ライフ社の CATV 事業は，1980 年には雑誌部門の業績を上回った。

　WTCG は，屋外広告会社を経営していたテッド・ターナーが，アトランタのつぶれかけの地方局を買い取り，古い映画とスポーツの娯楽路線で立て直したテレビ局だった。ターナーのスーパーステーションは，アトランタのプロ野球とプロバスケットボールのチーム，さらに映画会社の MGM まで買収していく。ターナーは，コンテンツの権利にいち早く着目した人物だったのである。しかし，それ以上にターナーを有名にしたのは，ケーブル・ニュース・ネットワーク（CNN）の開設だった。

　CNN は，地上波テレビネットワークが

スーパーステーション
　アメリカで衛星を使った全国放送が可能な CATV 局，ラジオ局，衛星放送局を指す。この用語は，提携系列局をチェーン化することで全国に同一の放送をおこなう地上波との違いを強調する際に用いられる場合が多い。

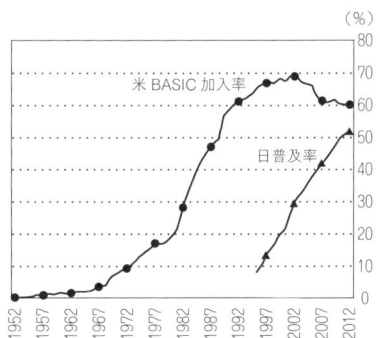

図11-15　日米 CATV 普及率
米国は基本パッケージである BASIC サービス以上の加入率。日本は自主放送をおこなう許可施設への加入率，再送信のみをおこなう施設は除く。

ニュース部門を儲からないからと縮小するなか，24時間放送のニュース専門チャンネルとして，1980年に開設された。世界各国を生中継で結ぶCNNの報道体制は，ニュースの概念自体を変えてしまう。翌1981年には，24時間音楽ビデオ専門チャンネルとして，ミュージック・テレビジョン（MTV）が開設される。MTVで最初に流れたクリップ「Video Killed The Radio Star」は，ほどなく音楽チャートがMTV中心に回る象徴となる。

こうして1980年代以降，静止通信衛星は，多チャンネルのCATVをごく当たり前の光景にしていった。

7 もうひとつの文化

フェアチャイルド半導体社のムーアは，1968年にインテルを創業する。インテルは，1970年にはトランジスタが数千から数万入った大規模集積回路（LSI）を，71年には演算処理にメモリと入出力を備えたLSIであるマイクロプロセッサ（MPU）を開発する。MPUのアイデアは，日本のビジコン社が発注した電卓の副産物だった。

アポロ計画が終了し，ARPAネットが公開され，HBOが設立された1972年，テレビに接続して使う初の家庭用ゲーム機「オデッセイ」が発売され［図11-16］，アタリ社のディスプレイを備えたアーケード向けコンピュータ・ゲーム機「ポン」が人気を得た［図11-17］。その翌年に発売された初のデジタル時計は，ENIACと同程度の性能をもっていたとされる。軍産学が開発してきたコンピュータと人工衛星は，中央集権的な核とミサイルの政治力学に利するものから，別のものへとも変わり始めていた。

1972年12月，音楽雑誌『ローリング・ストーン』にちょっと変わった記事が載る［図11-18］。「準備はいいかい，コンピュータがやってくる。サイケデリック以来の大ニュースかも」。1968年のカウンターカルチャー全盛期に『ホール・アース・カタログ』を出版し，時代の寵児になっていたスチ

図11-16 Odyssey

図11-17 Pong

図11-18 *Rolling Stone*
(1972, December 7)

ュアート・ブランドが書いたその記事は，最先端のコンピュータ研究者たちが最先端のミニ・コンピュータ（PDP-10）を使って興じているゲーム「スペースウォー！（Spacewar!）」を紹介したものだった。

実は「スペースウォー！」は，ワールウインドの流れをくむ DEC 社がミニ・コンピュータ PDP-1 を発売した 10 年前からあった。それは，ARPA 助成を受けていたマサチューセッツ工科大学（MIT）の大学院生たちがお遊びでつくった SF 風ゲームで，1971 年にはこれに似たアーケードゲームもアタリ社から発売されていた。

ブランドは，このゲームの出自が ARPA にあり，その資金を提供されていた研究者たちがいま別の研究所に集まり，誰もが手にできる最強のコンピュータを開発中であると紹介した。実現すれば，『一九八四年』の世界ではなく，人びとにパワーを与えるコンピュータができあがると。コンピュータは，もっと速くもっと小さくもっと安くなる。その行きつく先はどこで，それで何ができるのか。この記事は，大型の中央集権的なコンピュータではない，パーソナルなコンピュータへの希望を描いていた。

パーソナルなコンピュータを希求した者は，『一九八四年』とは別の世界を思い描いていた。60 年代のアメリカは，カウンターカルチャーの時代でもある。とくに西海岸にはヒッピーがあふれ，カリフォルニアの周辺では反戦運動と学生運動が起こり，LSD の実験がおこなわれ，コミューンを求める者たちがいた。ヴェトナム戦争に従軍しなければならなかった若者たちにとって，社会を考えることは自分たちの問題だった。兵役の代わりに軍事研究を選んだ若いコンピュータ科学者たちもいた。60 年代のヒッピー文化がコンピュータと結びついたとしても，なんら不思議はない。

軍や政府や研究所に，なんだかすごそうなコンピュータというものがある。SF 小説やテレビで放映されていた『スター・トレック』（1966〜）や映画『2001 年宇宙の旅』（1968）

カウンターカルチャー
　1960年代から1970年代にかけて，既存の社会体制や価値観を嫌った若者が好んだ文化，またその振る舞いや行動のこと。対抗文化，サブカルチャー，ヒッピー文化ともいい，属する若者たちはビート族，ヒッピー，ボヘミアンなどと呼ばれた。経済的に豊かになった都会の中産階級の若者たちが，親世代と同じ社会に出ていくことを嫌い，ユートピア的な世界を希求したことが背景にある。神秘思想や禅などの東洋思想，また LSD などの合成ドラックでの幻覚体験が好まれた。反戦・反核の平和主義，反科学・反消費主義のエコロジー思想などもみられ，小さな共同社会コミューンを設け自給自足生活を始める者もいた。

177

に描き出された奇妙な装置も，想像力を喚起したはずである。無線やラジオやテレビの創成期と同じように，そんな機械に魅力を感じるアマチュア予備軍たちも控えていた。ブランドはそんな予備軍たちにヒントを与えた。

8 パーソナルなコンピュータ

1974年12月，LSI化した電卓の値崩れに困っていたMITS社が，200台くらいは売れるだろうとマイクロ・コンピュータ・キットを発売する。Altairというキット名は『スター・トレック』に出てくる惑星の名だった。CPUはインテルの最新鋭i8080だが［図11-19］，価格は397ドルと驚異的な安さ（当時，DEC社のミニ・コンピュータ・シリーズでも8千ドルから5万ドルした）。翌月に電子工作の雑誌に紹介され大反響を呼び，予想の10倍以上の予約が入り，供給が間に合わないほどだった。

このキットにすぐに目をつけ，いち早く基本ソフト作成をメーカーに売り込んだポール・アレンとビル・ゲイツは，その元手で1975年4月にMicrosoft社を創業する。キットには基本ソフトも付いていなかったわけだが，そればかりか，モニターもキーボードも記憶装置もなく，CPUにスイッチや発光ダイオードをハンダ付けし，専用ケースに組み込まなければならない代物である［図11-20］。各地でキットを組み立てたり，自作ソフトを試してみたりするために，情報交換を求める人びとが集まり始めた。コンピュータとかいうもので何ができるのか。

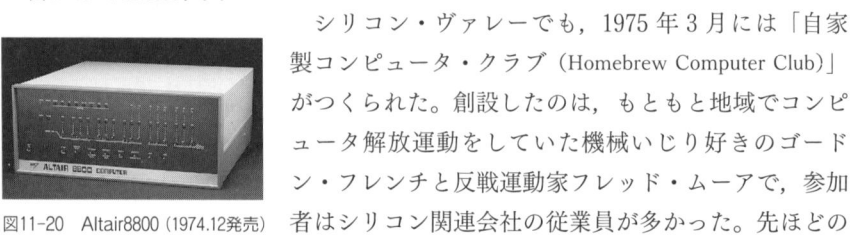

シリコン・ヴァレーでも，1975年3月には「自家製コンピュータ・クラブ（Homebrew Computer Club）」がつくられた。創設したのは，もともと地域でコンピュータ解放運動をしていた機械いじり好きのゴードン・フレンチと反戦運動家フレッド・ムーアで，参加者はシリコン関連会社の従業員が多かった。先ほどの

図11-19 Intel8080チップ

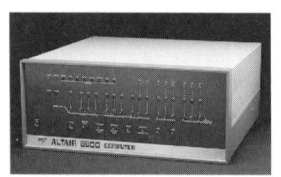

図11-20 Altair8800（1974.12発売）

第 11 章　地球村の戦争と平和

ブランド，ジョン・ドレイパー（電話代をタダにする装置ブルーボックスの考案者），リー・フェルゼンスタイン（フリースピーチ運動の推進者），のちにハイパーテキストの概念を考案するテッド・ネルソンらもいた。運営したのはカウンターカルチャー寄りの者たちで，当初はフリーとシェアの精神がクラブを包んでいたという。一方，ビル・ゲイツは，自分たちが書いた基本ソフトの海賊コピー版が，このクラブから出回っていることに激怒した。

クラブのなかでも腕利きだったヒューレット・パッカード（HP）社のスティーブ・ウォズニアックは，独自に組み立てたコンピュータ基盤をみなに披露していた。ヒッピーかぶれのアタリ社の社員が，それを売ろうとウォズニアックを誘った。かれの名はスティーブ・ジョブズ。高校生の頃からウォズニアックと知り合いで，以前にもブルーボックスを一緒に売ったりした仲だった。2 人は HP 社にもアタリ社にも断られ，仕方なく自分たちで売ることにした。地域の販売店が仕入れてくれた。1976 年 7 月，Apple I の誕生である。

Apple I は基盤のみの造りで Altair8800 の性能向上版のようなものだったが［図 11-21］，すぐに基盤とキーボード，記憶装置，拡張スロットをプラスチックケースに一体化して，テレビにつなげれば使える組み立て済みパッケージを企画した。こうして 1977 年 6 月，最初のパーソナル・コンピュータといわれる Apple II が発売される［図 11-22］。大企業しか買わないような大型コンピュータを手がけていた大手メーカーは，個人向けのコンピュータなどに未来があるとは思っていなかった。しかし Apple II は，まさにそのパソコン市場を創造した。

日本でも，1976 年，Altair8800 と似たコンピュータ・キット TK-80 が NEC から発売された［図 11-23］。これも電子工作の愛好者に受け，1979 年発売の日本

図11-21　Apple I

図11-22　Apple II

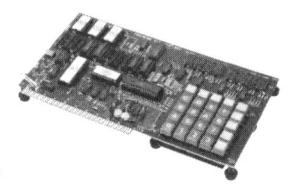

図11-23　TK-80

初のパーソナル・コンピュータ NEC の PC-8001 につながる。その PC-8001 の基本ソフトも Microsoft のものだった。

1981 年，IBM もパーソナル・コンピュータ市場に進出する［図 11-24］。その後にあふれる IBM 互換機にはみな Microsoft の基本ソフトが備わり，80 年代にはコンピュータがパーソナルであることを誰も疑わなくなった。

図11-24　IBM-PC

9　先端コンピュータとインターネット

スチュアート・ブランドが紹介していた最強のコンピュータはどうなっただろうか。かれが紹介した研究所とは，すでにコピー機市場を独占していたゼロックスが新たに設けたパロアルト研究センター（PARC）のことだった。PARC は，ARPA ネットのプロジェクトを進めた元 IPTO 部長ロバート・テイラーが率いており，ブランドの記事が出た 1972 年には，アラン・ケイというコンピュータ科学者が構想したタブレット型の教育コンピュータ「ダイナブック」を研究していた。その想像図に描かれたように，ダイナブックは，個人が，とりわけ子どもたちが気軽に手にでき，簡単に使えるパーソナルなコンピュータという構想だった［図 11-25］。

翌 1973 年，PARC は，暫定版ダイナブックとして Alto というコンピュータを作り出す［図 11-26］。ケイの構想したダイナブックにはまだまだほど遠かった。しかし Alto は，1945 年のブッシュの「メメックス」に触発されたリックライダー，ダグラス・エンゲルバート，ケイらが進めた，人間の能力を拡張してくれるコンピュータという構想が融合した，超最先端コンピュータだった。とりわけ，アイコンとウインドウを備えた直感的な操作を可能にするインターフェイスとマウス操作（GUI），そしてコンピュータ同士をつなぐネットワーク・システムは画期的だった。

Alto は PARC のなかでネットワークされて実験的に使わ

図11-25　アラン・ケイによるダイナブックの想像図

図11-26　Alto

れていた。ゼロックスはパーソナルなコンピュータなどに市場があるとは思っておらず、ようやく商品化したのは，IBM がパーソナル・コンピュータ市場に進出した 1981 年だった。先進的で高価だったそのゼロックス・スター・システムは，安い IBM 互換機に敗れてしまう。しかし Alto を見た者はみな魅了された。そんな見学者の一人が，Alto 風のシステムを備えたパーソナル・コンピュータとして 1983 年に LISA を，1984 年に Macintosh を市場に投入する［図 11-27］。

Apple は，Macintosh の発売予告 CM で，超管理社会のなかに果敢に突入する孤高のランナーがビッグ・ブラザーを打ち壊すシーンを映し出し，こう締めくくった。「あなたは，1984 年が『一九八四年』とはならない理由を目撃する」。これが Apple の示す理想だった。

ARPA は，1972 年の ARPA ネット公開後も実験を続けていた。1973 年には，静止通信衛星を使い，軍事的に重要な地点だったハワイ，ロンドン，ノルウェーを ARPA ネットにつなげる。さらに ARPA は，ハワイ諸島群で無線パケットを使えるようにしたハワイネット，移動車での使用を可能にしたサンフランシスコ湾岸地域のパケット・ラジオ・ネット（PR ネット），大西洋間でパケット衛星通信を可能にしたSAT ネットなども構築した。すべて軍事利用を前提にしていた。1977 年には，これら各ネットワークを ARPA ネットに接続する実験に成功し，これを機会に国防関係や研究機関のネットワークも次々と接続されるようになる。この別々の仕組みのネットワークをつなげる試みこそが，インターネットの仕様と概念を形成したのである。

ARPA ネットの管理組織は 1975 年から国防通信局に移っており，次第に多くの軍関係のコンピュータが接続され，インターネット化の成功とともに ARPA ネットの軍事的重要性は増していた。軍事利用のためには，大学院生などが研究に使うネットワークとの共用は好ましくない。そのため 1983 年，ARPA ネット

ダグラス・エンゲルバート
　人間を拡張する装置としてのコンピュータ開発を目指し，ハイパーテキスト概念やグラフィカル・ユーザー・インターフェース（GUI）を考案，マウスも発明，1968年の実演デモでその発想を広めた。若い共同研究者の多くがパロアルト研究センターに移り Alto 開発に携わった。ARPA ネットで最初にメッセージを受けた人物でもある（バーディーニ 2002）。

図11-27　Macintosh

から軍事用に MIL ネットが分離される。そして，残った ARPA ネットは民間に開放されることになった。

*

1980年代初めには，直感的に操作ができるパーソナルなコンピュータとそれらをつなぐことができるインターネットができあがっていた。とはいえ，パーソナルな新たなメディアが，グローバル・ヴィレッジの戦争と平和にどのように使われるのか，まだ誰もわかっていなかった。短い歴史を振り返ってみると，それらを準備したのは冷戦構造であり，中央集権的な大型コンピュータが軍事的でグローバルな権力に向けられてきたのは明らかである。宇宙開発で進められた無線レーダー，太陽電池，GPS といった技術は，偵察衛星による高度な監視と通信傍受を可能にしていた。英米を基軸とした諜報活動は，1970年代にはアメリカ，イギリス，カナダ，オーストラリア，ニュージーランドの傍受施設を結び，「エシュロン（Echelon）」と呼ばれる世界最速のコンピュータでの解析装置を備えた通信傍受ネットワークを組織し（UKUSA 同盟），あらゆる通信網が盗聴されるようにもなっていた。

地上でマス・メディアが社会に埋め込まれ日常化していく一方で，世界を地上と空から結ぶ通信ネットワークとコンピュータは，『一九八四年』の世界を現実のものにできるシステムの構築に向かっていたのである。

UKUSA 同盟
イギリス連邦（UK）のイギリス，カナダ，オーストラリア，ニュージーランドとアメリカ（USA）との諜報活動に関する同盟。第二次世界大戦時の暗号解読の協力関係を戦後も継続し，米国家安全保障局（NSA）と英政府通信本部（GCHQ）をはじめ各国の情報機関のシギント活動において協力関係にある（→ p.172）。通信技術の発達に伴い活動範囲を拡げ，可能な限りの情報収集と超高速コンピュータを使用した解析をおこなっているとされ，そのシステムの総称を「エシュロン」と呼ぶ（→第12章 p.190）。日本の米軍基地にも巨大アンテナがある。

＜参考文献＞
青木節子　2006『日本の宇宙戦略』慶應義塾大学出版会.
赤木真澄　2005『それは『ポン』から始まった——アーケード TV ゲームの成り立ち』アミューズメント通信社.
アバテ，ジャネット　2002『インターネットをつくる——柔らかな技術の社会史』（大森義行・吉田晴代訳）北海道大学図書刊行会.
エドワーズ，P・N　2003『クローズド・ワールド——コンピュータとアメリカの軍事戦略』

（深谷庄一監訳）日本評論社。
鍛冶俊樹　2002『エシュロンと情報戦争』文春新書。
キャンベル=ケリー，M／アスプレイ，W　1999『コンピューター 200 年史――情報マシーン開発物語』（山本菊男訳）海文堂出版。
クラーク，アーサー・C 著／小松左京監修　1993『地球村の彼方――未来からの伝言』同文書院インターナショナル。
シャノン，クロード・E／ウィーバー，ワレン　2009『通信の数学的理論』（植松友彦訳）ちくま学芸文庫。
バーディーニ，ティエリー　2002『ブートストラップ――人間の知的進化を目指して：ダグラス・エンゲルバート，あるいは知られざるコンピュータ研究の先駆者たち』（森田哲訳）コンピュータ・エージ社。
的川泰宣　2000『月をめざした二人の科学者――アポロとスプートニクの軌跡』中公新書。
マルコフ，ジョン　2007『パソコン創世「第 3 の神話」――カウンターカルチャーが育んだ夢』（服部桂訳）NTT 出版。
ムンク，ニナ　2006『AOL ＋タイムワーナー――史上最大の合併』（竹熊誠訳）ディスカヴァー・トゥエンティワン。
リオーダン，マイケル／ホーデスン，リリアン　1998『電子の巨人たち』上・下（鶴岡雄二／ディーン・マツシゲ訳）ソフトバンク。

第12章　ネット・インキュナブラの時代

　1970年代，先進国では新聞・ラジオ・テレビといったマス・コミュニケーションが社会で当たり前の存在になった。1980年代に入ると，ビデオ（VTR・VCR）とテレビゲームが家庭に入り，CATV経由で衛星放送のCNNやMTVが認知され，携帯型音楽プレイヤーのウォークマンが街に拡がった。中央集権型コンピュータを活用した「マルチメディア」ということばが声高にいわれ始めたのも，パーソナルなコンピュータが拡がり始めたのも，80年代だった。みなが同じ番組を見ていたテレビ放送の全盛期は70年代で，その後の紅白歌合戦の視聴率の低下に象徴されるように，80年代には多様化が始まる［図12-1］。

　そして90年代には，多チャンネル衛星放送とインターネットが日常生活のなかに登場することになる。活版印刷が登場した15世紀半ばから1500年までに出版された本のことを「インキュナブラ（揺籃期本）」というが，同様に，インターネットの活用が拡がる初期の時代をインターネットの揺籃期，いわばネット・インキュナブラ時代ということができるだろう。

図12-1　紅白歌合戦の平均世帯視聴率の推移
ビデオリサーチ調べ　関東地区。時代によって調査方法が異なる。2番組構成となった1989年より1部2部と表記。

1　冷戦構造の終焉

　インターネットの技術的基盤を準備したのは冷戦構造だった。しかしインターネットは，1990年代半ばになると，軍事目的を離れて日常に埋め込まれるようになる。そのきっか

第12章　ネット・インキュナブラの時代

けをつくったのは，80年代の政治構造の変化だった。

　1981年，ロナルド・レーガン米大統領が誕生した。元俳優で，ラジオ，映画，テレビと活躍してきたレーガンが80年代最初の大統領となったことは，1970年代がマス・メディアの全盛期だったことを象徴する出来事だろう。レーガンは，1983年3月に戦略防衛構想（SDI）を発表する。大ヒット映画の名を借りて別名「スターウォーズ計画」とも呼ばれたSDI構想は，レーダー網によって大陸間弾道ミサイルを感知し，着弾前に宇宙衛星からレーザー光線で打ち落とすという対ソ連戦略だった。いわばSAGEをより高度化したもので，核攻撃を無力化してしまうことを意図していた。さらにレーガンは，翌1984年，英独伊に中距離弾道ミサイルを配備することでソ連を包囲し始めた。

　対する共産主義圏のソ連も，冷戦構造の均衡を保つためにSDIに対抗する必要があった。しかしソ連は，技術的にも予算的にもまた国内の政治的にもSDIに対応できそうにもなかった。アメリカ側も，当時の宇宙戦略の要であったスペースシャトルの爆発事故を1986年に起こすなど，対ソ連戦略が順調に進んだわけではなかった。結果，両大国は軍縮路線に目を向けることになる。1987年，中距離核戦力（INF）全廃条約が調印され，冷戦構造は終結に向かい始める。SDIをきっかけに政治構造が変化したのである。

　同じ時期，メディアの世界では新たな技術が日常に普及しつつあった。1983年の7月には任天堂のファミリーコンピュータが，翌1984年1月にはAppleのMacintoshが発売されている。同年1月，アメリカの電話独占企業AT＆Tの地域部門が8社に解体され，ソニーが訴えられていたベータマックス訴訟では，家庭でのビデオ録画を合憲とみなす判決が出る。CATVも規制緩和され，新規参入が容易になった。1985年，日本でも通信が自由化され，電電公社がNTTとなる。通信への民間参入が可能となり，NHKがBS放送実験をするなか，民間での衛星通信放送が事業化され，多チャン

SAGE
→第11章 p.168

AT&Tの解体
　グラハム・ベルの会社を前身とするアメリカの電信電話独占会社であったが（→第9章 pp.133-135），反トラスト法訴訟により1984年初頭に解体され，AT&Tは長距離電話部門のみとなる。この解体によって競争が促され，電話料金が劇的に下がるとともに，その後の携帯電話やインターネットなど通信事業全般への新規参入やM&Aが促された。翌年の電電公社の民営化と日本の通信の自由化政策もこれに倣っている。

ベータマックス訴訟
　ベータマックスは，ソニーが開発したカセット型ビデオレコーダーの商品名。1975年にアメリカで発売されたが，翌年に大手映画テレビ製作会社のユニヴァーサルが著作権侵害でソニーを訴えた。1950年代半ばのトランジスタ・ラジオ（→第11章 p.169），70年代半ばのビデオ，80年代のウォークマンと，ソニーはメディアによって新しい文化を創造する企業の象徴となっていた。

185

ネル化への道が開けた。また民間企業となったNTTは，初の持ち運び可能な携帯電話機ショルダーホンのレンタルを開始した。この1985年は，プラザ合意によって円高が進み，低金利政策のなか，日本がバブル景気に突入していく時期にあたる。

1989年，ソ連に属していた東欧諸国が独立し始め，東欧民主化革命が進む。11月には東西ドイツを分断していたベルリンの壁が破壊され，12月には米ソのマルタ会談において冷戦の終結が宣言された。1990年，東西ドイツが統一され，1991年，ソヴィエト連邦は崩壊した。それ以降，戦略兵器削減条約の更新によって核兵器は削減され続けることになる。冷戦構造の終結によって，1990年代以降，世界の構図はアメリカの一極支配構造に変わった。その後の世界は，アメリカ主導の経済政策のもとで，グローバリゼーションの潮流に巻き込まれるようになっていく。

2 ネット時代の萌芽

インターネット技術は，冷戦構造のなかで開発され育っていた。1983年4月，SDI発表の直後という絶妙なタイミングで，ARPAネットから軍事用のMILネットが分離され，別々に動き始めることになる。その後のアメリカの軍事用ネットワークの動向の詳細はよくわからない。

一方，コンピュータが安くなり通信規格が整っていくにつれ，ARPAネットとは異なるコンピュータ・ネットワークも育っていた。1979年以来，UNIXというOSを使ったコンピュータ間での掲示板システムが共有され，USEネットとして知られるようになる。同じ頃，全米科学財団（NSF）は，軍事研究に従事していない研究機関のための援助を検討し始め，1980年代半ばには，ARPAネットに接続できない大学を中心としたコンピュータ・サイエンス・ネットワーク（CSネット）が拡大し，日本も含めた多くの研究機関が接続していった。さらにNSFは，1986年に全米のスーパーコン

プラザ合意

1985年9月，ニューヨークのプラザホテルでG5（米英仏独日，先進五カ国会議）が発表した，ドル安円高への誘導金融政策の合意。当時，アメリカの貿易赤字と財政赤字が，基軸通貨であるドル相場を不安定な状態にしており，その解消策として対日赤字を減少させる政策だった。これにより230円台であったドル円レートは1年後には150円台となり，日本では不動産や株式への投機が始まり，実体経済とかけ離れた好景気となった。一時的なバブル現象であった景気は1991年に崩壊，その後の日本は低成長の時代となる。

ピュータを結ぶ NSF ネットを構築する。CS ネットと NSF ネットは，軍事部門と切り離された ARPA ネットとも接続し，主に大学を中心とした教育研究目的のネットワークに育っていった。ベルリンの壁が崩壊した 1989 年，古くなった ARPA ネットの接続線が廃止され，NSF に吸収される。つまりこの NSF ネットが，のちにインターネットと呼ばれるネットワーク網の基幹部分を担うことになる。

　1980 年代には，コンピュータのタイムシェアリングを利用した商用のネットワーク・サービスも拡がっていた。サービスを提供するコンピュータに電話回線で接続し，文字情報だけの掲示板（BBS）機能や電子メールを会員間で共有する，いわゆる「パソコン通信」と呼ばれたものである。最大手となったアメリカのコンピュサーブは，1979 年からパソコン通信サービスを開始しており，草の根のパソコン通信サービスも数多く出現した。有名なのは，スチュアード・ブランドらが 1985 年に創設した WELL だろう。ハワード・ラインゴールドは，そのパソコン通信での体験を「バーチャル・コミュニティ」と表現している（ラインゴールド　1995）。すでに 80 年代後半には，コンピュータを介してつながったバーチャルな人間関係や集団意識が出現しており，一部のコンピュータ通信網は，社会関係を築くソーシャルなメディアを形成していたのである。日本でも 1985 年の NTT 民営化以降，アスキー出版系のアスキーネット，NEC 系の PC-VAN，富士通系のニフティサーブといった大手パソコン通信サービスが登場し，会員数を増やしていた。

　インターネットが日常的に認識されることになる 1995 年までは，大学等の研究機関や軍事機関を除けば，パソコンのネットワークといえばパソコン通信のことを意味していた。パソコン通信は，サービスに加入した会員間だけのコミュニティではあったが，日々の趣味情報などの濃密なやりとりのなかで新しい人間関係を出現させており，日常空間で集まるオフ会などもおこなわれていた。パソコン通信の参加者たち

187

は，その後も集まりやすい新しいネット上のサービスができれば，そのたびにコミュニティの場を移動し，つながり続けていくことになる。

3　新しい戦争

　冷戦の終結後，アメリカは圧倒的な軍事力の誇示とグローバリゼーション政策を進めていた。冷戦後の米経済政策のさしあたっての目標は，核軍縮を進めながら，エネルギーを確保し，経済競争力を強化していくことだった。そうしたなかでの1991年の湾岸戦争は，冷戦後の世界秩序を示した新しい戦争だったということができる。しかも湾岸戦争は，メディアを駆使したという点でも新しい戦争だった。

　湾岸戦争は，イラクのクウェート侵攻に対し，アメリカが国際連合のもとで多国籍軍を募り，空爆を開始したことに始まる。つまり，アメリカの政策に賛同する欧米諸国が，軍事産業に金を落としながら，中東の石油エネルギーの安定化をはかった戦争だった。この戦争は，アメリカの世界への覇権を示すとともに，イスラム社会との対立を深め，その後2001年のアメリカ同時多発テロ事件（9.11）や2003年以降のイラク戦争をもたらすことにもなる。

　イラクのクウェート侵攻に対する多国籍軍の介入は大義に乏しかったため，民意の賛同を得るためにイラクの悪を叫ぶブラック・プロパガンダが盛んにおこなわれた。のちによく知られるようになったのは，身勝手な環境破壊とされたペルシャ湾への原油流出と，イラク兵の乳児への残虐行為を告発する議会証言だろう。油まみれの水鳥が象徴化された前者は，アメリカ主導の多国籍軍の一方的なプロパガンダ発表で，原油流出は米軍の空爆によるものだった［図12-2］。後者は，PR会社によるプロパガンダで，駐米クウェート大使の娘が身分を隠しておこなった虚偽証言だった。こうした金で雇われたPR会社などによる民意の誘導のことを，草の根を偽装した人工芝という意味で「アストロターフィング（astroturf-

図12-2　油まみれの水鳥

ing)」という。

　湾岸戦争時，CNN特派員のピーター・アーネットは，ただ一人バグダードにとどまりながら，衛星を駆使したライブ中継を試み続け［図12-3］，暗闇に光る花火のような爆撃の様子を世界で初めてリアルタイムで放送した［図12-4］。だが，イラク政府が現地での報道を許したのがCNNだけだったこともあり，イラク政府も多国籍軍も，CNNに検閲済み映像を活用させるよう仕向けていた。イラク側は相手の非道を告発し，ヴェトナム戦争時のような反戦運動を避けたいアメリカ側は，人の血の流れないスマートな戦争を演出した。その結果，GPSとレーダーを用いた空爆機が目的地点をピンポイントで破壊するような米軍発表の映像が，繰り返し映し出されることになる。まるでテレビゲームのようなその映像から，「任天堂戦争」とも呼ばれた。こうした取材規制と戦時検閲，そしてプロパガンダ演出と大本営発表ばかりの湾岸戦争の報道は，「ジャーナリズムの敗北」，「メディアの敗北」と総括されることになる（木下　2005）。

図12-3　アーネットの衛星生中継の様子

図12-4　CNNが放送した爆撃の様子

　湾岸戦争は，冷戦後の新しい戦争であった。また，マス・メディアによって民意を誘導し，都合のよい映像だけを見せるという意味では，マス・メディア時代の戦争であった。だが，その後のインターネット環境の普及を考えれば，マス・メディア時代の最後の戦争であったということもできるだろう。

4　経済政策としてのインターネット商用化

　湾岸戦争が終了したのち，アメリカは，アルバート・ゴア議員が次世代の経済戦略として提案していた「高性能コンピューティング法（HPC法）」を成立させる。HPC法は，国家戦略として高性能コンピュータと全米研究教育ネットワーク（NREN）を整備し，あらゆる研究開発の基盤とすることを

目的とした法律だった。さらに翌年,「情報基盤および技術法」で情報インフラ計画をまとめ,「1992年の科学と先進技術法」で,NSFネットの商用化利用を法的に認める（脇2003）。そして,この92年の大統領選挙戦を勝ち抜いたのは,経済政策を最優先事項としてあげたビル・クリントン,副大統領となったのはアルバート・ゴアだった。

クリントン政権は,国家経済会議を設置し,様々な経済政策を計画した。ここで特筆すべきは,軍事技術の民間活用政策,とくに「情報スーパーハイウェイ構想」とエシュロンなど軍事傍受網の経済的利用だろう。ゴアが主導した情報スーパーハイウェイ構想は,かつての高速道路のように,高速インターネット通信網を経済上のインフラとして全米に構築することを目的としていた。連邦通信委員会（FCC）は,この新たなインフラの整備に民間の活力を利用するため,電話,通信,CATVなどの規制緩和を検討し始める。

連邦通信委員会
→第9章 p.144 連邦通信委員会

エシュロンは,冷戦時代に軍事目的で整備され,活用されてきた偵察衛星を含む国際盗聴システムである。クリントン政権以降,情報活動の4割を経済・産業分野に振り分けるという国家経済会議でのCIA長官の発言通り,アメリカは傍受網を使った産業スパイ活動を活発化させていく。これに伴い,秘密とされてきたエシュロンとその運営機関である米国家安全保障局（NSA）がEU議会で問題視されるようにもなった。インフラとしてのインターネットが普及するにつれ,経済ブロック間での情報戦争,あるいは経済のための軍事的なサイバー戦争も,さらに活発におこなわれるようになっていく（鍛冶 2002）。

エシュロン
→第11章 p.182 UKUSA同盟

国家安全保障局
→第11章 p.172 国家安全保障局

冷戦終結後のアメリカの経済政策は,もともとその庇護のもとでハイテクの国にのし上がった日本に対する経済競争力の強化という側面が強かった。高性能コンピュータと高速通信網を整備して教育研究活動を活性化させていくというゴアの経済政策も,もともと対日本戦略である。日本は,1984年から数校の大学間で始めたインターネットを全国の研究機

関へと拡げており，NTT も民営化後すぐに高速通信網を整備し始め，1990 年までには大西洋と太平洋そして国内全土へと光ファイバー網をつないでいた。アメリカで商用インターネットサービスが正式に許可された 1992 年には，日本でも商用インターネット接続サービスが始まっている。だがこの時期以降の日本は，湾岸戦争での原油高騰，その後のバブルの崩壊と，アメリカの思惑通りか低成長の時代を迎えることになる。

　商用化されたとはいえ，実際にインターネットが普及するには 3 つのアクセシビリティが必要だった。情報の作成提供のしやすさ，提供された情報の閲覧のしやすさ，そして扱いやすいコンピュータの低価格化，である。最初の 2 つを可能にしたのは，インターネット上で情報を管理しながら閲覧掲載する仕組みと，それを見るソフトウェアの作成だった。これに対応するのが，1990 年に考案された「ワールド・ワイド・ウェブ（WWW）」と呼ばれる一種の情報管理ソフトとその記述言語 HTML，そして 1993 年に大学生によってつくられた閲覧ブラウザ用のソフト「モザイク」である。安く扱いやすいコンピュータとみなされたのは，IBM 互換機と GUI 型 OS だろう。1995 年，Microsoft が Alto そして Macintosh の系譜を引く GUI 型 OS「Windows95」を IBM 互換機向けに発売し，同時期に検索サービスの Yahoo! も登場，インターネットの普及体制が整う。まさに 1995 年は，インターネット元年と呼ばれるのにふさわしい年だった。

　1996 年，大統領令によって米国防総省の GPS が無料で民間に開放される。もちろん機能は制限されたが，ネット時代の情報インフラへの対応と GPS の国際標準化をねらったものだった。ほぼ同時に，米国防総省はインターネットを使ったサイバー攻撃対策を本格化し始めた。また FCC は，1934 年のラジオ時代に制定して以来，細かな修正が付加されていただけの通信法を抜本的に改正した。「1996 年の電気通信法」で目指されたのは，長距離電話，地域電話，放送，通信，

191

図12-5 反検閲ブルー・リボン・キャンペーンのバナー

電子フロンティア財団
(EFF, Electronic Frontier Foundation)
　デジタル社会での自由な言論の権利保護を目的に1990年に設立されたアメリカの非営利団体。政府によるネット検閲反対運動「ブルーリボン運動」を主導した。デジタル社会における個人の自由と著作権の公正な使用を主張しており，しばしばそれらを侵害する政府や大企業と対立する傾向にある。

CATVなど各事業への新規参入を容易にし，消費者の負担を軽減させ，情報インフラの普及を促進することだった。この新通信法には，放送と通信の相互参入，業態をまたいだ複数の事業の所有（クロスオーナーシップ）規制の緩和，そして「通信品位法」と呼ばれた言論規制などが盛り込まれた。

　FCCは通信や放送が商業独占に陥らないように管理と監視をしてきた組織であり，クロスオーナーシップの規制緩和はこれまでと真逆の政策だった。言論規制に対しては，ブルーリボンを掲げた反対運動が起こる［図12-5］。この反検閲運動は，草の根パソコン通信WELLで知り合った数人が創設した電子フロンティア財団（EFF）が主導していた。結果，通信品位法は言論の自由を保障した憲法に違反するとして連邦地裁によって無効とされ，以後，ブルーリボンは言論の自由を守る象徴として使われるようになる。しかし，クロスオーナーシップ規制は，国際的な経済競争力を高めるために，その後もさらに緩和される方向に進んでいく。

5　ケータイ文化

　インターネットの普及期は，ちょうど携帯電話の普及期と重なる。無線パケットを使ったインターネット接続は，1970年代にはすでにARPAネットでおこなわれていた。しかし，インターネットにつながる無線携帯端末はすぐには登場しなかった。まずはインターネット端末となる前の日本のケータイ文化から把握しておこう。

　ケータイ文化という意味では，携帯電話が普及する以前のポケットベル時代を知る必要がある。略してポケベルは，日本では1968年にサービスが開始された小型の無線呼び出し端末のことで，会社から呼び出しを受ける営業マン向けの無線機器だった。1985年のNTT民営化以降に新規参入で料金が下がり，音での呼び出しに加え数字が表示できるようになったことで，主に女子高校生がつながりあう道具として使うようになる。毎日顔をつきあわせる学校の友人や恋人と頻繁

にメッセージをやりとりしたり，ポケベル番号だけしか知らない「ベル友」と交流したりと，1990年前後にはすでにのちの携帯電話と似た使い方が拡がっていた。共通する特徴は，つながりを確認するためだけの交流が目的化していたことだろう。こうした自己充足的なやりとりのことを「コンサマトリーなコミュニケーション」という。ポケベル契約数のピークは1996年だった［図12-6］。1997年に発表された所持率調査では男子高生20％弱，女子高生40％強，他方でゲーム機所持率は女子高生20％弱，男子高生は70％超えと行動の違いが目立つ（情報通信総合研究所編　2001）。

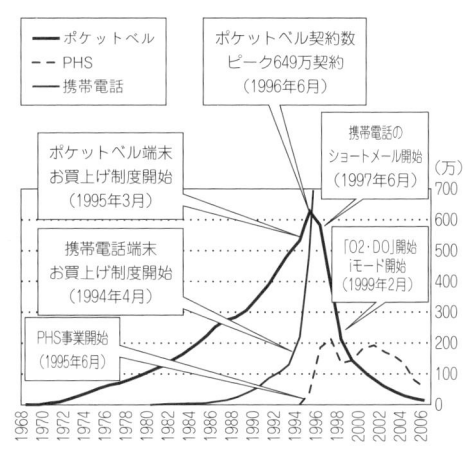

図12-6　ポケベル，PHS，携帯電話の契約数の推移

一方，携帯電話は，電電公社が1979年に世界初の自動車電話サービスを始め，1984年までには全国に拡げられた。翌1985年に，民営化されたNTTのもとで，自動車電話を持ち運び可能にしたショルダーホン［図12-7］が登場し，1987年には携帯電話専用サービスが開始される。端末の小型化は時間の問題だったが，全国展開した1984年から10年たっても普及率は2％にも達しなかった。日本で携帯電話の普及が進むのは，事業者が3社となり，日本独自のPHSなど携帯電話のバリエーションが増えたうえで，端末がレンタル制から買い取り制となった後だった。それは，初期費用を含めたコストが大幅に安くなった1995年以降である。

図12-7　初の携帯電話
　　　　ショルダーホン
　　　　（100型）

安くなった携帯電話とさらに廉価なPHSが登場し，ビジネス利用が移行したことで，1996年以降ポケベルは急激に衰退する。しばらくはポケベルを使い続けた若者層も，PHSにポケベル風の絵文字やメール機能が付くと乗り換えた。日本の若者が育んだケータイ文化は，ポケベルでメッセージを

やりとりする文化を生み，さらには PHS への移行においても音声通話よりメール機能を重視した．つまりケータイ文化では，用件的なコミュニケーションよりも，コンサマトリーなコミュニケーションが重要だったのである．

日本仕様の携帯電話は，当初，世界標準規格であるはずのショート・メッセージ・サービス（SMS）という携帯電話番号宛のメール機能をもっていなかった．そこで日本の携帯電話は，他社宛のメッセージ送受信を可能にするために，1997年から世界に先駆けて，インターネット経由のメール機能を搭載するようになる．さらに 1999 年には，docomo が携帯電話端末単体からの世界初のインターネット接続サービスiモードを始める．各社が追随した結果，日本は世界に先駆けて，インターネット端末を常に持ち歩くケータイ文化をもつことになった．

これで機能的にもコスト的にも優位性が薄れた PHS は衰退し始め，逆に 2000 年以降の携帯電話は多彩なメール機能，カメラ，音楽やアプリのダウンロード，ワンセグテレビや IC 機能など，機能を増やしていく．日本独自の携帯電話の多機能化は，世界先端のケータイ文化をさらに発展させたが，輸出需要のない日本国内専用の端末はのちに「ガラパゴスケータイ」ともいわれるようになる．

6　インターネット上のサービスの拡大

2001 年 9 月 11 日，アメリカのグローバル資本主義の象徴であるニューヨークのワールド・トレード・センターに旅客機が突っ込み，崩壊する様子が世界中に生中継された［図12-8］．このビルに突っ込んだ飛行機は 2 機，国防総省にも 1 機が突っ込んだ．墜落した 1 機は，ホワイトハウスを目指していたという．この同時多発テロは，アメリカの中東介入に対するイスラム社会の反発が起こした事件だとされる．アメリカはテロへの報復と中東の民主化を求め，有志連合国によるアフガニスタン侵攻を始めた．さらに，湾岸戦争と同様に，

図12-8　9.11のライブ映像

国連による多国籍軍を組織したうえで，2003年からイラク侵攻を始める。イラク戦争の終結が宣言されたのは2011年末だった。

　同時多発テロとイラク戦争は，世界に軍事情報技術の現状を見せつける新たな機会となった。冷戦後の軍事費削減のためか，エシュロンはテロを防げず，レーダー網を駆使した防空対策は機能しなかった。9.11後から2011年までアメリカの軍事費は増強され，あらゆる情報網と交通網はあからさまな傍受と検閲の対象となった。国連多国籍軍の組織化工作ではUKUSA同盟の傍受組織の活動が明らかになり，改めて稼働しているエシュロンの存在が話題となる。戦場では，湾岸戦争時よりも高度化された統制システムが用いられ，情報を駆使した軍事の革命が進められていた。いわゆるC4ISR（指揮，統制，通信，コンピュータ，諜報，監視，偵察）システムの高度化である。

　情報網が着々と傍受の対象となっていったこのネット・インキュナブラ時代の初期，インターネットに接続された状況を前提としたネットサービスが多数登場した。ネットショッピングの登場は，例えばAmazonが1995年，楽天市場が1997年，Yahoo!オークション（現・ヤフオク！）が1999年と比較的早い。また1998年には検索エンジンのGoogleが創業し，1999年には非会員制の電子掲示板システム「2ちゃんねる」が開始された。2000年前後に，ウェブページを簡単に作成更新できるブログが登場し，以後はオンライン上のブログ・サービスが拡がる。ブログを個人や共同で作成する者が増え，いわゆる消費者生成メディア（CGM）が拡大する。2001年に始まった百科事典プロジェクトWikipediaもそのひとつである。2004年には，アメリカでは実名式のFacebook，日本では匿名式のmixiなど，ソーシャル・ネットワーキング・サービス（SNS）が始まる。SNSは，ウェブ上でのブログ作成を会員制のコミュニティ内のみで展開させたもので，内容的にはかつてのパソコン通信と変わらない。

195

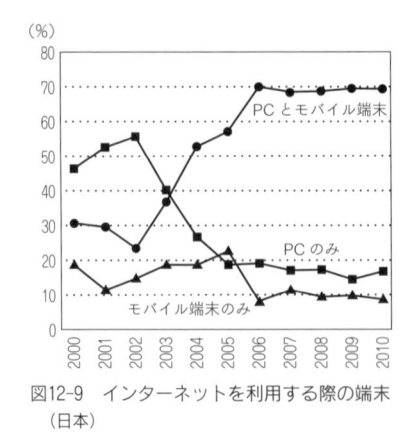

図12-9　インターネットを利用する際の端末（日本）

しかしインターネット上で展開することで，会員数の規模は比較にならないほど大きくなった。日本ではSNSが早くから携帯電話に対応したことで，若年層を中心に利用者を増やし，インターネット普及率をも押し上げていった。2000年代半ばの世界のインターネット利用者がほぼパソコン利用者であったのとは異なり，日本ではネット接続されたケータイ文化が同時に進行していたことになる［図12-9］。

2006年には，マイクロ・ブログとも呼ばれるTwitterサービスが開始され，Facebookも一般に拡大，またYouTube（2005.12公開）が本格的に始動し，ニコニコ動画が登場した。2007年になると，個人で生中継ができる動画ストリーミングのUstreamやニコニコ生放送サービスも開始された。

そして同年，AppleのiPhoneが登場する。iPhoneは，日本がいち早く経験していたケータイ文化を世界に経験させた携帯電話端末だった。iPhone以降のスマートフォンと総称された携帯電話は，インターネットに常時つながった，電話もできる小さなパソコン，だと理解したほうがいい。スマートフォンは，携帯電話を持ち歩く習慣を，スタイリッシュなネット接続機能付き多機能パソコンを身につける習慣に変えてしまったのである。

7　ネット・インキュナブラの時代

初期ネット・インキュナブラ時代の15年ほどのインターネット利用を概観しておこう。インターネット利用者は爆発的に増え続けている。言語別にみると，一貫して英語使用者が多いが，その他の言語使用者も着実に増えている。急激に利用者が増えているのは中国語使用者である［図12-10］。地域別の普及率という点ではアメリカ，オセアニア，ヨーロッ

パが高く、アジア、アフリカは低い［図12-11］。利用者数の多い11カ国を取り出してみると、中国が突出しており、普及率では中国、インドネシア、インドがいまだ低い［図12-12］。これらを考慮すると、普及率の高い先進国は今後あまり増加は見込めないが、アジア地域での利用者のさらなる増加が予測される。

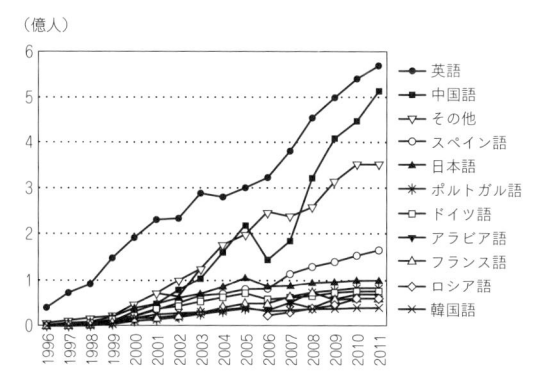

図12-10　インターネット利用者の言語別人口
2011年度の上位10カ国を基準にしているため、ロシア語は2006〜、アラビア語は2007〜の数字。

　一方、ウェブ上のコンテンツに使われている言語をみると、英語は2000年から2012年にかけて68％から55％に減少している［図12-13］。とはいえ、いまだ支配率は圧倒的に高く、インターネット上のコンテンツの半分以上は英語で書かれていることになる。これを踏まえると、世界一の人口をもつ中国を筆頭に、アジア新興国のネット利用者はさらに増加するはずである。なかでも、世界2位の人口をもつインドや世界4位の人口をもつインドネシアといった英語力のある国は、言語使用という点でも利点があり、経済力がつけば利用者をさらに急増させる潜在力を秘めているといえる。

　インターネット利用は、そもそもコンピュータ所有や通信インフラが整備されていることが前提になる。つまり、地域や国の経済力が普及率を左右する大きな要因となる。コンピュータ所有率を地域別にみると、ヨーロッパやアメリカでは高いが、アラブ諸国とアジア・太平洋地域では30％程度、アフリカでは6％ほどしかない［図12-14］。家庭でのインターネット接続率もおよそコンピュータ所有率に比例しており、アフリカでは4％ほどである［図12-15］。こうした情報通信技術の普及格差のことを「デジタル・ディバイド」という。デジタル・ディバイドは、そもそも南北問題や経済格差を反

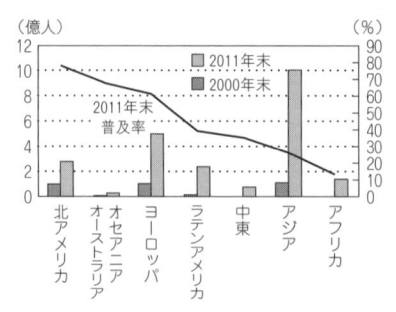

図12-11 地域別インターネット利用者数と普及率（2012年3月末）

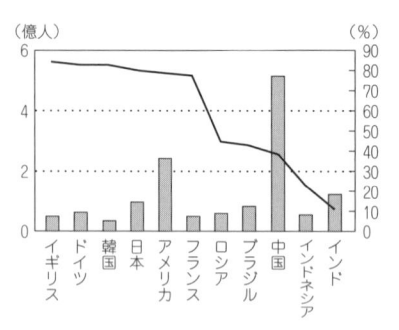

図12-12 インターネット利用者数の多い国と普及率（2012年3月末）

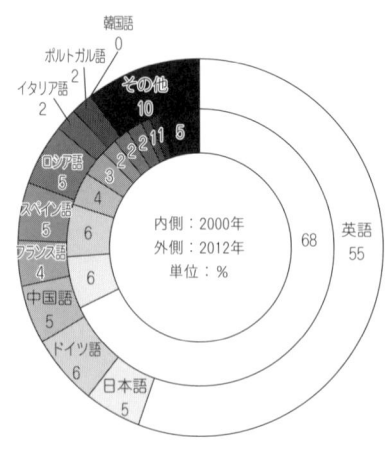

図12-13 ウェブ上のコンテンツに利用されている言語の割合（2000／2012）

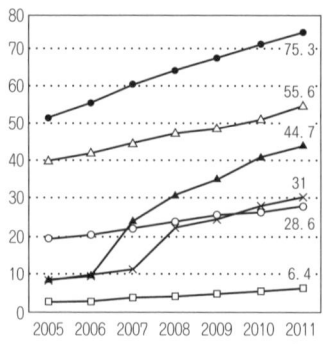

図12-14 地域別コンピュータ所有率

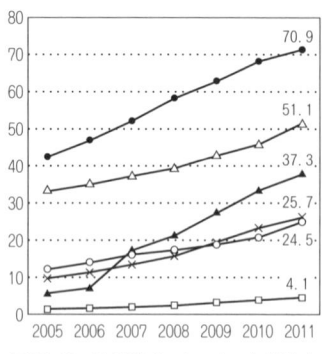

図12-15 地域別インターネット接続率

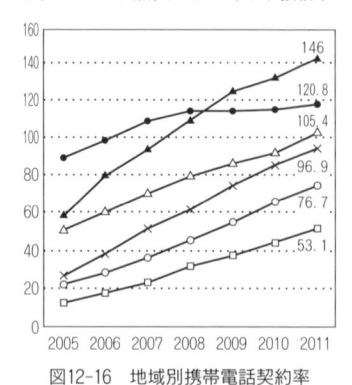

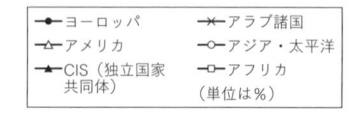

図12-16 地域別携帯電話契約率

映しており，リテラシーを向上させるものとして活用できる情報技術が，さらに格差を助長するものとなる可能性は高い。

しかし，今後デジタル・ディバイドを縮小させるかもしれない情報技術がある。携帯電話である。地域別の携帯電話契約をみると，経済格差に比例してはいるものの，人口割合からするとアラブ諸国では96％，アジア・太平洋で76％，アフリカでもすでに50％を超えており，携帯電話を端末としたネット接続の普及が予想される［図12-16］。今後は，情報技術が浸透していない地域ほど，コンピュータを飛び越え，携帯電話の通信インフラ網でのモバイル・インターネット利用が拡がることになるだろう。

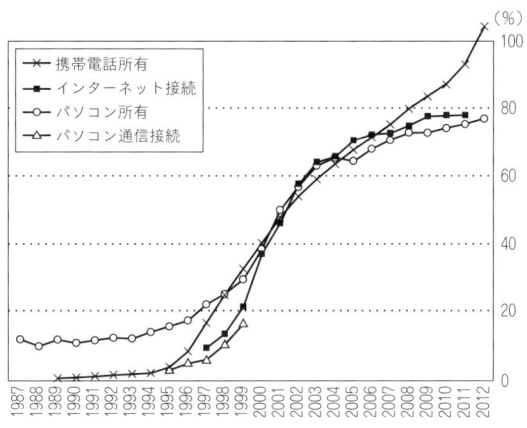

図12-17 日本での携帯・パソコン・ネット通信の普及率

日本では，2001年当時のパソコン，インターネット，携帯電話の普及率は50％前後とほぼ同じだった。2012年には，パソコンとインターネットは約80％，携帯電話は100％を超えた普及率となっている［図12-17］。

インターネットは，21世紀への世紀転換期をはさみ，世界の先進国と新興国で軍事目的以外でも新しい時代の経済インフラとして拡がった。さらに世界中に利用者が増えることでコミュニケーションの新しいインフラとなり，ネット・インキュナブラ時代を超えていくことになるだろう。

*

インターネット元年と呼ばれた1995年から10年ほどで，メディア環境は急激に変化した。マス・メディア時代に一方的に送られてくる情報を相手にしていただけだった人びとは，

インターネットの普及とソフトの多機能化によって，いまや情報とネットワークの生産者になることができる。しかし，こうしてあらゆる施設がネットワーク化されたコンピュータで制御され，誰もがどこかでつながっている環境は，かつてのグローバル・ヴィレッジの夢をもたらしてくれるのか，それとも『一九八四年』の世界の実現を容易にするのだろうか。

＜参考文献＞
アレン，トマス・B／ベリー，F・クリフトン／ポルマー，ノーマン　1991『湾岸戦争』（鈴木主税訳）角川書店。
鍛治俊樹　2002『エシュロンと情報戦争』文春新書。
木下和寛　2005『メディアは戦争にどうかかわってきたか──日露戦争から対テロ戦争まで』朝日新聞社。
キーフ，パトリック・ラーデン　2005『チャター──全世界盗聴網が監視するテロと日常』（冷泉彰彦訳）日本放送出版協会。
情報通信総合研究所編　2001『ポケットベル・サービス30年の歩み──ページングからマルチキャストへ』エヌ・ティ・ティ・ドコモ研究開発企画部。
チョムスキー，ノーム　2003『メディア・コントロール──正義なき民主主義と国際社会』（鈴木主税訳）集英社新書。
富田英典ほか　1997『ポケベル・ケータイ主義！』ジャストシステム。
ラインゴールド，ハワード　1995『バーチャル・コミュニティ──コンピューター・ネットワークが創る新しい社会』（会津泉訳）三田出版会。
脇英世　2003『インターネットを創った人たち』青土社。

第 13 章　ネット時代のリテラシー

　いつでもどこでもインターネットに接続できるネット社会は，情報コミュニケーション技術（ICT）を社会に埋め込み環境化するひとつの在り方である。インターネットの仕組みを育ててきた人たちは，そのデザインがオープンであること，そしてフリーであることを大切にしてきた。オープンであるとは，中央集権的な独占システムではなく，誰にでも開かれており，また誰もが参加できること，フリーとは自由であることを意味する。つまりインターネットのデザインは，政治や経済に左右されず，誰もが参加できる自由な表現空間を共有し，また誰もが創造性を高める場であることを念頭につくられてきたといってよい（レッシグ　2004）。

　ネット・インキュナブラ時代以降の社会は，インターネットの理念を実現する社会になるのだろうか。考えなければならない問題は，相変わらず「知の独占」をどう防ぎ，「知の拡大」をどう進めるのか，そして人びとのつながりをどう保つのかにあるだろう。果たして，すべてをつなげるメディアは，世界の人びとを幸せにしてくれるのだろうか。

1　リテラシーとデジタル・ディバイドの解消

　ネット・インキュナブラ時代のリテラシー率は，世界全体でみるとすでに 85 ％程度に達している。若年層での向上は著しいが，いまだ地域的には偏りがあり，アフリカ中部では 50 ％に満たない国もある［図 13-1］。インターネットはコンピュータ上の文字情報が基本であり，ネット社会だからこそ，リテラシーは必須の能力となる。加えてコンピュータの知識も必要であり，格差の是正は急務である。

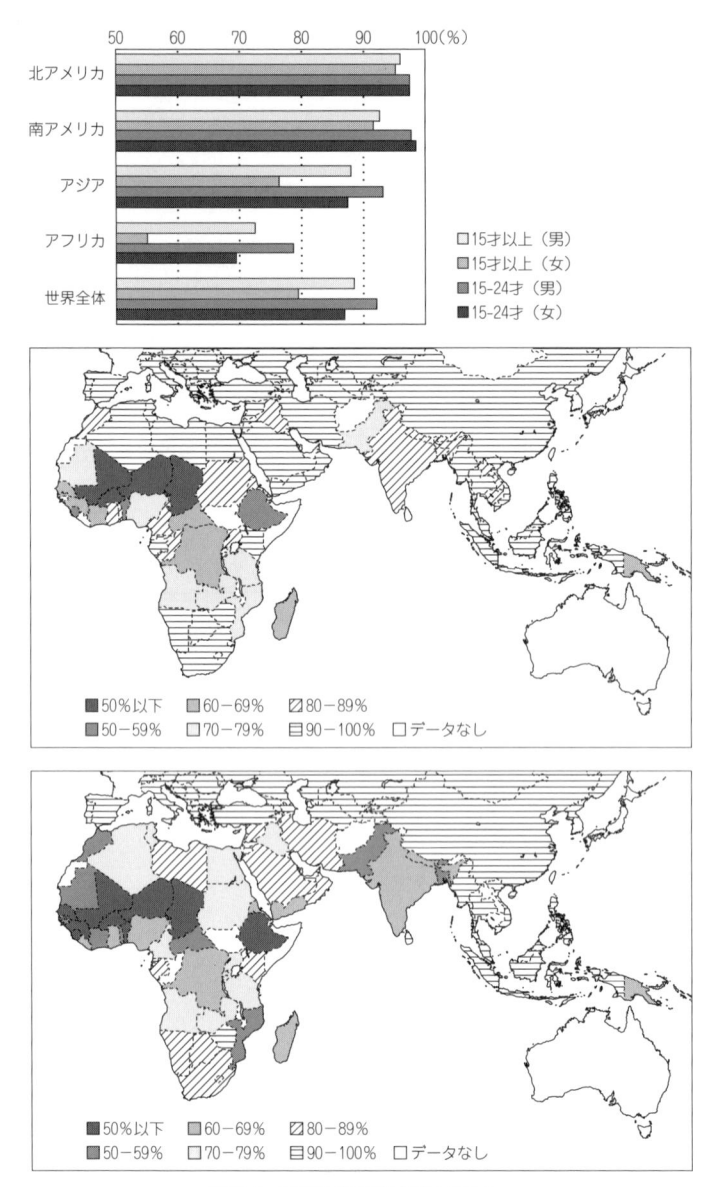

図13-1　2010年度の地域別リテラシー
上：地域別，中：15-24歳，下：15歳以上

第 13 章　ネット時代のリテラシー

　1968 年，アラン・ケイは，子どもたちの教育のためのコンピュータという発想で，タブレット型のコンピュータ「ダイナブック」を構想した。2010 年に登場した Apple の iPad に始まるタブレット型端末が，「ダイナブック」をほぼ実現したといえるだろう。メソポタミアで発掘された最古の文字もタブレットに刻まれていた。パピルスのように持ち運びやすい端末が出るのもおそらく近い。新しいメディアを活用した教育は，先進国ではすぐに始められる。しかし，発展途上国ではなかなか進まないため，デジタル・ディバイドがさらに開く可能性も高い。

アラン・ケイ
→第11章 p.180

パピルス
→第 1 章 p.9

　格差是正やコンピュータ教育のための動きはいくつかある。アラン・ケイやマサチューセッツ工科大学（MIT）のニコラス・ネグロポンテなどは，発展途上国の子どもたちに廉価な教育用コンピュータを普及させる NPO 活動をおこなっている。この活動で買い上げられた 100 ドルパソコンは，子どもたちと教師たちの手にすでに 300 万台以上渡っている（2013 年時点，One Laptop Per Child HP）［図13-2］。またラズベリー・パイ財団という NPO は，2012 年に 25 ドルという格安の小型コンピュータを提供し始めた（Raspberry Pi 財団 HP）。より大規模なのは，2011 年にインド政府が教育用途に開発し，学生向けに 2000 ルピー程度（日本円で 3000

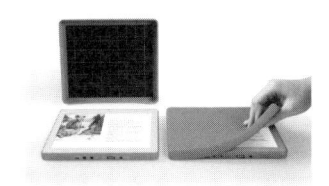

図13-2　One Laptop Per Child の100ドルパソコン The XO-3

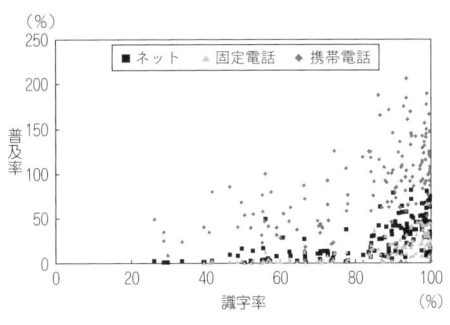

図13-3　識字率と通信機器普及率の関係（2010年）

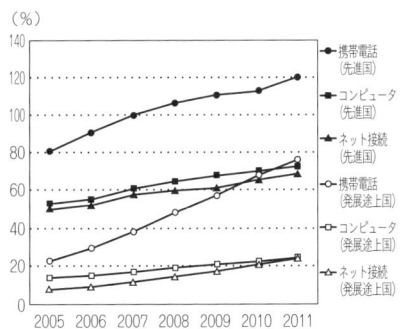

図13-4　先進国と発展途上国のネット状況

203

円程度）で提供し始めた，タブレット型のコンピュータ Aakash だろう。Aakash は UbiSlate という名称で，一般市場でも 5000 円程度で販売されている（Aakash を製造した Datawind の HP）。

　ネット接続されたコンピュータの普及は，ボランティア組織や政府の主導以外でも進んでいる。小型コンピュータ化した携帯電話の普及である。2000 年以降，リテラシー（識字率）の低い国ほど，家庭での固定電話やネット接続よりも携帯電話の普及ペースが速い［図 13-3, 図 13-4］。現状では，どの携帯電話でもインターネット接続が可能なわけではないが，通信インフラの整備と技術の廉価化がさらに進むにつれ，世界のどこでもネット接続が当たり前となっていくのは，時間の問題だといえる。

2　ネット社会の軍事体制と政治体制

　じきにインターネットは，先進国だけでなく，世界中の人びとがつながり合えるインフラとなるだろう。しかし，インターネットが当初の理念通りオープンでフリーであるとは限らない。逆にオープンでフリーであるからこそ，流れる情報のすべては容易に監視と傍受と収集と攻撃の対象となり，検閲や管理また独占の動きがあることは否めない。

　エシュロンのような傍受システムは収集の対象を増やしている。そればかりか，バーチャルなサイバー空間は，すでに陸・海・空・宇宙に続く「第 5 の戦場」とみなされている。米国防総省は第 5 の戦場に対応するため，2005 年にサイバー部隊を組織し，翌年からサイバー攻撃を想定した大規模演習「サイバーストーム」を始めた。2010 年には，日本の警察庁も含めた 13 カ国がこの演習に参加している。コンピュータ・ウイルスを用いた攻撃もすでに現実である。アメリカとイスラエルがおこなったスタックスネット（Stuxnet）ウイルスによるサイバー攻撃は，目標であったイランの核開発を遅らせる成果を上げたとされる（伊東　2012）。

中東，中国，北朝鮮，ロシアなど，各国がサイバー軍を整備するなか，日本もサイバー防衛隊を組織した（2013年時点では仮称）。サイバー戦は，ネットワーク環境がインフラとなっている先進国ほど不利であり，第5の戦場においてアメリカの軍事的優越性が揺らぐ可能性もある。そうなれば，世界のパワーバランスが変化してしまうかもしれない。

またインターネットは，どの国でも同じように運営されるわけではない。サイトの監視，アクセス制限，ネット検閲，そしてネット上での世論誘導やプロパガンダをおこなう国もある。例えば，中国が外国とのアクセス制限やキーワード制限をおこなう「金盾」という管理システムを使っていることは有名である。秦の始皇帝は，異民族の侵入を防ぐために万里の長城（Great Wall）を築いたが，現代では金盾が Great Firewall と呼ばれ，他国からの情報侵入を防いでいる。2010年，検索サイト大手の Google は，中国政府の検閲姿勢やサイバー攻撃に抗議し，中国本土から撤退，香港にサイトを移した。この事例は，中国政府の要請が民間企業に及ぶことを示している（遠藤 2011）。「国境なき記者団」の2012年のレポートでは，「インターネットの敵」とみなされる12カ国，注意と監視を必要とする14カ国があげられている［図13-5］。つまりインターネットは，オープンでフリーにすることも，クローズドにしコントロール下に置くこともできる。そのどちらになるかは政治体制に大きく左右される。

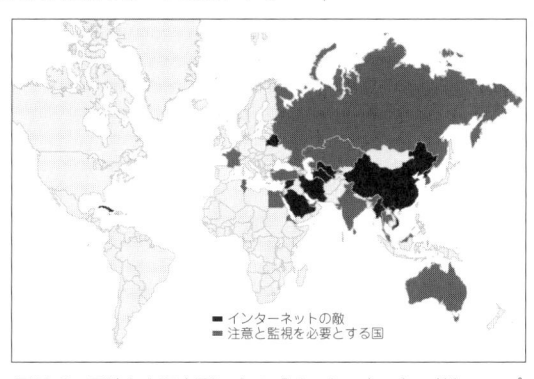

図13-5　国境なき記者団による「インターネットの敵」マップ

3　ネット時代のメディア・コングロマリット

オープンでフリーな文化のゆくえを左右するのは政治体制だけではない。メディア産業の活動について考えてみよう。

そもそも新しいメディアの登場は，すぐさま既存のメディアを衰退させるわけではない。20世紀のメディア産業は，新しいメディアに抵抗し，業態を少しずつ変えながら延命をはかってきた。その典型的な方法は，規模の拡大と新しいメディアの取り込みである。実際，アメリカを中心に20世紀に成長してきたグローバルなメディア企業は，1990年代以降の規制緩和の恩恵を受け，買収と合併を繰り返しながら寡占化を進めている。

例えば，1970年代に初期のCATVに投資してHBOを育てた雑誌社の大手タイム-ライフ社は，1989年にワーナー・ブラザーズと合併しタイム・ワーナー社となり，1995年にターナーのCNNやCATV事業を買収，2000年にはコンピュサーブ社やモザイクの後進ネットスケープ社を買収したパソコン通信大手のAOLと合併し，AOLタイム・ワーナーとなった。この世界最大の合併劇はその後解消されるが，この事例は書籍，放送，映画，通信を一体化するメディア複合企業の典型である。

ベン・バクディキアンは，1983年に世界的なメディア複合企業50社を指摘したが，その数は1992年には14社，2004年には驚くことに5社（ウォルト・ディズニー，タイム・ワーナー，ニューズ・コーポレーション，ベルテルスマン，ヴァイアコム）になっている（Bagdikian 2004）。2012年の時点ではここに，アメリカでは機器メーカーのGEとCATVのコムキャストが所有するNBCユニヴァーサルを，フランスではヴィヴェンディを，日本ではソニーを，巨大メディア複合企業として加えることができる［図13-6］。

メディア産業には，大きく分けて3つの業態がある。本や音楽や映画などのコンテンツを売る業態（コンテンツ販売モデル），ラジオやテレビなど視聴の数と質をあてに広告を売る業態（広告販売モデル），そして新聞やCATVまた電話などの日常的な情報サービスを売る業態（サービス販売モデル）である。メディア複合企業はそのすべてをあわせもつが，このう

The Walt Disney Company（米）
Time Warner（米）
News Corporation（豪）
Bertelsmann AG（独）
Viacom（米）
NBC Universal（米）
Vivendi SA（仏）
Sony Corporation（日）

図13-6　国際的メディア複合企業

ち，まずインターネットと真っ向から衝突したのは，コンテンツ販売モデルだった。

インターネットが最初に既存メディアと商業的に衝突したのは音楽業界である。1998年，大学生がつくった音楽ファイル共有ソフト Napster が登場した。Napster は，コンピュータ端末同士をつなげるインターネットの仕組みとオープンでフリーな運用理念をうまく活用したソフトだった。互いのパソコンに劣化しない音楽が無料でダウンロードできるこのソフトはすぐさま人気を得るが，タダでコンテンツを手に入れられては困るアメリカレコード産業協会（RIAA）から訴えられ，敗訴する。問題は著作権だった。

これに対し，Apple は 2001 年に音楽コンテンツ販売専用のネット・ストア iTunes と連携させた携帯音楽プレイヤー iPod を発売した。つまり，音楽配信を最初に大規模かつ合法的に始めたのは，音楽産業ではなくコンピュータ・メーカーだった。Apple の戦略は，のちの iPhone のアプリ・ストアへと発展する。

最初にこの戦略をとるべきだったのは，1980 年代にウォークマンを広めたソニーだったかもしれない。だが 2001 年の時点で，世界の音楽産業市場の 80 ％は 5 大企業（ユニヴァーサル・ミュージック，ソニー・ミュージック，ワーナー・ミュージック，EMI，BMG〔ベルテルスマン音楽グループ〕）に占有されていた。ソニーは，すでに映画や音楽産業の買収によって古いコンテンツを所有するメディア産業の一翼を担っており，急激な変化を受け入れられなかったのである。

2012 年，音楽産業はフランス系のヴィヴェンディが有するユニヴァーサル・ミュージック，EMI の音楽出版部門と BMG を買収した日本系ソニーが有するソニー・ミュージックエンタテインメント，EMI のレコード部門を買収したアメリカ系のワーナー・ミュージックの 3 大企業へとさらに寡占化が進んだ。つまり，歴代の音楽著作権の多くはこの 3 大企業だけがもつことになった［図 13-7］。

Universal Music（仏）
Sony Music Entertainment（日）
Warner Music（米）

図13-7　3大音楽企業

こうした動きからみえてくるのは，既存メディア産業による従来の業態モデルの確保と強化，そして新しい形態をとろうとするメディア産業の参入である。しかしその両者とも，ネット社会をオープンでフリーな方向に進めようとはしていない。前者は著作権やネットの規制に，後者は既存のメディア産業とは異なる寡占化を進める傾向にある。両者に共通するのは，クローズドとコントロール，つまりネットの囲い込み戦略である。

4　コピーライトとクリエイティブ・コモンズ

「どんなメディアもその内容はつねに別のメディアである」
→第2章 p.27

　マクルーハンの「どんなメディアもその内容はつねに別のメディアである」ということばを思い出そう。新しいメディアが登場しても，新しい内容を生み出す想像力と創造力はすぐには育たない。新しいメディアは，まずは古いメディアの容器であり，既存メディア産業はそれを新しい販路とみなす。したがって，コンテンツ販売モデルは，販売を独占する根拠となる著作権を新しいメディアにも適用しようとする。

　著作権にかかわる法律は各国で異なり，ここで詳述するのは難しい。著作権にかかわる国際的な基本条約は，1886年に提唱されたベルヌ条約である。ベルヌ条約では，権利を主張したり登録したりしなくとも50年の著作権保護期間が自動的に発生する。1970年代には，国連に国際間の著作権を提言する組織「世界知的所有権機関（WIPO）」が置かれ，インターネットが民間に開放されると改正条約を提唱した。以降，メディア複合企業をもつ国を中心に，著作権をネットに適合させようとする改正が何度もおこなわれている。

　1998年，アメリカはDMCA（デジタルミレニアム著作権法）でDVDコピー技術を違法化し，ミッキーマウス延命法とも揶揄される「著作権延長法」で保護期間を最長95年に延長した。2011年のアメリカ議会では，国外のネット上の検閲を認めるPIPA（The PROTECT IP Act 知的財産保護法案），および著作権侵害の罰則の強化とネット上の検閲を認めるSOPA

（Stop Online Privacy Act オンライン海賊禁止法）が提案されたが，多くの反対運動にあい，審議を延期した。

だが国内法が無理ならば国際間条約がある。日本の提案から始まった知的財産権の侵害防止，とくにネット上に流通する海賊版の防止を目的とした多国間条約 ACTA（Anti-Counterfeiting Trade Agreement 偽造品の取引の防止に関する協定）は，2011 年に 8 カ国，翌年に EU 22 カ国が署名した。条約の発効には 6 カ国の批准が必要である。著作権訴訟の乱用とネット検閲の可能性が問題視されているが，日本だけは 2012 年の時点で批准済みである。さらに TPP（環太平洋戦略的経済パートナーシップ協定）にも知的財産の項目が設けられている。こうした条約の基本的な問題は，企業主導の著作権の管理強化によってネット検閲を安易に合法化してしまう点にある。そして，たとえ否決されても，同様の案は繰り返し議案化され続ける。

日本の著作権法も，1997 年の改正以来，罰金額を大幅に増やし，厳罰化が強まっている［図 13-8］。1997 年の改正では，公衆送信権と送信可能化権を設け，無断アップロードの権利侵害を明確化した。これにはファイル共有ソフトの使用も適用され，2004 年に Winny の作者が著作権侵害行為幇助の容疑で逮捕，起訴された。この Winny 裁判が 2011 年の最高裁判断で無罪とされたことも大きな話題となった。さらに 2009 年には違法なコンテンツと知りながらのダウンロード行為を違法とし，2012 年には有償の著作物の違法ダウンロードに罰則を加えるなど，厳罰化と厳格化が進められている。

またアメリカの通信法が 1996 年に大幅に改正されたように，日本でも放送法の一部改正が進められている。2005 年にネット新興企業であ

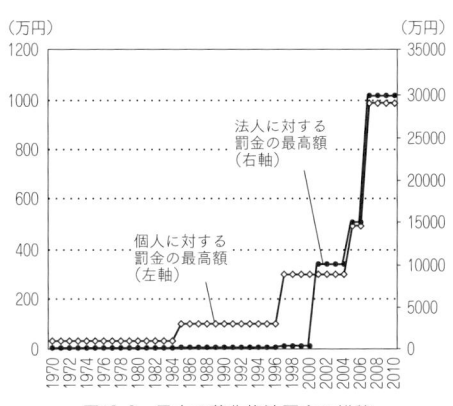

図13-8　日本の著作権法罰金の推移

マスメディア集中排除原則
　電波の割り当てを受けた放送局の資本関係を制限する省令の通称。希少電波の独占を防ぎ、表現の多様性を確保するために設けられている。企業保護の観点から特例規定がいくつかあり、重要産業保護の側面もみられる。クロスオーナーシップとは、異業種メディア間の所有関係を指し、この原則に基づき、日本では同一地域でテレビ、AMラジオ、新聞の三事業を独占的に所有することが禁じられている。現状では複数の同業者が同一地域にあれば独占にはあたらず、有効な規制ではないとの指摘がある（日本民間放送連盟・研究所編 2012）。

るライブドアがAMラジオ局ニッポン放送の筆頭株主となり、その子会社であったフジテレビを買収しようとしたことがあった。これを受けてすぐに電波法・放送法が改正され、放送への外国資本の参入規制が強化された（2006年施行）。2008年に施行された放送法の改正では、「マスメディア集中排除原則」を緩和し、いくつかの放送局の保有が許される認定放送持株会社が認められた。2011年施行の放送法改正では、放送の概念を無線通信から電気通信へと拡大した。この改正には、新聞社と基幹放送局のクロスオーナーシップ規制を加えることが検討されていたが、逆にCATVやインターネットといった通信から放送への参入を容易にするものにとどまった。

　つまり日本でも、アメリカと同様、新規参入を促し、情報インフラの普及を進める一方で、厳罰化と規制緩和によって既存メディアの経済競争力を強化する方向での法改正が進んでいる。日本では、すでに少数の新聞社資本がテレビを中心としたメディア複合企業を形成しているが、今後は既存メディアへの資本統合の傾向が強まることになるだろう。

　これらコンテンツ業界のロビー活動から生まれた既存メディアを保護する法改正が、インターネット上のあらゆる発言や表現にも同様に適用されることは好ましくない。そうした企業主導のクローズドとコントロールの動きに対して、ネット法学者のローレンス・レッシグは「クリエイティブ・コモンズ（CC）」という考え方を提唱している［図13-9］。クリエイティブ・コモンズとは、著作物のコピーや再利用を著作者みずからが主張することで、例外規定いわゆるフェア・ユースの枠組みを拡大させようとする仕組みである（レッシグ 2007）。

　例えば、改変を認めるか、商用利用を認めるか、の組み合わせで、非営利でのみ改変を認めて再利用可（表示-非営利 CC BY-NC）といった著作者意思表示ができる。自発的なボランティアがつくる

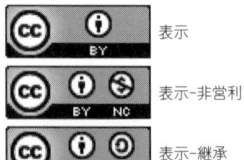

表示
表示-非営利
表示-継承
表示-非営利-改変禁止

図13-9　クリエイティブ・コモンズ例

ネット上の百科事典 Wikipedia にも,「CC BY-SA」(表示-継承 3.0 非移植 ライセンス)というクリエイティブ・コモンズでの意思表示が使われている。「3.0」はバージョン 3,「非移植」は法体系の異なる地域を念頭に置いているがとりあえず使えるライセンスと理解しておこう。クリエイティブ・コモンズのような試みは,企業主導の著作権強化に対し,オープンでフリーなインターネットの理念を活かそうとする積極的な試みだといえる。こうした仕組みが広まることは,罰則に脅えることなく多様な表現が活用され,その蓄積によって文化の豊かさを増すことにつながるだろう。

5 新しいメディア産業の台頭と寡占化

　グローバルなメディア複合企業の寡占化と法への介入が進むなか,既存メディアを脅かす新しい形態をとるメディア産業も成長している。新しいメディアの代表は,例えば Microsoft, Apple, Google といった主に OS と検索サービスをもつ企業,そして Facebook, mixi, Twitter, LINE といった SNS サービスを提供する企業である。これらの企業の共通点は,利用者が多いこと,つまりインターネット上でマス・メディア化していることである。

　1980 年代に,Apple が作り出したパーソナル・コンピュータ市場に,IBM と Microsoft が参入したときのことを思い起こそう。自社製の OS と自社製のコンピュータという Apple に,IBM と Microsoft がオープンな互換機と OS で対決した。結果,メーカー競争によって価格を下げた IBM 互換機がコンピュータの主流となる。Apple は倒産寸前となり,Microsoft の Windows は家庭の OS 占有率を 8 割以上にした。その後,Microsoft の OS 上で動くワープロ,表計算,ブラウザといったソフトウェアが市場占有率を高め,一般市場向けで対抗できるのはフリーソフトウェアぐらいになった。

　2001 年,Apple は iPod の発売で復活し,さらに 2007 年発売の iPhone で携帯電話端末としての小型モバイルパソコ

パーソナル・コンピュータ市場
→第11章 pp.178-180

ン市場を創出した。OSとハードを自社製で固めたAppleに対し，Googleが無料OSのAndroidを提供し，各種メーカーの参入を促した。Appleの閉じた市場と，その他のオープンな市場という構図はかつての繰り返しである。80年代と異なるのは，この対立がハード，OS，各種ソフトウェアといった商品市場シェアの争いではなく，インターネット上のプラットホーム獲得争いだという点にある。

Appleは，iPhoneにiTunesとアプリストアを連携させ，コンテンツ販売のプラットフォームを構築した。このプラットフォーム業態は，iPhoneを使う限り固定化されており，顧客を囲い込む戦略になっている。似たような業態としては，Amazonと電子ブック端末Kindleの関係がある。一方OSに参入したGoogleは，基本的には検索サービスと各種ネットサービスの提供を加えたポータルサイト事業で広告を売る業態である。Googleの戦略は，検索サービスを基本としながら，ネット上でOSやブラウザ端末本体も含めたサービスを数多く提供し，できる限り顧客を囲い込むことにある。OS販売が主だったMicrosoftも，自主OS専用のコンテンツ販売プラットフォーム，さらには端末事業にも参入し，OS，サービス，端末の統合に乗り出している。

ハードやOS，また検索サービスを基盤としたポータルサイトがある一方で，各種のSNSもサービス利用者を急激に伸ばし，ポータルサイトとして機能するようになっている。ネット上には多様なサービスが存在するが，利用者の多さがさらに利用者を増やすネットワーク効果が，特定サービスの寡占化を助長している。英米をはじめFacebook利用者が人口の半分に達する国もあり，ネット人口で考えればその寡占化はすさまじい。また携帯電話事業者は各種サービス手数料を，携帯OSは各種コンテンツ配信手数料をねらったポータルサイト争いをしている。

ポータルサイトは，ニュースや音楽，映画，動画などのコンテンツをはじめ，検索，メール，ショッピング，ブログ，

ネットワーク効果
　同じ製品やサービスの利用者が増えれば，その製品やサービス自体の効用や価値が高まる効果を指す。ネットワークそのものではなく，利用者の行動が価値の増大に影響するため，ネットワーク外部性（externality）ともいう。皆が知っている，流行っている，といった理由で同一製品の利用者が増加する場合のバンドワゴン効果と重なる側面もある。

SNS，地図，天気など，思いつく限りのサービスの提供を目指す。なぜなら，利用者の数が広告販売モデルと手数料収入を成功に導くからである。既存メディアと新興メディアを交えたポータルサイト化の競争では，あらゆるサービスの融合と統合が進められ，必然的に資本提携と買収統合を促進させる。つまりインターネットは，オープンでフリーという理念とは異なり，利用者の囲い込みとマス・メディア化のためのクローズドな環境に編成されつつあり，その囲い込みのなかで利用者がコントロールされる場となりつつある。

6 ネット時代のジャーナリズム

インターネット上のポータルサイトのマス・メディア化によって生じるジャーナリズムの問題をみておこう。日本では人口の減少と若年層の新聞離れによって，新聞の発行部数と購読割合が減っている［図13-10］。さらに，広告費のネットへの移動が新聞社の収益を減らした［図13-11］。新聞購読率の低い若年層ほどネット情報で充足していることもあり，販売部数が増える見込みはない。とはいえ，この状況は各国で異なる。中国，インド，ブラジルといった人口が拡大傾向にある途上国は新聞部数を増やし，日本やイギリスやフランスやドイツは微減，アメリカでは衰退が著しく，新聞社の買収統合と倒産がみられる。

新聞社の収益は人口，新聞購読率そして広告収入に左右される。先進国の新聞社はネットに大きな影響を

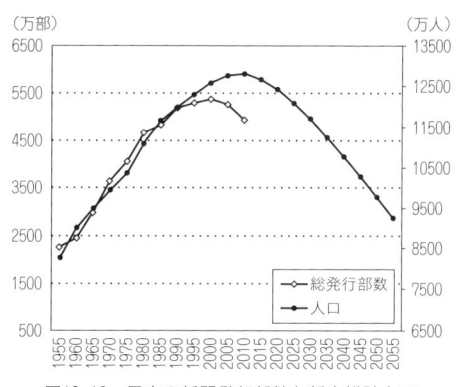

図13-10 日本の新聞発行部数と将来推計人口

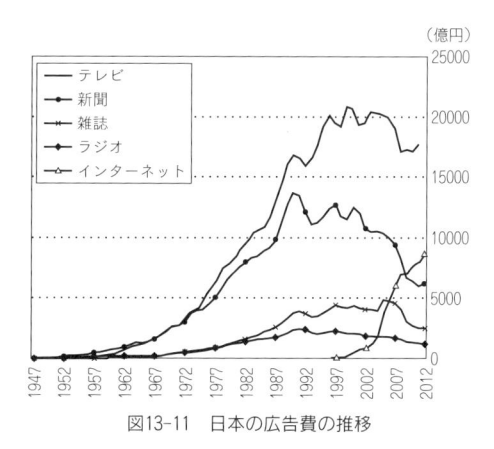

図13-11 日本の広告費の推移

受けるが，人口増加の著しい途上国では新聞とネットの普及が同時進行しているため，新聞メディア単体だけを論じても意味がない。また新聞の収益は，販売収入と広告収入であり，広告依存率が高い新聞ほど，ネットから大きな打撃を受ける。少部数の新聞が乱立するアメリカは広告依存率が高く，大部数の新聞の寡占状態にある日本は広告依存率が低い。よって，日本の新聞はアメリカのように一気に倒産するようなことはない。

だが問題は，新聞社の衰退とその後の動向ではない。憂慮しなければならないのは，ジャーナリズムの衰退と言論の自由のゆくえである。民主主義下の国での言論の自由は，新聞社や放送局に属するプロの取材記者と編集者に多くを負ってきた。そのシステムが衰退傾向にある。政府発表や市場情報，株式情報などは新聞社に頼らずとも十分まかなえるだろう。問題は，人びとの日常生活では目の行き届かない権力の抑制，政治の監視，企業の不正，社会の弊害の指摘と共有といった，ジャーナリズムの果たすべき大きな役割を誰が担うのかという点にある。

もっとも新聞の衰退の原因は，インターネットの登場にではなく，これまでの姿勢にあるのかもしれない。新聞社や放送局といった従来のマス・メディアは公共圏の役割を担うと自負するが，営利企業であることや最大限の不特定多数を相手にする必要があることなど，メディアの制約のために，十分なジャーナリズム機能を果たしていないと批判されてきた。インターネットの登場によって生じたのは，その不十分さを埋めようとする市民の動きであったということもできる。

17世紀，新聞ジャーナリズムが最初に興ったイギリスでは，人びとがコーヒーハウスに集まり，貴賤の違いなく様々な議論を交わした。いまインターネット上では，コーヒーハウスが担った役割と似た場が多数登場している。ホームページやブログ，掲示板などの情報発信と共有のシステムや，ソーシャルメディアのコミュニティ機能は，多様な人びとが議

公共圏
→第6章 p.88公共圏,
第7章 p.107社会の木鐸

コーヒーハウス
→第6章 pp.87-88

論やアイデアを交わす場となっており，それらがジャーナリズム機能の一端を果たす可能性は無限にある（ギルモア 2011）。

例えば，2011年3月の東日本大震災では，多数の個人や組織が，情報の発信と共有，ボランティアの組織化などにネットを活用した。またブログを用いてインターネット上に百科事典をつくろうとするWikipediaは，2013年4月30日現在で285の言語で開設され，そのうち英語は400万以上，ドイツ語，オランダ語，フランス語，イタリア語は100万以上の記事がある。日本語は約85.6万記事で10位，その執筆には約73万人が登録し，常に1.2万人程度が活動している（Wikipedia：List of Wikipedias）。似た名前のWikiLeaksは，権力をもつ組織の機密情報を，主に匿名の内部告発者から集めリークするサイトである。WikiLeaksの試みが効果的な政治監視になっていることは，創設者ジュリアン・アサンジが別件逮捕されたことからもわかる。2013年末時点で，アサンジはイギリスのエクアドル大使館に政治亡命しながら活動している。

7 関心のコミュニティとオピニオン・リーダーの復活

ジャーナリズムを復権しようとする動きがある一方で，インターネット上でやりとりされるものの多くは，たわいのない娯楽に費やされている。19世紀の新聞ジャーナリズムが娯楽志向の大衆新聞となっていったように，ブログやSNSは，趣味，芸能，ショッピングといった消費と日常生活に関する話題であふれている。人びとはネット上で，既知の者同士で集い，あるいは地理的言語的な隔たりを超え，関心のある分野のコミュニティに参加することで，楽しみを見いだしている［図13-12］。

関心のコミュニティでの交流が盛んになることは，知人や好きな人が使っているからとか，同じ趣味の人びととの意見から，といった理由でサービスや商品が選択される可能性が高

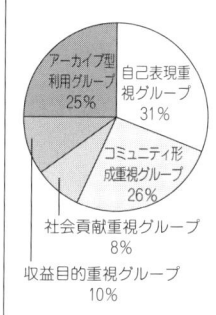

図13-12 ブログ開設者動機の分類

まることを意味する。主な共有の素材は，相変わらず既存のマス・メディア，ポピュラー文化，大量消費財である。こうした大衆消費とマス・メディアに依存した交流のなかでは，マス・コミュニケーション論の知見はいまだ有効である。マス・コミュニケーション研究における限定効果論と新強力効果論の主な知見を思い出そう。

> 限定効果論
> →第10章 pp.150-151

限定効果論は，マス・メディアよりも，地縁・血縁といった近隣集団のなかで信頼のおけるオピニオン・リーダー（OL）の意見に影響される，多くのフォロワーを発見した。

> 新強力効果論
> →第10章 pp.160-161

新強力効果論は，近隣集団が希薄化するにつれ，人びとがマス・メディアへの依存度を高め，OL からフォロワーへというコミュニケーションの 2 段階の流れを分断し，学習先としてのマス・メディアの影響力が増したことを例証した。

インターネット上のソーシャルメディアは，このコミュニティの希薄化を代替し始めている。またネット上の関心のコミュニティでの交流には，もともと関心があるものだけを選択し，興味のないことや意見の合わない情報には接触しようとしない，選択的接触と認知的不協和の動きもある。そこで影響力をもちうるのは，関心のコミュニティ内で身近に感じられ信頼できる OL である。OL が，ある分野に強い関心をもち，判断力をもってメディアと積極的にかかわる社交的な人物であることは，かつてと変わらない。

OL は，多くのメディアへの接触と無数のネット情報へのアクセスから情報を整理し，客観的な意見を交えて提示する知識豊富なキュレーターといえる場合もある。また，極端な愛国主義者のように政治的に偏向しており，選択的接触と認知的不協和から自分の意見に反する情報を考慮せず，客観的な判断をしないアジテーターといえる場合もある。OL は，ファンと直接に交流するポピュラー文化の有名人かもしれないし，既知の友人同士のコミュニティですでに一目置かれた者かもしれない。さらにはホームページ開設者，ブロガー，フォロワーの多い SNS の発信者，口コミサイトの常連と，

ネット時代には誰もが OL になることができる。

　この関心のコミュニティでの交流をたわいもない大衆現象として悲観的にみる必要はないだろう。新強力効果論のひとつ，議題設定モデルは，マス・メディアの報道内容が選挙の争点を左右すると指摘していたが，ネット時代には，市民の声がマス・メディアとは別の場で議論を喚起し，ボトムアップで政治に大きな影響力を行使する可能性は大いにある。たわいもないインターネット上の交流こそが，タルドやデューイにならえば「公衆」を生み出す基盤であり，ひいては社会関係資本を蓄積する媒体として，ネット時代のジャーナリズムを新しい公共圏に導いていく可能性を秘めている。

8　スピンと口コミ・マーケティング

　ネット上での交流と OL の復権は，既存の社会の流れを変えていく契機になるだろう。しかし，インターネット上で影響力をもとうとする権力や企業はその流れを囲い込もうとする。つまり，OL の口コミの流れを人為的につくり，ネット上の交流のすべてを把握しようとする。

　アフィリエイト広告ということばを聞いたことがあるだろうか。ネット上の紹介記事のリンクがクリックされると紹介者に一定の報酬が支払われる，成果報酬型の広告のことである。もちろん広告であることを開示しないと，いわゆる，やらせ，さくら，だまし，として違法なステルス・マーケティング（宣伝とみえない宣伝戦略）の一種となる。口コミの誘発をねらう広告戦略をとくにバズ・マーケティングというが，ネット上のコミュニティや SNS には，有名人のなりすましや懸賞目当ての口コミなど，倫理上問題のある手法があふれている。これらに対し，アメリカの広告関連団体が一定の倫理規定を提示したり（WOMMA HP），日本でも消費者庁がインターネット消費者取引連絡会を設置するなど，対策が強化されつつある。

　企業のあさはかなウソは取り締まれるかもしれない。しか

タルド，デューイ，「公衆」
→第10章 pp.147-148

社会関係資本
（social capital）
　個人間や集団間に成立する支え合える人間関係や信頼関係のこと。社会学的には，資本は，貨幣に基づく経済資本，教育に基づく文化資本，人間関係に基づく社会関係資本に分類される。社会関係資本の蓄積は，人間関係や地域における社会的ネットワークの豊かさに直結し，社会を良好に機能させる重要な要素のひとつとされる。

し，より巧妙な，スピン（spin＝情報操作），アストロターフィング（astroturfing＝みせかけの草の根運動），スプーフィング（spoofing＝なりすまし）は見分けるのも難しい。政治家や大企業は，マス・メディア時代から，群衆心理学の仮定に基づいたプロパガンダや世論誘導をおこなってきた。ネット時代もそれは変わらない。例えば，東日本大震災以後ようやく意識されるようになったが，政府や電力会社は原発推進のためのスピンを無数におこなってきた。マス・メディアへの過大な広告出稿とPRキャンペーンおよび広告出稿の取り下げ，有名人や科学者を使った意見広告，政治家への献金，研究者や専門家への資金提供，関連行政への人材の派遣，監督官庁からの天下り，都合のよいデータの提示と，都合の悪いデータの無視と隠蔽と否定，そして莫大な資金によるプラス評価を与える世論誘導と情報操作など，スピンは日々おこなわれる。

　ネット上では，こうしたスピンあるいはアストロターフィングによる世論誘導，あるいはスプーフィングによる情報操作は，むしろやりやすい。中国政府が雇っているネット書き込み要員（五毛党）は極端な例だとしても，ネットを使ったスピンは当たり前だと思っていたほうがいい。政治家や企業は，都合のよい情報だけをリークし，関心のコミュニティになりすましを送り込み，OLを養成し，無数のプラス評価を書き込み，マイナス評価を削除して口コミの流れを作り出そうとする。ネット上の口コミによって，政敵のスキャンダルを捏造し，ライバル企業を窮地に落とし込むことも容易だろう。

9　パーソナライゼーションとビッグデータ

　スピンのような特殊な情報操作は，組織的な対応と人海戦術でおこなわれる。しかし，ネット上での交流は今後も何十倍何百倍にもふくれあがる。したがって，ネット上では情報収集と解析の自動化が進展する。情報の収集対象は，OS，ブラウザ，ショッピングサイト，SNSやアプリ，クラウド

技術など，ネットワークにつながった利用者の行動のすべてである。

　ポータルサイトは，利用者の行動や関心を収集し，特定の個人のあらゆる情報を連結するのに都合がよい。ポータルサイトは，いつどこで何を見たのか，何をクラウドに置いたのか，何を買ったのか，誰とつながっているのか，といった人びとのライフログを収集する。収集した個人情報を分析することで，おすすめの商品を推薦し，興味のありそうな商品を広告し，つながりのある人を紹介し，あまりクリックしないつながりを自動的に削除する。ソーシャルメディアは，広告効果と利用者の利便性を高めるために，広告の種類どころか検索サイトでの検索結果まで変えてしまう。こうした仕組みをパーソナライゼーションという。その結果，個々人が見ているインターネットの風景はそれぞれ異なるものになる。

　人びとはネット上の莫大な情報を好きなようにサーフィンすることができるが，選択的接触と認知的不協和の傾向からすれば，興味や関心のないことは無視し，好きなものだけ見て回るものである。したがって，あらかじめ関心のあるものだけを提示してくれるパーソナライゼーションはとても便利だと考える人もいるだろう。しかし，インターネットがオープンでフリーな状態だというならば，少なくとも多様性が存在し，未知の発見や異なる意見を知る機会が豊かにあふれていることが必要である。イーライ・パリサーは，わたしたちを囲むフィルターの蔓延を「フィルター・バブル」と名付け，ネット上での多様な意見や知識へのアクセスが企業の利益のために阻害され，わたしたちが成長する機会を奪いつつあると警告する（パリサー　2016）。

　こうしたネット上のコントロールは，ビッグデータの活用の名のもとにさらに推進されようとしている。ビッグデータとは，収集されたライフログなどのパーソナル情報を含むあらゆるデータを二次利用することを目的とした概念である［図 13-13］。パーソナル情報は，ネット上の行動だけではな

219

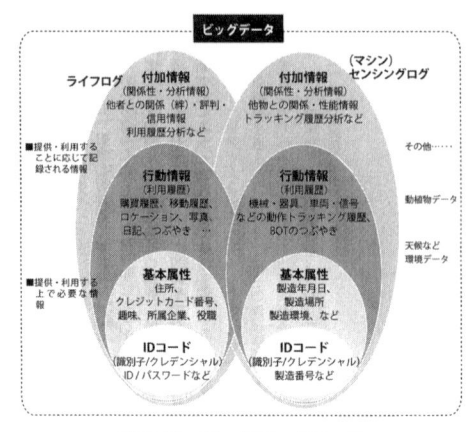

図13-13　ビッグデータの一例

ユビキタス技術
　ubiquitous とは，いたるところに偏在するという意。ユビキタス技術とは，インターネットなどの情報ネットワークにいつでもどこからでもアクセス可能な状態にする技術，あるいはアクセス可能な情報ネットワークを偏在させる技術を指す。あらゆるモノにICチップを埋め込みネットワーク化することで実現する。

く，テレビやスマートハウス，車のGPSやETC，携帯電話，監視カメラ，非接触ICカード（いわゆる電子マネー）の利用状況，そして今後広まるであろうユビキタス技術として知られる無数の小型ICセンサーなど，ネットワークにつながったあらゆるものからリアルタイムに自動収集されることになる。

　ビッグデータは，政府が抱えるデータをオープンにし，天気や渋滞を予測し，経営効率を高めるかもしれない。しかし，個人をターゲットにしたパーソナライゼーションとビッグデータには警戒する必要がある。FacebookもGoogleもLINEも，通知なく個人情報を取得していたことで問題になり，以降，スマートフォンやブラウザやアプリ，SNSなどのサービスは，個人情報提供拒否，パーソナライゼーション禁止，追跡（トラッキング）禁止などの機能を付加することが多くなった。これはアメリカのプライバシー保護のオプトアウト（本人の意思表示によって停止する）方針のもとでの自主規制である。

　オプトアウト方針に対して，EUでは2012年にデータ保護の方針をオプトイン（本人の事前承諾が必要）とし，また「忘れられる権利（a right to be forgotten）」という法概念を提出した。一旦収集された個人情報は二度と消えず，一度連結された別々の個人情報の紐付けも消えない。ネット上では永遠に情報が収集され続ける。「忘れられる権利」は，こうした事態に対応するための新しい概念である。日本の個人情報保護法は，オプトインを基本としながらオプトアウトを許す場合もあり，自衛が必要である。

　ライフログやビッグデータの効果的な利用を考えれば，あらゆる収集データを連結して個人に紐付けるといった個人情

報の不正利用を誘発する可能性は大いにある。多くの国で国民番号制度が使われているが，日本での国民番号制の導入も，顔写真付きの通称マイナンバーとして 2013 年に法制化され，2016 年度に本格稼働予定となった。ビッグデータの活用は，インターネット上での次の経済成長戦略であるとされ，アメリカでは国立科学財団や国防総省が研究投資を進めており，日本も 2012 年の総務省情報通信審議会答申「アクティブ・ジャパン戦略」で，ビッグデータの利活用による経済成長を重点項目に置いた。こうなると，個人情報関連の法律は，あらゆる情報をリアルタイムで収集するビッグデータに適用可能なように改正されてしまうかもしれない。

　ポータルサイト化しマス・メディア化するネットのクローズドな環境は，利用者を囲い込みコントロールしようとする。フィルターとパーソナライゼーションは，個人情報を収集し，プライバシーを丸裸にし，決まった情報だけをわたしたちに送り届ける。そして，あらゆる情報がビッグデータとして収集される社会は，エシュロンの日常化であるといってよいだろう。こうしたネット社会のクローズドとコントロールの傾向が続けば，監視社会の完成は間近である。

10　情報のアウトプットの増大とインプットの変容

　では，ネット社会がクローズドとコントロールの方向ではなく，オープンでフリーに向かうなら，社会はどんなふうになっていくのだろうか。16 世紀に活版印刷がインキュナブラ時代を経て日常化したときのことを振り返り，ネット時代の社会を少しだけ考えてみよう。ネット時代は，それ以前のマス・メディアの文化を，より迅速に，より広範囲に浸透させるだけのものだろうか。それとも，マス・メディア時代とは異なる，ネット社会に特有の文化といったものを考えることができるだろうか。果たしてネットが当たり前にある社会は，それ以前とは異なる思考や行動を人びとに促すようになるのだろうか。

活版印刷の日常化
→第 5 章 pp.68-69

ネット上でアウトプットは革命的に増大した。今後もますます増加するアウトプットは，人びとの情報への接し方をかなり大きく変える。印刷の拡がりは，学問の方法を少数の重要な知識の伝達から，調査や観測や比較へと根本的に変えたが，同じことがネット時代でもより大規模に起こるはずである。単純な知識は本を読まなくても検索で済み，情報の取得にかかっていた時間と空間が圧縮される。経済的，政治的に情報の開示を制約していた壁が取り払われれば，アウトプットはますます増え続ける。そうなれば，人びとは手に入る情報で何ができるのかという行動の側面を重視するようになり，莫大な情報の扱い方に力を振り向けるようになるだろう。とはいえ，それが新たな学問の方法を生み出し，社会を大きく飛躍させる力になるかどうかはまだわからない。また記録に頼ると知識は身につかないというソクラテスの文字批判は，いつの時代にもあてはまる。教育は，知と実践を結びつけ，情報の加工と提示を社会にフィードバックすることで社会に貢献できる人材を育てることを，より重視するようになるだろう。

ソクラテスの文字批判
→第2章 p.16

　アウトプットの増大は，インプットの様子も変容させる。人びとは莫大な情報のなかをさまよいたくはない。ネット上の競争は，内容の正確さを尊重する姿勢を育み，すぐに目的にたどり着く，わかりやすく誠実なものが好まれることで，ネットの表現形式が工夫されるようになる。楽観的な見方をすれば，ネット時代の公衆は，関心のコミュニティのなかでスピンの存在を告発し，ステルス・マーケティングをするような不誠実な企業や勝手に個人情報を取得するようなサービスを淘汰する。またメディアをプロパガンダ機関として使い，クラウドとビッグデータで監視社会をつくるような政府は大きな挫折を経験する。オープンでフリーなネット上のつながりと交流にはそれだけの力がある。逆に人びとがネット上で協働し，情報を加え，訂正し，更新することで，Wikipediaのような蓄積型の情報は知識の正確さを増し，ブログのよう

な口コミ型の情報は新規性とつながりを求める動きを活発化させる。こうした活動が次世代の新しい文化を創造する基礎となるだろう。

　マクルーハンの「メディアはメッセージである」ということばを思い出そう。新しいメディアが拡がるには，それが欲される文化的な必要性や社会的な圧迫，自然条件や技術的な要請，商業的な利害や政治的状況，またそれを受け入れる人びとの生活水準や文化的土壌，そしてそのなかでのメディアの社会への埋め込まれ方がかかわってくる。ネット環境もそれらすべての絡み合いのなかにある。新しいメディアが，地域や社会層にかかわらずあらゆる人びとのなかで日常化し，誰もことさら意識することさえしなくなったとき，その存在を当たり前のものとして考え行動できる人びとが現れる。そして，比較的多くの者がある種のやり方で日常的に新しいメディアを駆使することが当たり前の社会になったとき，そのメディアにマッサージされる可能性を高める新しい世代が現れる。

「メディアはメッセージ／マッサージである」
→第2章 pp.27-30

11　ネットのある社会

　インターネットは，経済成長戦略として社会に埋め込まれた国では，普及の段階を過ぎ日常の環境の一部となってきた。ますます幅広い社会層の人びとに，その環境を前提に考え振る舞うよう促していくだろう。具体的なインターネットの社会への影響は，この相互作用のなかからゆっくりと現れる。では，この新たなメディアの環境化は具体的には人びとに何をもたらすのだろうか。多様な視点からの考察と予測が可能だろう。ここでは，活版印刷と関連する歴史上の社会変化の4つの具体例から発想することで，各自がみずから考えるための例を提供してみたい。

　第1に，活版印刷は宗教改革を助けた。それを可能にしたのが，印刷メディアによる意見の表明と共感の拡がりだったことを考えれば，インターネットも，硬直し疲弊し腐敗した

活版印刷と社会変化
→第5章 pp.70-75

古い社会組織の改革を助けることになるだろう。もちろんインターネットは，宗教コミュニティや国民国家コミュニティを強化することにも使われ（時間バイアス），既存の社会組織を維持する助けともなる。しかし，ネット上では，何かしらの不満の蓄積が新たなつながりを生み，関心のコミュニティを作り出すことも容易となる。言論統制によって意見表明を封じる独裁集団は，そうしたネットの特性の影響を受けやすい。2010 年にチュニジアで起こったジャスミン革命では，SNS や動画共有サイトなどが意見の共有とつながりと動員を助け，続けて 2011 年にかけ，エジプト，ヨルダン，リビア，イエメンなどアフリカ地中海沿岸部を中心に起こった反政府運動が独裁政権の打倒を成功させた（アラブの春）。ネットは，活版印刷同様に，声の届く範囲でしかありえなかった議論と共感を，その環境以前の社会とは比較にならないほど活性化させ，権威や権力を打破する力を集める。その威力が意識されたとき，ネットはさらに多くの人びとの意見が反映される社会の基礎となるだろう。

　第 2 に，印刷本の拡大は言語共同体商圏を生み出す要因となった。知識人階級の使うラテン語書籍の需要が飽和した後，印刷業者は読者開拓のために地域言語での出版を始め，言語と市場の地図を結びつけた。現在，インターネット上のコンテンツに使用されている言語は英語が過半数を占め，利用人口としては英語使用者と中国語使用者が多い。その他の言語の使用割合は，コンテンツ量，使用人口ともに低い。今後は，日本のようにすでにネット普及率が高い国の言語は存在力を減じ，中国やインドのようにさらに人口増加とネット普及率の上昇が見込まれる国の言語は，より存在力を増すだろう。つまり言語利用者の人口とネット普及率がネット上の商圏に反映され，人口減の言語共同体は商圏を縮小し，人口増ならば拡大する。さらに，利用者の多い言語共同体商圏への参入が増え，グローバリズムがいっそう進む（空間バイアス）。

　さらにネットの利便性がオープンでフリーであることに左

インターネットと言語
→第12章 pp.196-197

右されるとすれば，その理念を強くもつ言語圏の市場が拡がる。つまり，コンピュータとインターネットをつくった利点を活かした英語帝国主義が拡がり，人口の少ない地域言語圏は小さな市場で暮らすことになる。そうした状況を翻訳技術が打開するかもしれない。もちろん言語自体の消滅は好まれない。だが，いずれにしても，ネット社会では，英語，中国語，スペイン語，ロシア語など，より多くの人口に到達する言語に向けた商業的サービスへの参入と統合が進み，言語共同体商圏を少数の言語ブロックにしてしまう可能性が高い。しかし，翻訳技術の高度化が，地球村的な共同体意識を涵養する可能性もあるだろう。

　第3に，印刷表現の高度化は写実的な視覚表現への志向と信頼を高めた。印刷本の正確なコピーは，目で見て理解可能な写実表現を当たり前のものにし，遠近法的絵画表現とその形式を作り出すカメラ・オブスキュラを視覚の真理として内面化させた。静止画を動かす技術が生み出されるのは，視覚が生理現象として理解され，視覚の真理モデルが崩れたときである。

視覚の真理モデル
→第8章 pp.120-123

　ネット社会の表現形式として問題となるのは，デジタル文化における芸術家の感性の変容だろう。デジタル化は，あらゆる表現形式を技術的にも経済的にも容易に参照，コピー，融合することを可能にする。映画がコラージュを生み出したように，新しい技術が新しい表現形式を生む可能性は大きい。だが，より重要なのは，映画やテレビが人びとに多くの作品に触れる機会を与えたように，ネットとデジタル文化が表現する機会を人びとに与える可能性である。したがって，ネット社会の芸術家は専門家にとどまらない。これまでマス・メディアがおこなっていた表現形式もネット上で簡単にできる。ジャーナリズムも例外ではない。アルビン・トフラーが，消費者（consumer）が生産者（producer）となるという意味でプロシューマー（prosumer）の台頭を予測したのは1980年代だったが（トフラー／トフラー　2006），まさにコンピュータとネ

デジタル・ネイティブ
　生まれた頃からデジタル・メディア環境に囲まれて育った世代のこと。ラジオとテレビで育った世代が，世代の違いを強調する際，インターネットや携帯電話とともに育った世代を指すために，よく使われる。

やってみた
　動画投稿サイトなどで，アイドルのフリマネやゲーム攻略法などを実際に実演して見せること，またその類似の行為。実際の行動を他者と共有しようとする点に特徴がある。元ネタがある場合は著作権法違反の可能性があるが，アイデアと想像力を競う側面もみられ，プロシューマーの典型例と解釈できる。

サイバネティックス
　　（cybernetics）
　ギリシャ語で舵を取る者の意。米科学者のノーバート・ウィナーが情報による自動制御の仕組みを考察する学として提唱した。情報を不断にフィードバックし微調整を繰り返しながらうまく進む装置を想定すると，生物，機械，社会組織のどれもが同じ機構をもつと捉えることができ，その理論化と応用が目指された。

　ットは人びとを生産者にすることを容易にした。その環境を当たり前のものとして過ごすデジタル・ネイティブは，多くの表現する可能性をネット上に見いだすだろう。なぜ人びとは「やってみた」を見せたくなるのだろうか。ソフトウェア，DIY，マンガなどと同様に，ネットは創作と制作を支える人びとの交流と賞賛の機会をも与えてくれる。そうした新しい文化の創造の機会は，企業主導の著作権法に邪魔されるかもしれないが，それを迂回する努力がさらに新しいものを生み出すかもしれない。

　第4に印刷は科学革命に大きく貢献した。アウトプットの増大とインプットの変容が，印刷表現の高度化を伴い，誰でも理解できる知識を比較・検証可能にし，明快な証拠を提示する科学に貢献する機会を多くの者にもたらしたからである。ネット社会は，同じプロセスをたどり，科学的検証のスピードをアップさせるだろう。現状で正統とされている科学的方法論の延長の範囲では，インターネットは調査と検証と解析の大規模化に使われる。例えば地球外知性の探査（SETI）には，宇宙から受信した電波の解析をネット上のパソコンでおこなうプロジェクトがあり，誰でも自宅のパソコンを使って参加できる（SETI@home）。

　こうしたプロジェクトは分散型コンピューティングで解析をおこなうものであり，莫大な情報を処理するビッグデータの扱い方の一例でもある。収集可能な情報を瞬時に解析するだけでなく，その結果の瞬時なフィードバックと微調整が可能であれば，それは絶え間ない環境の変化に対応する生命体の行動に近づく。ネットワーク化されたコンピュータ網は，個人を特定するマーケティング手法としてではなく，誰もが参加可能な単純な事実の収集と集合知の社会へのフィードバックに使うことができる。こうした手法の基本的な考え方は，かつてノーバート・ウィナーが広めたサイバネティックスにある。ネット社会は，社会を生命体の自己組織化と類似の過程と捉え，単純な情報から協力，相互監視，評判，共感まで

様々な情報を社会にフィードバックする仕組みをつくることになるだろう。ネット社会が科学に飛躍をもたらすとすれば，おそらくそれは物理法則の解明ではなく，生命情報を含めた情報を単位とする組織化の解明に目を向けたときである（吉田　2013）。

　活版印刷の歴史にならえば，新しいメディアがインキュナブラ時代を超え，独占されるのではなく幅広い社会層に拡がるよう社会に埋め込まれることで，知の根本的な地殻変動が進行する可能性が高まる。そして，ネットが当たり前にある社会に過ごすことで，人びとの意識や人生観もまた大きく変わる。まず，近代を支えてきた内省する自律した個人という感覚は，世界中の他者とのつながりをより重視した意識に変わるだろう。世界とのつながりの意識が高まれば，心理的に地理的な距離感は縮まり，空間意識の拡大がより実質的になる。同時代人とのつながりは，歴史よりもいまを重視する姿勢を強めるが，社会を生命体のように捉える感覚が養われれば，直線的ではなく循環的な時間感覚を強めることになる。こうしてネット社会で過ごすことは，それまでとは異なった意識や人生観を育てることになるはずである。

　もしインターネットがオープンでフリーな理念を活かすよう社会に埋め込まれていくならば，そこで生まれる新しいコミュニケーションの在り方は，新しい社会をつくっていく大きな原動力となる。メディアがその原動力の源となるならば，そこから導かれるのは，その可能性を狭めるようなことをしてはならないという基本原則である。メディアは，集まる，共有する，伝える，議論する，創る，表現するといった基本的な人びとのつながりの可能性を高め，社会が豊かになるよう，オープンでフリーなデザインになっているほうがいい。メディアをクローズドにしコントロールしようとすることは，誰かが知を独占することにつながる。メディアを囲い込み，知を独占しようとする動きには，いつでも抗い続けなければならない。

図13-14　2000年後の未来遺跡から出土したスマートフォン等（柴川敏之の作品）

したがって，これからのメディアについてわたしたちが考えなければならないのは，モバイル端末の未来などではない。未来人になって「2000年後の未来遺跡」を見学している姿を想像してみよう。そこではスマートフォンやタブレットが発掘されている［図13-14］。それは2000年後の人類に何を物語るだろうか。数年後の未来ではなく，遠い過去から遠い未来へとつながる狭間に生きているわたしたちについて想像しよう。わたしたちに必要なのは，メディアをどのようにデザインし，どのように社会に埋め込むことが，世界の人びとのよりよい未来につながるのかを考え，行動することである。未来人は，2000年前を不器用で不都合な暗黒時代と嘆くのだろうか，それとも社会が大きく飛躍するきっかけをつくった輝かしい時代と見直すのだろうか。その評価は，わたしたちがメディアをどうデザインしていくかにかかっている。

＜参考文献＞
伊東寛　2012『「第5の戦場」サイバー戦の脅威』祥伝社新書。
井上孝司　2010『戦うコンピュータ2011——戦場のIT革命いま，そこにある未来戦』光人社。
遠藤誉　2011『ネット大国中国——言論をめぐる攻防』岩波新書。
河内孝　2010『次に来るメディアは何か』ちくま新書。
キーフ，パトリック・ラーデン　2005『チャター——全世界盗聴網が監視するテロと日常』（冷泉彰彦訳）日本放送出版協会。
ギルモア，ダン　2011『あなたがメディア！——ソーシャル新時代の情報術』（平和博訳）朝日新聞出版。
チェン，ドミニク　2012『フリーカルチャーをつくるためのガイドブック——クリエイティブ・コモンズによる創造の循環』フィルムアート社。
チョムスキー，ノーム　2003『メディア・コントロール——正義なき民主主義と国際社会』（鈴木主税訳）集英社新書。
トフラー，アルビン／トフラー，ハイジ　2006『富の未来』上・下（山岡洋一訳）講談社。
日本民間放送連盟・研究所編　2012『ネット・モバイル時代の放送——その可能性と将来像』

学文社。
パリサー，イーライ　2016『フィルターバブル——インターネットが隠していること』(井口耕二訳) ハヤカワ文庫NF。
ビーダー，シャロン　1999『グローバルスピン——企業の環境戦略』(松崎早苗監訳) 創芸出版。
福井健策　2012『「ネットの自由」vs. 著作権——TPPは，終わりの始まりなのか』光文社新書。
増田雅史・生貝直人　2012『デジタルコンテンツ法制——過去・現在・未来の課題』朝日新聞出版。
安岡寛道編／曽根原登・宍戸常寿著　2012『ビッグデータ時代のライフログ——ICT社会の"人の記憶"』東洋経済新報社。
山田奨治　2011『日本の著作権はなぜこんなに厳しいのか』人文書院。
吉田民人著／吉田民人論集編集委員会編　2013『近代科学の情報論的転回——プログラム科学論』勁草書房。
ライアン，デイヴィッド　2011『監視スタディーズ——「見ること」「見られること」の社会理論』(田島泰彦・小笠原みどり訳) 岩波書店。
レッシグ，ローレンス　2004『FREE CULTURE——いかに巨大メディアが法をつかって創造性や文化をコントロールするか』(山形浩生・守岡桜訳) 翔泳社。
レッシグ，ローレンス　2007『CODE VERSION 2.0』(山形浩生訳) 翔泳社。
Bagdikian, Ben H. 2004 *The New Media Monopoly*, Boston, Beacon Press.

クリエイティブ・コモンズ・ジャパン＝http://creativecommons.jp/
柴川敏之HP＝http://www.planetstudio41.com/contents/top.html
Datawind＝http://www.ubislate.com/
Internet Enemies Report 2012, Reporters without Borders, 12/March/2012＝http://en.rsf.org/IMG/pdf/rapport-internet2012_ang.pdf
One Laptop Per Child＝http://one.laptop.org
Raspberry Pi財団＝http://www.raspberrypi.org/
SETI@HOME＝http://setiathome.berkeley.edu/
Wikipedia：List of Wikipedias＝http://en.wikipedia.org/wiki/List_of_Wikipedias
Word of Mouth Marketing Association (WOMMA) Code of Ethics＝http://womma.org/ethics/

あとがき

　この本では，長い歴史の流れのなかでメディアが人間と社会にどうかかわってきたのか，またよりよい文化をつくるために，わたしたちはメディアをどう扱っていけばよいのかを考えています。この本の考え方は，北米を中心にメディア・エコロジーと呼ばれているアプローチに近いでしょう。メディア・エコロジーは，メディアを環境の一部として捉え，メディアとコミュニケーションの生態系を考えるアプローチです。メディア生態学あるいはメディア環境論とでもいえばよいでしょうか。

　もちろん，メディアへのアプローチはいろいろあるでしょう。メディアに関連した多様な分野で学ぶ人も増えています。そうしたどの分野で学ぶ人にとっても，大きな流れでメディアをつかんでおくことは基礎的な知識の範疇だと思うのですが，そうした内容を扱った本をあまり見かけなくなりました。おそらく職業教育重視，専門偏重なのでしょう。歴史的な視野であっても，技術的な解説が主であったり，学問の発達だけを扱っていたりで，社会や文化といった視点を示してくれるものはあまりありません。ホグベン『洞窟絵画から連載漫画へ』（岩波文庫），クローリー／ヘイヤー『歴史のなかのコミュニケーション』（新曜社），稲葉三千男『コミュニケーション発達史』（創風社），竹内成明『コミュニケーション物語』（人文書院）など，かつては良質なものもあったのですが，いずれも現在では入手しづらくなっています。

　それらに取って代わるというほどおこがましくはないですが，この本は少なくとも手に入る類似のものをというつもりで書かれています。広い視野を見通した内容にするのは難しく，全体的にはわたしが授業で取り上げてきたようなトピックを構成し直した内容になっています。メディアと芸術などまだ書きたいことはありましたが，ページ数を考えると，すべてを取り上げるわけにもいかず，また短く書くことを心がけましたので，かなり濃淡が出てしまっているかと思います。加えて，出版社の事情もあり，当初の計画よりかなり大幅に出版が遅れてしまい，方方にご迷惑をおかけしました。

　「はじめに」のメディア論の説明で，マクルーハンを登場させましたので，本

書はかれの考え方に則した内容だと思われるかもしれません。実はそうでもありません。たしかに，かれはメディア・エコロジーの起源のひとつに挙げられていますが，本書では，ことさらかれの考え方を強調していません。それどころか，書いているあいだに，かれのことをしっかりと理解していないことに気が付きました。そこで，2013年度のサバティカル時に，かれの所属していたカナダのトロント大学に出向いて，初めてじっくりその思想に取り組んでみました。遅ればせながら，いまようやくわかったような気がしています。この本は，かれの思想に比べて，かなり進歩史観的になっています。また，かれは，文学やメディアより宗教や教養に大きな関心を寄せていました。その思想から発想すれば，ネット教育が大きな論点になるべきでしょう。そうした話はまた別に書いてみたいと思います。

　ほぼ書き終えてからもう2年ぐらいは経ってしまいましたので，最終章で取り上げた近年の出来事のなかには，校正作業で手直しの必要があるものも出てきました。さいわい予測を大きく外しておらず，基本的には書き換えないで済みましたが，2013年8月のAmazonの社長による米高級紙ワシントン・ポストの個人的買収や，11月の米ヤフーのニュース部門への有名キャスターの投入など，時代を感じさせる出来事が多々ありました。注目すべき出来事を3点だけ書き加えさせてください。

　1点目は，2013年6月の米国家安全保障局（NSA）の諜報活動に関するリーク事件です。これまで秘密のベールに包まれていた諜報活動が暴かれ，各国で大騒ぎになりました。各国要人は盗聴されていますし，SNSは当然のように情報収集対象でした。これに関連して，12月には国連が，国家による通信監視の透明性を確保するための独立監督機構の設置を各国に求める決議「デジタル時代のプライバシー権」を全会一致で採択しました。2014年の初頭，リークした元CIA職員のエドワード・スノーデンはロシアに亡命中ですが，ノーベル平和賞の候補に推薦されたようです。

　2点目は，2013年12月の日本での特定秘密保護法の成立です。施行は2014年12月の予定です。正直，こんな法律が可決されるとは思っていませんでしたので，本文にも入れていませんでした。この法律の真意は，日米同盟のもとでNSAなどの諜報活動の情報をもらうためのようですが，施行されれば，恣意的な情報隠しや逮捕ができるようになります。また同月には，政府のIT総合戦略本部の「パーソナルデータに関する検討会」が省庁のオープンデータ試行版を公

開し，併せて個人情報のビッグデータ活用に向けた法改正を進める方針を決定しました。

　3点目は，2014年1月にアメリカの連邦通信委員会（FCC）の「ネットの中立性」規則が違憲判決を受けたことです。FCCは，プロバイダ事業者にすべての消費者への平等なネットアクセスの提供を義務づけたルールを2010年に策定していましたが，それが通信事業者の提訴によって覆されたわけです。これにより，親会社のサービスを優遇したり，広告を提供してくれるサイトにだけアクセスを無料にしたりする，つまり資本力によってサービスの囲い込みができるようになります。まだ裁判は続くでしょうが，オープンでフリーというネットの理念は結構もろいかもしれません。

　これらのごく短期間のうちに起こった出来事は，興味がなければ見過ごしてしまうようなニュースかもしれません。けれども，少なくとも本書を読み終えた読者には，少しピンと来るようになってほしいと思います。どれもメディアが文化に深くかかわり，社会が変わっていく様子の一端を示しているニュースです。

　最後になりましたが，世界思想社の編集の方々には，丁寧な校正をしていただき，また図版の権利処理などたいへんお手間をとらせました。読み通しやすいものになっていれば，そうした編集作業のおかげです。やっぱりしっかりした会社は違うなと再確認しました。記して感謝いたします。

　　　　　　　　　　　　　　　　　　　　　　2014年2月　トロントにて

年　表

	歴史的な出来事	本書で取り上げたメディアに関する出来事
B.C. 1万年頃	気候の温暖化傾向はじまる	トークンの出現（メソポタミア文明）
	中・新石器時代	
B.C. 3500年頃		ブッラの出現（メソポタミア文明）
B.C. 3300年頃		ウルク古拙文字（メソポタミア文明）
B.C. 3100年頃	シュメル都市国家の発達 エジプト統一国家の形成	
B.C. 3000年頃		ヒエログリフ（エジプト文明）
B.C. 2800年頃		パピルス（エジプト文明）
B.C. 2600年頃	インダス文明成立	
B.C. 2500年頃		楔形文字の完成（メソポタミア文明） インダス文字（インダス文明）
B.C. 2300年頃	アッカド帝国成立	
B.C. 2100年頃	ウル・ナンム法典	
B.C. 2000年頃	中国夏王朝成立	
B.C. 1750年頃	ハンムラビ法典	
B.C. 1700年頃		子音アルファベット（フェニキア）
B.C. 1600年頃	中国殷王朝成立	
B.C. 1500年頃		亀甲獣骨文字（黄河文明，殷）
B.C. 1300年頃		金文（黄河文明，殷）
B.C. 1200年頃	フェニキア繁栄	
B.C. 1070年頃	中国周王朝成立	
B.C. 800年頃	ギリシャ・ポリス成立	
B.C. 700年頃		母音付きアルファベット（ギリシャ）
B.C. 509年	ローマ，王政から共和政へ移行	
B.C. 451年	十二表法成立	
B.C. 350年頃		プラトン没（ギリシャ）
B.C. 334- B.C. 323年	アレクサンドロス大王の東方遠征	
B.C. 300年頃		アレクサンドリア図書館建造（エジプト）
B.C. 221年	中国統一（秦の始皇帝）	
B.C. 210年頃		焚書坑儒（秦）
B.C. 200年頃		マヤ文字（マヤ文明）
B.C. 27年	ローマ帝政へ移行（ローマ帝国）	
79年	ポンペイ埋没	

年　表

105 年		蔡倫の紙の実用化（漢）
392 年	キリスト教のローマ国教化	
395 年	ローマ帝国東西分裂	
415 年		アレクサンドリアでのヒュパティアの殺害
476 年	西ローマ帝国滅亡	
529 年		アカデメイア閉鎖 モンテ・カッシーノ修道院設立
700 年頃	イスラム帝国の拡大	
750 年頃		アジアで木版印刷はじまる
757 年		イスラム圏への紙の伝播（サマルカンド）
800 年頃		カロリング朝ルネサンス
843 年	フランク王国分裂	
962 年	神聖ローマ帝国誕生	
1100 年頃		12 世紀ルネサンス
1200 年頃	モンゴル帝国（元）の拡大	大学のはじまり
1300 年頃	オスマン帝国建国	イタリア・ルネサンスはじまる
1400 年頃		西洋で木版印刷はじまる
1419-1439 年	フス戦争	
1450 年頃		西洋で活版印刷はじまる（独）
1453 年	東ローマ帝国滅亡（オスマン帝国によるコンスタンティノープル陥落）	
1462 年	神聖ローマ帝国・マインツで内乱	
1502 年		ノイエ・ツァイトゥング発行（独，「新聞」という名のかわら版）
1517 年	ルターの『九十五カ条の論題』掲示	
1560 年		ブリューゲル「節制」『七つの美徳』制作（蘭）
1600 年	徳川幕府のはじまり	
1605 年	ベーコン『学問の進歩』出版（英）	
1609 年		『リラチオン』『アヴィソ』発刊（独，不定期の印刷ニュース）
1618 年	三十年戦争のはじまり	
1626 年		ベン・ジョンソン『ニュース商会』発表（英）
1641 年	イギリス・ピューリタン革命はじまる	
1644 年		ジョン・ミルトン『アレオパジティカ』出版（英）
1648 年	三十年戦争終結(ヨーロッパの新秩序体制)	

235

1650 年		『アインコメンデ・ツァイトゥンゲン（新着雑報）』創刊（独，最古の日刊紙）
1660 年	イギリス王政復古	
1662 年		特許検閲法（Licensing Act）制定（英）
1665 年		『ロンドン（オックスフォード）・ガゼット』創刊（英）
1688 年	イギリス名誉革命	
1702 年		『デイリー・クーラント』創刊（英初の日刊紙）
1712 年		スタンプ税法（Stamp Act）制定（英）
1747 年		ホガース「勤勉と怠惰」制作（英）
1776 年	アメリカ独立宣言	
1779 年		『サンデー・モニター』創刊（英初の日曜新聞）
1789 年	フランス人権宣言	
1794 年		「腕木通信」実用化（仏）
1815 年	フランス王政復古	
1819 年		言論弾圧六法（Six Act）制定（英）
1830 年頃		錯視効果装置の発明（英仏米）
1831 年		『プアマンズ・ガーディアン』創刊（英，ラディカル・プレスの興隆）
1833 年		『サン』『ヘラルド』創刊（米の1セント大衆紙）
1835 年	トクヴィル『アメリカのデモクラシー』出版（仏）	アヴァス通信社設立（仏）
1836 年		『ラ・プレス』創刊（仏初の大衆紙）
1837 年		電信の特許（英） モールス電信機の発明（米）
1839 年		「ダゲレオタイプ」公表（仏）
1841 年		『パンチ』創刊（英，日曜新聞の興隆）
1844 年		「モールス電信」の実験（米）
1848 年	1848 年革命（欧州）	AP 通信社設立（米）
1849 年		ヴォルフ通信社設立（独）
1851 年	第1回ロンドン万博開催	ロイター通信社設立（英）
1866 年		電信線の大西洋横断 ウエスタン・ユニオン社電信独占（米）
1867 年	大政奉還（日）	
1868 年	公開処刑の廃止（英）	

年　表

1876 年		「電話」の特許（米）
1878 年		「フォノグラフ」発売（米）
1886 年		「グラフォフォン」発売（米英）
1894 年	日清戦争（-95 年）	
1895 年	ル・ボン『群衆心理』出版（仏）	「シネマトグラフ」公表（仏）
1900 年		マルコーニ・ワイアレス・テレグラフ社設立（英） 『デイリー・メール』，英日刊紙初の百万部超え
1901 年	タルド『世論と群集』出版（仏）	
1902 年		イギリスのオール・レッド・ライン完成
1904 年	日露戦争（-05 年）	
1905 年		ニッケル・オデオンの増加（米）
1912 年		タイタニック号沈没
1914-1918 年	第一次世界大戦	
1919 年		RCA 社設立（米）
1920 年		ラジオ放送開始（米，英 22 年，独 23 年，日 25 年）
1933 年	ヒトラー政権成立（独）	
1935 年		テレビ放送開始（独，英 36 年，仏 37 年，ソ 38 年，米 41 年）
1939-1945 年	第二次世界大戦	
1948 年		トランジスタ開発（米）
1949 年	ソ連の原爆実験成功	
1950 年	朝鮮戦争（-53 年）	
1952 年	日本被占領状態の終結	
1953 年		日本のテレビ放送開始
1954 年		トランジスタ・ラジオ発売（米）
1957 年	スプートニク・ショック（米）	
1958 年	NASA 設立（米）	
1959 年		クイズ番組『21』やらせ事件（米） IC の開発（米）
1961 年	アポロ計画発表	
1962 年		テレビの衛星中継開始（米）
1964 年		静止通信衛星打ち上げ成功（米）
1968 年		ARPA ネット開始（米）
1969 年		NASA 月面上陸成功（米）
1971 年		マイクロプロセッサ（MPU）の開発（米）

237

1972 年	アポロ計画終了	衛星利用のオープンスカイ政策（米） 初の家庭用ゲーム機「オデッセイ」発売
1974 年		コンピュータ・キット「Altair」発売（米）
1975 年		CATV 衛星中継開始（米）
1977 年		初のパーソナル・コンピュータ「Apple II」発売（米） ARPA ネットのインターネット化（米）
1979 年		パソコン通信サービス開始（米）
1980 年		CNN 開設（米）
1981 年		IBM + Microsoft パソコン発売（米） MTV 開設（米）
1983 年	戦略防衛構想（SDI）（米）	ARPA ネットの民間開放（米） 任天堂ファミコン発売（日）
1984 年		Macintosh 発売（米） AT&T 解体（米）
1985 年	プラザ合意（G5）	日本の通信自由化
1987 年	中距離核戦力（INF）全廃条約締結（米ソ）	
1989 年	冷戦の終結	
1991 年	ソヴィエト連邦崩壊 湾岸戦争	
1992 年		情報スーパーハイウェイ構想（米） 商用インターネット認可（米，日）
1995 年		インターネットの認知（インターネット元年） 携帯電話の普及（日）
1996 年		通信法改正（米）
2001 年	アメリカ同時多発テロ事件	
2003-2011 年	イラク戦争	

図出典一覧

図番号	出　典
図 1-1	小林登志子『シュメル――人類最古の文明』中公新書，2005 年，35 頁。
図 1-2	P1150884 Louvre Uruk III tablette écriture précunéiforme AO19936 rwk http://commons.wikimedia.org/wiki/File:P1150884_Louvre_Uruk_III_tablette_écriture_précunéiforme_AO19936_rwk.jpg by Mbzt / CC BY 3.0（http://creativecommons.org/licenses/by/3.0/）
図 1-3	Cuneiform script http://commons.wikimedia.org/wiki/File:Cuneiform_script.jpg
図 1-4	GilgameshTablet http://commons.wikimedia.org/wiki/File:GilgameshTablet.jpg
図 1-5	デニス・シュマント=ベッセラ『文字はこうして生まれた』（小口好昭・中田一郎訳）岩波書店，2008 年，76 頁をもとに作成。
図 1-6	デニス・シュマント=ベッセラ『文字はこうして生まれた』（小口好昭・中田一郎訳）岩波書店，2008 年，表紙。
図 1-7	小林登志子『シュメル――人類最古の文明』中公新書，2005 年，130 頁。
図 1-8	Relieve del templo de Kom Ombo, Egipto. http://commons.wikimedia.org/wiki/File:Relieve_del_templo_de_Kom_Ombo,_Egipto..JPG by Alonso de Mendoza / CC BY-SA 3.0（http://creativecommons.org/licenses/by-sa/3.0/）
図 1-9	Edwin Smith Papyrus v2 http://commons.wikimedia.org/wiki/File:Edwin_Smith_Papyrus_v2.jpg
図 1-10	OracleShell http://commons.wikimedia.org/wiki/File:OracleShell.JPG by Kowloonese / CC BY-SA 3.0（http://creativecommons.org/licenses/by-sa/3.0/）
図 1-11	David Crowley and Paul Heyer eds., *Communication in History: Technology, Culture, Society*, 3rd ed., New York, Longman, 1999, p.31.
図 1-12	Li Song, *Chinese Bronze Ware*, translated by Zhu Jianting, Li Li and He Yunzhao, New York, Cambridge University Press, 2011, p.62.
図 2-1	リチャード・パーキンソン／スティーヴン・クワーク『パピルス――偉大なる発明，その製造から使用法まで』（近藤二郎訳）學藝書林，1999 年，35 頁をもとに作成。
図 2-2	ジョン・ヒーリー『初期アルファベット』（竹内茂夫訳）學藝書林，1996 年，31 頁をもとに作成。
図 2-3	栗田伸子・佐藤育子『興亡の世界史 3　通商国家カルタゴ』講談社，2009 年，111 頁。
図 2-4	プラトン『パイドロス』（藤沢令夫訳）岩波文庫，1967 年。
図 2-5	プラトン『国家』上・下（藤沢令夫訳）岩波文庫，1979 年。
図 2-6	ホメロス『イリアス』上・下（松平千秋訳）岩波文庫，1992 年。

図 2-7	ホメロス『オデュッセイア』上・下（松平千秋訳）岩波文庫，1994 年。
図 2-8	『アリストテレース詩学　ホラーティウス詩論』（松本仁助・岡道男訳）岩波文庫，1997 年。
図 2-9	著者作成
図 2-10	著者作成
図 2-11	著者作成
図 2-12	著者作成
図 2-13	著者作成
図 2-14	ポール・ドゥ・ゲイほか『実践カルチュラル・スタディーズ――ソニー・ウォークマンの戦略』（暮沢剛巳訳）大修館書店，2000 年，8 頁をもとに作成。
図 3-1	モスタファ・エル=アバディ『古代アレクサンドリア図書館――よみがえる知の宝庫』（松本慎二訳）中公新書，1991 年，9 頁などをもとに作成。
図 3-2	ヘンリー・ペトロスキー『本棚の歴史』（池田栄一訳）白水社，2004 年，29 頁。
図 3-3	F・G・ケニオン『古代の書物――ギリシア・ローマの書物と読者』（高津春繁訳）岩波新書，1953 年，32-36 頁をもとに作成。
図 3-4	F・G・ケニオン『古代の書物――ギリシア・ローマの書物と読者』（高津春繁訳）岩波新書，1953 年，37-38 頁および 127-128 頁をもとに作成。
図 3-5	F・G・ケニオン『古代の書物――ギリシア・ローマの書物と読者』（高津春繁訳）岩波新書，1953 年，114-115 頁をもとに作成。
図 3-6	伊東俊太郎『十二世紀ルネサンス』講談社学術文庫，2006 年，184 頁。
図 3-7	高宮利行・原田範行『図説　本と人の歴史事典』柏書房，1997 年，表紙。
図 3-8	KellsFol292rIncipJohn http://commons.wikimedia.org/wiki/File:KellsFol292rIncipJohn.jpg
図 3-9	Bamboo book - binding - UCR http://commons.wikimedia.org/wiki/File:Bamboo_book_-_binding_-_UCR.jpg by vlasta2 / CC BY 2.0（http://creativecommons.org/licenses/by/2.0/）
図 3-10	紙の博物館『わかりやすい紙の知識〔第 3 刷改訂〕』2012 年，49 頁。
図 4-1	張紹助『中国の書物と印刷』（高津孝訳）日本エディタースクール出版部，1999 年，29 頁。
図 4-2	国立国会図書館デジタル化資料より。
図 4-3	著者作成
図 4-4	著者作成
図 4-5	Johannes Gutenberg http://commons.wikimedia.org/wiki/File:Johannes_Gutenberg.jpg
図 4-6	大黒俊二『ヨーロッパの中世 6　声と文字』岩波書店，2010 年，118 頁 　（Michael T. Clanchy, *From Memory to Written Record: England 1066-1307*, 2nd ed., Oxford and Massachusetts, Blackwell, 1993, p.60）

図 4-7	大黒俊二『ヨーロッパの中世 6　声と文字』岩波書店，2010 年，190 頁 (Johannes Schildhauer, *Die Hanse, Geschichte und Kultur*, Edition Leipzig, 1984, p.186)
図 4-8	デイヴィッド・ホックニー『秘密の知識――巨匠も用いた知られざる技術の解明』（木下哲夫訳）青幻舎，2006 年，62 頁。
図 4-9	凸版印刷株式会社印刷博物誌編纂委員会編『印刷博物誌』凸版印刷株式会社，2001 年，457 頁。
図 4-10	凸版印刷株式会社印刷博物誌編纂委員会編『印刷博物誌』凸版印刷株式会社，2001 年，454 頁。
図 4-11	Gutenberg-Museum Mainz, Ausstellung>Johannes Gutenberg>Gutenbergs Drucke http://www.gutenberg-museum.de/119.0.html
図 4-12	Gutenberg bible Old Testament Epistle of St Jerome http://commons.wikimedia.org/wiki/File:Gutenberg_bible_Old_Testament_Epistle_of_St_Jerome.jpg
図 4-13	http://www.schoefferhofer.de/
図 4-14	リュシアン・フェーヴル／アンリ=ジャン・マルタン『書物の出現』上・下（関根素子ほか訳）筑摩書房，1985 年，巻末。
図 4-15	Incunabula Short Title Catalogue(http://www.bl.uk/catalogues/istc)をもとに作成。
図 4-16	Incunabula Short Title Catalogue(http://www.bl.uk/catalogues/istc)をもとに作成。
図 4-17	折田洋晴著／国立国会図書館図書館研究所編『インキュナブラの世界』日本図書館協会，2000 年，25 頁をもとに作成。
図 5-1	パリ国立図書館版『世界版画 4　ブリューゲルとその時代』筑摩書房，1978 年，図 26。
図 5-2	95Thesen http://commons.wikimedia.org/wiki/File:95Thesen.jpg
図 5-3	パリ国立図書館版『世界版画 2　銅版画の誕生』筑摩書房，1978 年，図 66。
図 5-4	出典元は米国オクラホマ大学図書館科学史コレクションの公開情報だが，現在サーバー移転中のため，暫定サイト情報を記す。リンク切れの場合，移転先予定の Sharok.org（https://shareok.org/）より，以下の情報を元に検索すること。
図 5-5	ouhos OU History of Science Collection http://www.flickr.com/photos/111589357@N08/collections/ 図 5-4 は以下に進む。>16th-century science>Leonhart Fuchs, 1542>Fuchs-1542-897 図 5-5 は以下に進む。>16th-century science>Vesalius, 1543>Vesalius-1543-181
図 5-6	C・クーマン『近代地図帳の誕生――アブラハム・オルテリウスと『世界の舞台』の歴史』（船越昭生監修・長谷川孝治訳）臨川書店，1997 年，表紙。
図 6-1	アンソニー・スミス『ザ・ニュースペーパー』（仙名紀訳）新潮社，1988 年，8 頁。
図 6-2	芝田正夫『新聞の社会史――イギリス初期新聞史研究』晃洋書房，2000 年，33 頁をもとに作成。
図 6-3	Some Statistics on the Number of Surviving Printed Titles for Great Britain and Dependencies from the Beginnings of Print in England to the year 1800, by Alain Veylit(http://estc.ucr.edu/ESTCStatistics.html)をもとに作成。

図 6-4	ミルトン『言論・出版の自由——アレオパジティカ』（原田純訳）岩波文庫，2008 年。
図 6-5	エーリヒ・シュトラスナー『ドイツ新聞学事始——新聞ジャーナリズムの歴史と課題』（大友展也訳）三元社，2002 年，223 頁。
図 6-6	The London Gazette HP, http://www.london-gazette.co.uk/issues/1/pages/1
図 6-7	The London Gazette HP, http://www.london-gazette.co.uk/issues/24/pages/1
図 6-8	小林章夫『コーヒー・ハウス——18 世紀ロンドン，都市の生活史』講談社学術文庫，2000 年，49 頁。
図 6-9	芝田正夫『新聞の社会史——イギリス初期新聞史研究』晃洋書房，2000 年，第 8 章をもとに作成。
図 7-1	William Hogarth - Industry and Idleness, Plate 11; The Idle 'Prentice Executed at Tyburn http://commons.wikimedia.org/wiki/File:William_Hogarth_-_Industry_and_Idleness,_Plate_11;_The_Idle_%27Prentice_Executed_at_Tyburn.png
図 7-2	クリストファー・ヒバート『倫敦路地裏犯科帳——イギリス裏社会と怪盗ジャック・シェパード』（山本雅男訳）東洋書林，1999 年，37 頁。
図 7-3	小林章夫『チャップ・ブックの世界——近代イギリス庶民と廉価本』講談社学術文庫，2007 年，15 頁。
図 7-4	香内三郎『ベストセラーの読まれ方——イギリス 16 世紀から 20 世紀へ』NHK ブックス，1991 年，96 頁をもとに作成。
図 7-5	ヘンリー・メイヒュー『ロンドン路地裏の生活誌——ヴィクトリア時代』上（植松靖夫訳）原書房，1992 年，157 頁。
図 7-6	リチャード・D・オールティック『ヴィクトリア朝の緋色の研究』（村田靖子訳）国書刊行会，1988 年，81 頁。
図 7-7	芝田正夫『新聞の社会史——イギリス初期新聞史研究』晃洋書房，2000 年，第 2 章と第 8 章をもとに作成。
図 7-8	著者作成
図 7-9	レナード・ダヴリース編『19 世紀絵入り新聞が伝えるヴィクトリア朝珍事件簿——猟奇事件から幽霊譚まで』（仁賀克雄訳）原書房，1998 年，258 頁。
図 7-10	レナード・ダヴリース編『19 世紀絵入り新聞が伝えるヴィクトリア朝珍事件簿——猟奇事件から幽霊譚まで』（仁賀克雄訳）原書房，1998 年，37 頁。
図 7-11	San Francisco Academy of Comic Art Collection, The Yellow Kid>Gallery>1897, The Ohio State Univeristy Cartoon Research Library and Museum http://cartoons.osu.edu/digital_albums/yellowkid/1897/1897.htm
図 7-12	小野秀雄『かわら版物語——江戸時代マス・コミの歴史〔第 3 版〕』雄山閣出版，1967 年，354 頁。
図 7-13	東京大学大学院情報学環蔵．木下直之・吉見俊哉編『ニュースの誕生——かわら版と新聞錦絵の情報世界』東京大学総合研究博物館，1999 年，149 頁。
図 7-14	東京大学大学院情報学環蔵．木下直之・吉見俊哉編『ニュースの誕生——かわら版と新聞錦絵の情報世界』東京大学総合研究博物館，1999 年，114 頁。

図 7-15	土屋礼子『大衆紙の源流——明治期小新聞の研究』世界思想社，2002 年，巻末データをもとに作成。
図 7-16	土屋礼子『大衆紙の源流——明治期小新聞の研究』世界思想社，2002 年，巻末データをもとに作成。
図 7-17	土屋礼子『大衆紙の源流——明治期小新聞の研究』世界思想社，2002 年，巻末データおよび大阪府統計書をもとに作成。
図 7-18	山本武利『近代日本の新聞読者層』法政大学出版局，1981 年／土屋礼子『大衆紙の源流——明治期小新聞の研究』世界思想社，2002 年／鵜飼新一『朝野新聞の研究』みすず書房，1985 年の各巻末データをもとに作成。
図 8-1	エルンスト・マッハ『感覚の分析』（須藤吾之助・廣松渉訳）法政大学出版局，1971 年，16 頁。
図 8-2	大林信治・山中浩司編『視覚と近代——観察空間の形成と変容』名古屋大学出版会，1999 年，25 頁（Michael Kubovy, *The Psychology of Perspective and Renaissance Art*, Cambridge and New York, Cambridge University Press, 1986）
図 8-3	Florentine Baptistery RB http://commons.wikimedia.org/wiki/File:Florentine_Baptistery_RB.jpg by Radomil ／ CC BY-SA 3.0(http://creativecommons.org/licenses/by-sa/3.0/)
図 8-4	池上英洋『西洋絵画の巨匠 8　レオナルド・ダ・ヴィンチ』小学館，2007 年，100 頁。
図 8-5	池上英洋『西洋絵画の巨匠 8　レオナルド・ダ・ヴィンチ』小学館，2007 年，89 頁。
図 8-6	アルブレヒト・デューラー『「測定法教則」注解』（下村耕史訳編）中央公論美術出版，2008 年，190-191 頁。
図 8-7	デイヴィッド・ホックニー『秘密の知識——巨匠も用いた知られざる技術の解明』（木下哲夫訳）青幻舎，2006 年，143 頁。
図 8-8	パリ国立図書館版『世界版画 3　デューラーとドイツ・ルネサンス』筑摩書房，1978 年，図 24。
図 8-9	ジョン・H・ハモンド『カメラ・オブスクラ年代記』（川島昭夫訳）朝日新聞社，2000 年，27 頁。
図 8-10	ジョン・H・ハモンド『カメラ・オブスクラ年代記』（川島昭夫訳）朝日新聞社，2000 年，39 頁。
図 8-11	ジョン・H・ハモンド『カメラ・オブスクラ年代記』（川島昭夫訳）朝日新聞社，2000 年，43 頁。
図 8-12	ジャン・ピエロ・ブルネッタ『ヨーロッパ視覚文化史』（川本英明訳）東洋書林，2010 年，前綴じ 13。
図 8-13	フィリップ・ステッドマン『フェルメールのカメラ——光と空間の謎を解く』（鈴木光太郎訳）新曜社，2010 年，中綴じ。
図 8-14	クリストファー・ベイカー『カナレット』（越川倫明・新田建史訳）西村書店，2001 年，69 頁。

図 8-15	ジョン・H・ハモンド『カメラ・オブスクラ年代記』(川島昭夫訳) 朝日新聞社, 2000 年, 179 頁。
図 8-16	ジャン・ピエロ・ブルネッタ『ヨーロッパ視覚文化史』(川本英明訳) 東洋書林, 2010 年, 中綴じ 95。
図 8-17	神戸市立博物館蔵・提供。
図 8-18	中央大学図書館蔵。鈴木俊幸『江戸の本づくし――黄表紙で読む江戸の出版事情』平凡社新書, 2011 年, 61 頁。
図 8-19	国立国会図書館デジタル化資料より。
図 8-20	Bernard Comment, *The Painted Panorama*, translated from the French by Anne-Marie Glasheen, New York, Harry N. Abrams, 2000, p.8.
図 8-21	ベルナール・コマン『パノラマの世紀』(野村正人訳) 筑摩書房, 1996 年, 55 頁。
図 8-22	東京都写真美術館編『イマジネーションの表現』東京都写真美術館, 1995 年, Chapter 1 幻影。
図 8-23	ジャン・ピエロ・ブルネッタ『ヨーロッパ視覚文化史』(川本英明訳) 東洋書林, 2010 年, 中綴じ 108。
図 8-24	Françoise Levie, *Étienne-Gaspard Robertson: La vie d'un fantasmagore*, Longueuil and Brussels, Éditions du Préambule and Sofidoc, 1990, p.312.
図 8-25	名古屋市博物館ほか編『歌川国芳展 生誕 200 年記念』日本経済新聞社, 1996 年, 171 頁。
図 8-26	林聖吾撮影。
図 8-27	ジョルジュ・サドゥール『世界映画全史』1 (村山匡一郎・出口丈人訳) 国書刊行会, 1992 年, 39 頁。
図 8-28	ジョルジュ・サドゥール『世界映画全史』1 (村山匡一郎・出口丈人訳) 国書刊行会, 1992 年, 42 頁。
図 8-29	ジョナサン・クレーリー『観察者の系譜――視覚空間の変容とモダニティ』(遠藤知巳訳) 十月社, 1997 年, 191 頁。
図 8-30	Helmut Gernsheim in collaboration with Alison Gernsheim, *The History of Photography: From the Camera Obscura to the Beginning of the Modern Era*, Revised and enlarged edition, London, Thames and Hudso, 1969, p.354.
図 8-31	加藤耕一『「幽霊屋敷」の文化史』講談社現代新書, 2009 年, 207 頁。
図 8-32	レオナルド・デ・フリーズ『ヴィクトリアン・インベンション――19 世紀の発明家たち』(本田成親訳) シグマ, 1978 年, 119 頁。
図 8-33	レオナルド・デ・フリーズ『ヴィクトリアン・インベンション――19 世紀の発明家たち』(本田成親訳) シグマ, 1978 年, 120 頁。
図 8-34	レオナルド・デ・フリーズ『ヴィクトリアン・インベンション――19 世紀の発明家たち』(本田成親訳) シグマ, 1978 年, 116 頁。
図 8-35	ジョルジュ・サドゥール『世界映画全史』1 (村山匡一郎・出口丈人訳) 国書刊行会, 1992 年, 198 頁。

図 8-36	ジョルジュ・サドゥール『世界映画全史』2（村山匡一郎ほか訳）国書刊行会，1993 年，66 頁。
図 8-37	ジョルジュ・サドゥール『世界映画全史』2（村山匡一郎ほか訳）国書刊行会，1993 年，56 頁（部分）。
図 8-38	Institut Lumiére, Musée Lumière>Patrimeine Lumière>Le Cinématographe http://www.institut-lumiere.org/patrimoine_index.html
図 8-39	ジョルジュ・サドゥール『世界映画全史』1（村山匡一郎・出口丈人訳）国書刊行会，1992 年，290 頁。
図 8-40	「ラ・シオタに到着する列車」『レ・フィルム・リュミエール DVD-BOX』ジェネオンエンタテインメント，2005 年，Disk1(1)。
図 8-41	吉田喜重・山口昌男・木下直之編『映画伝来――シネマトグラフと〈明治の日本〉』岩波書店，1995 年，125 頁。
図 8-42	マドレーヌ・マルテット=メリエス『魔術師メリエス――映画の世紀を開いたわが祖父の生涯』（古賀太訳）フィルムアート社，1994 年，表紙。
図 8-43	マドレーヌ・マルテット=メリエス『魔術師メリエス――映画の世紀を開いたわが祖父の生涯』（古賀太訳）フィルムアート社，1994 年，255 頁。
図 9-1	中野明『腕木通信――ナポレオンが見たインターネットの夜明け』朝日新聞社，2003 年，17 頁。
図 9-2	中野明『腕木通信――ナポレオンが見たインターネットの夜明け』朝日新聞社，2003 年，168 頁。
図 9-3	International Telecommunication Union, *From Semaphore to Satellite*, Geneva, International Telecommunication Union, 1965, p.26.
図 9-4	International Telecommunication Union, *From Semaphore to Satellite*, Geneva, International Telecommunication Union, 1965, p.26.
図 9-5	Samuel Morse 1840 http://commons.wikimedia.org/wiki/File:Samuel_Morse_1840.jpg
図 9-6	魚留元章『モールス・キーと電信の世界――電鍵の歴史・操作・メインテナンス・コレクション』CQ 出版，2005 年，42 頁。
図 9-7	国立公文書館デジタルアーカイブ http://www.digital.archives.go.jp/gallery/view/detail/detailArchives/0000000466
図 9-8	George Johnson, *The All Red Line: The Annals and Aims of the Pacific Cable Project*, Ottawa, James Hope & Sons, 1903, 口絵。
図 9-9	Actor portraying Alexander Graham Bell in an AT&T promotional film (1926) http://commons.wikimedia.org/wiki/File:Actor_portraying_Alexander_Graham_Bell_in_an_AT&T_promotional_film_(1926).jpg
図 9-10	ロバート・V・ブルース『孤独の克服――グラハム・ベルの生涯』（唐津一監訳）NTT 出版，1991 年，115 頁。

図 9-11	U. S. Patent No.173618 http://www.google.com/patents?vid=173618&hl=ja
図 9-12	The First Edison Phonograph（Made by Seiro Sinagawa, Japan）（1889 年） 三浦玄樹著／マック杉崎監修『図説 世界の蓄音機』三玄社，1996 年，22 頁。
図 9-13	GRAPHOHONE Model COLUMBIA with Bettini Micro-Phongraph Reproducer（1897 年） 三浦玄樹著／マック杉崎監修『図説 世界の蓄音機』三玄社，1996 年，56 頁。
図 9-14	VICTOR Model E（1902 年） 三浦玄樹著／マック杉崎監修『図説 世界の蓄音機』三玄社，1996 年，71 頁。
図 9-15	パトリス・フリッシー『メディアの近代史——公共空間と私生活のゆらぎのなかで』（江下雅之・山本淑子訳）水声社，2005 年，123 頁をもとに作成。
図 9-16	ジョルジュ・サドゥール『世界映画全史』4（村山匡一郎ほか訳）国書刊行会，1995 年，21 頁をもとに作成。
図 9-17	Guglielmo Marconi http://commons.wikimedia.org/wiki/File:Guglielmo_Marconi.jpg
図 9-18	水越伸『メディアの生成——アメリカ・ラジオの動態史』同文舘出版，1993 年，72・94・187 頁をもとに作成。
図 9-19	ORTHOPHONOIC ELECTOROLA　RADIORA 10-55（1927 年） 三浦玄樹著／マック杉崎監修『図説 世界の蓄音機』三玄社，1996 年，105 頁。
図 10-1	トクヴィル『アメリカのデモクラシー』4 分冊（松本礼二訳）岩波文庫，2005-2008 年。
図 10-2	ギュスターヴ・ル・ボン『群衆心理』（桜井成夫訳）講談社学術文庫，1993 年。
図 10-3	ガブリエル・タルド『世論と群集』（稲葉三千男訳）未来社，1989 年。
図 10-4	著者作成
図 10-5	W・リップマン『世論』上・下（掛川トミ子訳）岩波文庫，1987 年。
図 10-6	エドワード・バーネイズ『プロパガンダ』（中田安彦訳）成甲書房，2010 年。
図 10-7	ジョン・デューイ『公衆とその諸問題——現代政治の基礎』（阿部齊訳）ちくま学芸文庫，2014 年。
図 10-8	Bundesarchiv Picture database http://www.bild.bundesarchiv.de/archives/barchpic/view/2043775
図 10-9	Bundesarchiv Bild 183-1990-1002-500, Besuch von Hitler und Goebbels bei der UFA http://commons.wikimedia.org/wiki/File:Bundesarchiv_Bild_183-1990-1002-500,_Besuch_von_Hitler_und_Goebbels_bei_der_UFA.jpg by German Federal Archives / CC BY-SA 3.0 DE（http://creativecommons.org/licenses/by-sa/3.0/de/）
図 10-10	エーリッヒ・フロム『自由からの逃走』（日高六郎訳）東京創元社（現代社会科学叢書），1951 年。
図 10-11	ホルクハイマー／アドルノ『啓蒙の弁証法——哲学的断想』（徳永恂訳）岩波文庫，2007 年。
図 10-12	E・カッツ／P・F・ラザースフェルド『パーソナル・インフルエンス——オピニオン・リーダーと人びとの意思決定』（竹内郁郎訳）培風館，1965 年。

図出典一覧

図 10-13	D・マクウェール／S・ウィンダール『コミュニケーション・モデルズ——マス・コミ研究のために』（山中正剛・黒田勇訳）松籟社，1986 年，71 頁をもとに作成。
図 10-14	Tim Wu, *The Master Switch: The Rise and Fall of Information Empires*, London, Atlantic Books, 2012, p.137.
図 10-15	Evan I. Schwartz, *The Last Lone Inventor: A Tale of Genius, Deceit, and the Birth of Television*, New York, Perennial, 2003, p.110.
図 10-16	静岡大学高柳記念未来技術創造館蔵。東工大ハンドブック（http://www.titech.ac.jp/about/overview/pdf/handbook_201401.pdf），11 頁。
図 10-17	David E. Fisher and Marshall Jon Fisher, *Tube: The Invention of Television*, Washington, D.C., Counterpoint, 1996, pp.236-237（中綴じ）。
図 10-18	デービット・サーノフ『創造への衝動——RCA を築いた技術哲学』（坂元正義監訳）ダイヤモンド社，1970 年，386 頁。
図 10-19	毎日新聞社提供。
図 10-20	著者撮影
図 10-21	有馬哲夫『日本テレビと CIA——発掘された「正力ファイル」』宝島社，2011 年，45 頁をもとに作成。
図 10-22	平本厚『日本のテレビ産業——競争優位の構造』ミネルヴァ書房，1994 年，31 頁をもとに作成（平本厚『戦前日本のエレクトロニクス——ラジオ産業のダイナミクス』ミネルヴァ書房，2010 年により補足）。
図 10-23	ワーナー・リンクス『第五の壁テレビ——その歴史的変遷と実態』（山本透訳）東京創元新社，1967 年，128 頁をもとに作成。
図 10-24	NHK 放送文化研究所監修／日本放送出版協会編『放送の 20 世紀——ラジオからテレビ，そして多メディアへ』日本放送出版協会，2002 年，144 頁をもとに作成。
図 10-25	テレビ普及率は消費動向調査を，映画館入場者数は，1940 年までが井上雅雄「戦前昭和期映画産業の発展構造における特質——東宝を中心として」『立教経済学研究』56(2)，2002 年，5 頁を，1955 年からは日本映画製作者連盟の日本映画産業統計（http://www.eiren.org/toukei/data.html）をもとに作成。
図 10-26	田崎篤郎・児島和人編『マス・コミュニケーション効果研究の展開〔改訂新版〕』北樹出版，2003 年，113 頁（G. Gerbner and L. Gross, "Living with Television: The Violence Profile", *Journal of Communication*, Spring 1976, p.193）
図 10-27	田崎篤郎・児島和人編『マス・コミュニケーション効果研究の展開〔改訂新版〕』北樹出版，2003 年，67 頁。
図 10-28	田崎篤郎・児島和人編『マス・コミュニケーション効果研究の展開〔改訂新版〕』北樹出版，2003 年，78 頁。
図 11-1	Bundesarchiv Bild 141-1880, Peenemünde, Start einer V2 http://commons.wikimedia.org/wiki/File:Bundesarchiv_Bild_141-1880,_Peenem%C3%BCnde,_Start_einer_V2.jpg by German Federal Archives / CC BY-SA 3.0 DE (http://creativecommons.org/licenses/by-sa/3.0/de/)

247

図 11-2	Thierry Bardini, *Bootstrapping: Douglas Engelbart, Coevolution, and the Origins of Personal Computing*, Stanford, Calif., Stanford University Press, 2000, p.82.
図 11-3	Walter Lippmann, *The Cold War: A Study in U. S. Foreign Policy*, New York, Harper, 1947.
図 11-4	ジョージ・オーウェル『一九八四年〔新訳版〕』(高橋和久訳)早川書房、2009 年。
図 11-5	日本ユニシス株式会社提供。
図 11-6	Edvac-vonNeumann http://commons.wikimedia.org/wiki/File:Edvac-vonNeumann.jpg
図 11-7	SAGE console http://commons.wikimedia.org/wiki/File:SAGE_console.jpeg by Joi Ito / CC BY 2.0 (http://creativecommons.org/licenses/by/2.0/)
図 11-8	Michael Brian Schiffer, *The Portable Radio in American Life*, Tucson, University of Arizona Press, 1992, p.177.
図 11-9	『無線と実験』1955 年 10 月号、41 頁。
図 11-10	Birth of the Space Age http://www.nasa.gov/multimedia/imagegallery/image_feature_1773.html
図 11-11	Walt Disney and Dr. Wernher von Braun - GPN-2000-000060 http://commons.wikimedia.org/wiki/File:Walt_Disney_and_Dr._Wernher_von_Braun_-_GPN-2000-000060.jpg
図 11-12	Fairchilds Semiconductor, About Fairchild>Company History>Fairchild Company History, 1960-1969, 1961 http://www.fairchildsemi.com
図 11-13	ワーナー・ホーム・ビデオ提供。『2001 年宇宙の旅』ブルーレイ ¥2,500 (税込)、DVD ¥1,500 (税込)、ワーナー・ホーム・ビデオ。
図 11-14	The Project Apollo Archive, Apollo Image Gallery>Apollo 11>AS11-40-5875：Aldrin salutes U. S. Flag http://www.apolloarchive.com/apollo_gallery.html
図 11-15	米国は、2005 年までは Patrick Parsons, *Blue Skies: A History of Cable Television*, Philadelphia, Temple University Press, 2008, pp.702-703、2006 年からは A report on the growth and scope of television (http://www.tvb.org/media/file/TV_Basics.pdf、データは Nielsen Media Research)をもとに作成。日本は、総務省情報流通行政局地域放送推進室「ケーブルテレビの現状」平成 24 年 6 月をもとに作成。
図 11-16	清水慶一監修『特別展「テレビゲームとデジタル科学」』国立科学博物館、図録、2004 年、28 頁。
図 11-17	清水慶一監修『特別展「テレビゲームとデジタル科学」』国立科学博物館、図録、2004 年、27 頁。
図 11-18	*Rolling Stone*, 1972, December 7.
図 11-19	インテル コーポレーション提供。

図出典一覧

図 11-20	清水慶一監修『特別展「テレビゲームとデジタル科学」』国立科学博物館，図録，2004 年，16 頁。
図 11-21	清水慶一監修『特別展「テレビゲームとデジタル科学」』国立科学博物館，図録，2004 年，17 頁。
図 11-22	写真提供：パシャ／株式会社アスキー・メディアワークス。清水慶一監修『特別展「テレビゲームとデジタル科学」』国立科学博物館，図録，2004 年，46 頁。
図 11-23	写真提供：パシャ／株式会社アスキー・メディアワークス。清水慶一監修『特別展「テレビゲームとデジタル科学」』国立科学博物館，図録，2004 年，18 頁。
図 11-24	Ibm pc 5150 http://commons.wikimedia.org/wiki/File:Ibm_pc_5150.jpg by Ruben de Rijcke / CC BY-SA 3.0(http://creativecommons.org/licenses/by-sa/3.0/)
図 11-25	Alan C. Kay "A Personal Computer for Children of All Ages". In Proceedings of the ACM National Conference, Boston Aug. 1972. http://www.mprove.de/diplom/gui/Kay72a.pdf
図 11-26	富士ゼロックス提供。
図 11-27	アラン・C・ケイ『アラン・ケイ』(鶴岡雄二訳)アスキー，1992 年，159 頁。
図 12-1	ビデオリサーチ「過去の視聴率データ――NHK 総合「紅白歌合戦」」(http://www.videor.co.jp/data/ratedata/program/01kouhaku.htm) をもとに作成。
図 12-2	Thomas B. Allen, F. Clifton Berry and Norman Polmar, *CNN War in the Gulf*, Macmillan International (London), Turner Publishing (Atlanta), 1991, p.162.
図 12-3	Thomas B. Allen, F. Clifton Berry and Norman Polmar, *CNN War in the Gulf*, Macmillan International (London), Turner Publishing (Atlanta), 1991, p.154.
図 12-4	Thomas B. Allen, F. Clifton Berry and Norman Polmar, *CNN War in the Gulf*, Macmillan International (London), Turner Publishing (Atlanta), 1991, p.157.
図 12-5	Electronic Frontier Foundation, Blue Ribbon Campaign https://www.eff.org/pages/blue-ribbon-campaign
図 12-6	NTT ドコモレポート，No. 55，2007. 3. 13「「ベル友」ブームを巻き起こした「ポケットベル(現クイックキャスト)」の歴史」(http://www.nttdocomo.co.jp/binary/pdf/info/news_release/report/070313.pdf)，4 頁をもとに作成。
図 12-7	NTT ドコモレポート，No. 67，2012. 3. 16「携帯電話の普及期を支えた「mova」サービス，19 年の歴史に幕」(http://www.nttdocomo.co.jp/binary/pdf/info/news_release/report/120316.pdf)，2 頁。
図 12-8	写真提供：AFP＝時事　撮影日：2001 年 9 月 11 日
図 12-9	総務省「通信利用動向調査(世帯編)」(http://www.soumu.go.jp/johotsusintokei/statistics/statistics05b1.html) をもとに作成。
図 12-10	2005 年までは Peter Gerrand, "Estimating linguistic diversity on the Internet: A taxonomy to avoid pitfalls and paradoxes", *Journal of Computer-Mediated Communication*, 12(4), 2007 を，2006 年以降は Internet World Stats, Top Ten Languages Used in the Web (http://www.internetworldstats.com/stats7.htm) をもとに作成。

図 12-11	Internet World Stats, WORLD INTERNET USAGE AND POPULATION STATISTICS（http://www.internetworldstats.com/stats.htm），2012年3月末データをもとに作成。
図 12-12	Internet World Stats, TOP 20 COUNTRIES WITH THE HIGHEST NUMBER OF INTERNET USERS（http://www.internetworldstats.com/top20.htm），2012年3月末データをもとに作成。
図 12-13	2000年は総務省『情報通信白書』平成14年版，81頁を，2012年はW3Techs, Historical quarterly trends in the usage of content languages for websites（http://w3techs.com/technologies/history_overview/content_language/ms/q, 2012年7月時点）をもとに作成。
図 12-14	ITU, ICT Statistics Home Page, Key ICT indicators for developed and developing countries and the world（totals and penetration rates）（http://www.itu.int/en/ITU-D/Statistics/Pages/default.aspx）をもとに作成。
図 12-15	同上。
図 12-16	同上。
図 12-17	パソコン通信・インターネット接続は総務省「通信利用動向調査（世帯編）」（パソコン通信は世帯調査，インターネット接続は個人調査の回答），携帯電話所有は総務省「電気通信サービスの加入契約数等の状況」，パソコン所有は内閣府「消費動向調査」の発表データをもとに作成。
図 13-1	グラフは UNESCO Institute for Statistics, Regional literacy rates for youths (15-24) and adults (15+)（http://stats.uis.unesco.org/unesco/TableViewer/tableView.aspx?ReportId=201）をもとに作成。 地図は UNESCO Institute for Statistics, Literacy and Education Data for the school year ending in 2010（http://www.uis.unesco.org/literacy/Pages/adult-youth-literacy-data-viz.aspx）をもとに作成。
図 13-2	http://one.laptop.org/about/xo-3
図 13-3	総務省『情報通信白書』平成24年版，15頁をもとに作成。
図 13-4	ITU, ICT Scatics Home Page, Key ICT indicators for developed and developing countries and the world（totals and penetration rates）(http://www.itu.int/en/ITU-D/Statistics/Pages/default.aspx)をもとに作成。
図 13-5	Reporters without Borders for Press Freedom, The map of cyber censorship (http://march12.rsf.org/en/#ccenemies)をもとに作成。
図 13-6	著者作成
図 13-7	著者作成
図 13-8	山田奨治『日本の著作権はなぜこんなに厳しいのか』人文書院，2011年，26-27頁をもとに作成。
図 13-9	Creative Commons Japan, 「クリエイティブ・コモンズ・ライセンスとは」 http://creativecommons.jp/licenses/ CC BY 2.1 JP (http://creativecommons.org/licenses/by/2.1/jp)

図 13-10	新聞発行部数は「日本新聞協会」発表の調査データ(http://www.pressnet.or.jp/data/)，人口推計は国立社会保障・人口問題研究所「日本の将来推計人口（平成 24 年 1 月推計）」をもとに作成。
図 13-11	1947〜2010 年は，アド・ミュージアム＞広告図書館＞広告関連データ＞日本の広告費＞過去の広告費 (http://www.admt.jp/library/statistics/ad_cost/past.html)，2011〜2012 年は，電通推定「日本の広告費」(http://www.dentsu.co.jp/books/ad_cost/2012/index.html) をもとに作成。
図 13-12	総務省情報通信政策研究所『ブログの実態に関する調査研究――ブログコンテンツ量の推計とブログの開設要因等の分析』(http://www.soumu.go.jp/iicp/chousakenkyu/data/research/survey/telecom/2009/2009-02.pdf)，2009 年，86 頁をもとに作成。
図 13-13	安岡寛道編／曽根原登・宍戸常寿著『ビッグデータ時代のライフログ――ICT 社会の"人の記憶"』東洋経済新報社，2012 年，4 頁。
図 13-14	『PLANET SCROLL：柴川敏之展｜ 2000 年後の化石絵巻』／秋吉台国際芸術村（2012 年）より。

索　引

＊項目に関する記述のあるページも挙げている場合がある。

【あ行】

アイゼンステイン, E. L.　68-70, 75, 77
アウトプット/インプット　68, 221, 222, 226
亜欧堂田善　117
アカデメイア　18, 32, 33, 41
『朝日新聞』　103, 106-109
アサンジ, J.　215
アストロターフィング　188, 218
アーチャー, F. S.　124
アッシュール・バニパル王　33
アドルノ, T. W.　150　→『啓蒙の弁証法』
アポロ計画　171, 174, 176
アメリカ同時多発テロ事件(9.11)　188, 194, 195
『アメリカのデモクラシー』　146　→トクヴィル
鮎川義介　155, 156
アリストテレス　18, 21-23, 32, 33, 37, 55, 74, 114
アルハゼン　114
アルファベット　14, 15, 25, 52, 54, 55, 60
アルベルティ, L. B.　55, 73, 112, 113
『アレオパジティカ』　84, 85　→ミルトン
アレクサンドリア図書館　32, 34, 36-38, 74
イエロー・ペーパー　99, 108
意識の拡大　77, 227
イスラム帝国　39, 48, 49, 57, 59
一県一紙体制　108, 109, 149
伊東俊太郎　39
イニス, H. A.　11, 12, 28, 29, 69
イラク戦争　188, 195
『イリアス』　19, 34
インキュナブラ(揺籃期本)　63, 65, 73, 80, 92, 184, 221, 227
印刷技術　51, 53, 60, 76, 77, 88, 89　→活版印刷, 木版印刷
印刷工房　44, 55, 60, 61, 63, 66, 72
印刷職人　66
印刷表現の高度化　72, 225, 226
インターネット　iii, 172, 180-182, 184-187, 189-192, 194-201, 204-227, 233

――利用者　196
インテル　176, 178
ヴァリニャーノ, A.　54, 77
ウィナー, N.　226
ウエスタン・ユニオン社　131, 133-135
ウエスティングハウス社　142
ウォー・ギルト　155
ウォズニアック, S.　179
浮絵　117
歌川豊春　117
歌川広重　118
宇宙開発　170, 171, 182
写し絵　120
腕木通信　129, 130, 132
ウルク古拙文字　1-3, 6
映画　123-127, 138-140, 144, 146, 149, 151-153, 157, 158, 225
衛星
　――中継　158
　――(通信)放送　156, 175, 184, 185
　軍事――　171
　人工――　165, 170, 176
　静止(通信)――　166, 171, 176, 181
　偵察――　171, 172, 182, 190
エウロペ　15
駅伝制度　48, 80, 129
エジソン, T. A.　124-126, 134-141, 152
エジソン・トラスト　139
エシュロン　172, 182, 190, 195, 204, 221
絵文字発生説　3
遠近法　55, 73, 111-119, 123, 124, 127, 225
エンゲルバート, D.　180, 181
オーウェル, G.　166, 172　→『一九八四年』
王起源説　3
大黒俊二　55, 56
大新聞　102, 103, 106, 107
オスマン帝国　53
小田野直武　118
『オックスフォード・ガゼット(ロンドン・ガゼット)』　86
オピニオン・リーダー(OL)　151, 161, 215-218

252

索　引

オプトアウト/オプトイン　220
オープンでフリー　201, 204, 205, 207, 208, 211, 213, 219, 221, 222, 224, 227, 233
オール・レッド・ライン　131, 140
オング, W. J.　22, 24, 25

【か行】

カウンターカルチャー　176, 177, 179
科学革命　73, 76, 226
囲い込み　208, 212, 213, 217, 221, 227, 233　→クローズドとコントロール
『火星からの侵入』　150　→キャントリル
活字印刷　54, 59, 63, 65
葛飾北斎　118
活版印刷　52-63, 65-77, 80, 82, 88, 118, 184, 221, 223, 224, 227
カナール　80　→かわら版
カナレット　115
ガーブナー, G.　160
紙　12, 45-49, 51, 52, 56
神起源説　3
カメラ・オブスキュラ　114-118, 121, 123, 127, 225
皮紙　36, 42　→羊皮紙
かわら版　79, 80, 82, 92, 100
漢字　2, 5, 6, 9-11, 14, 45, 54
監視社会　221, 222
巻子本(巻物)　33-35, 38, 42, 43
関心のコミュニティ　215-218, 222, 224
簡牘　45-47
官報　79-82, 85, 86, 100, 101, 103
記憶　16, 19-24, 68, 92, 166
　──術　20
疑似イベント　107, 162
疑似環境　148, 157, 162
　──の環境化　162
記者クラブ　106
亀甲獣骨文字(甲骨文字)　9-11
キネトスコープ　124, 125, 136, 138
キネトフォン　138
キープ(結縄)　9
キャントリル, H.　150　→『火星からの侵入』
九十五カ条の論題　71
強力効果論　149-151
キルヒャー, A.　115, 119
議論する公衆の機関　89, 90, 109, 147, 163

金文　10
「勤勉と怠惰」　93　→ホガース
空間バイアス　iv, 12, 69, 70, 224　→メディアのバイアス
クザーヌス, N.　57, 60
楔形文字　2, 6, 7, 46
グーテンベルク, J.　54-61, 65, 70, 73, 75, 82
クラーク, A. C.　166, 171
クリエイティブ・コモンズ(CC)　208, 210, 211
グレイ, E.　133, 134, 168
クロスオーナーシップ　192, 210
クローズドとコントロール　205, 208, 210, 213, 219, 221, 227
クロスビー, A. W.　67
グローバル・ヴィレッジ(地球村)　163, 170, 172, 182, 200, 225
『群衆心理』　123, 147　→ル・ボン
ケアリー, J.　iii, iv
ケイ, A.　180, 203
携帯電話　185, 186, 192-194, 196, 199, 203, 204, 211, 212, 220, 226
ゲイツ, B.　178, 179
『啓蒙の弁証法』　150　→アドルノ, ホルクハイマー
ケータイ文化　192-194, 196
ゲッベルス, J.　149
ケニオン, F. G.　35
ケネディ, J. F.　158, 171
ケプラー, J.　74, 114
限定効果論　150, 151, 159, 216
　コミュニケーションの2段階の流れ　150, 216
言論弾圧六法　96
言論の自由　82, 84-92, 98, 99, 108, 109, 146, 155, 156, 166, 192, 214
ゴア, A.　189, 190
公開処刑　93, 97-99
公共圏　88-92, 99, 102, 107-109, 214, 217
公共性の構造転換　99
公共放送　144, 153, 155-157, 162
公議輿論　101, 102, 109
公衆　88, 98, 146-148, 217, 222
『公衆とその諸問題』　148　→デューイ
声の文化　21-27
国営放送　144, 153, 159, 162
国防総省　172, 191, 194, 204, 221

253

国民番号制度　221
小新聞　102, 103, 106-108
コデックス　46　→法典
古典古代書　65, 66, 68, 69, 72, 74
『孤独な群集』　159　→リースマン
コーヒーハウス　85, 87, 88, 214
御用新聞　80, 81, 86, 101, 102
コロムビア・フォノグラフ社　136-139, 142, 143
コンサマトリーなコミュニケーション　193, 194
コンスタンティノープル　38, 39, 49, 53, 65

【さ行】

サイバー空間　204　→第5の戦場
サイバー戦争　190
サイバネティックス　226
蔡倫　46
冊子本(冊子体)　34-36, 38, 42, 43, 46, 47, 51
サーノフ, D.　141, 143, 154
サマルカンド　48
三次元発生説　3, 7
三十年戦争　81, 82, 85
三武一宗の法難　38
讒謗律　102
シェッファー, P.　61
ジェンキンス, C. F.　152, 153
死海文書　38
視覚化と数量化　67, 76
時間バイアス　iv, 12, 70, 224　→メディアのバイアス
シギント　172, 182
『四十二行聖書』　59, 65
詩人排斥(詩人批判)　16, 17
シネマトグラフ　125-127, 138
司馬江漢　117
市民社会　83, 85, 88, 89, 91, 99, 108
社会関係資本　217
社会的学習　159, 160
社会的認知理論　160
社会の木鐸　107
写字生　42, 44
シャップ, C.　129
ジャーナリズム　iv, 82, 89, 92, 98, 109, 189, 213-215, 217, 225
写本　34-45, 49, 51, 58, 65, 66, 68, 72, 73
　　──工房　41, 43, 44, 47, 58, 65

『自由からの逃走』　150　→フロム
宗教改革　59, 70, 80, 82, 223
修道院　38-44, 65, 66
一六世紀文化革命　76
シュマント=ベッセラ, D.　3, 4
シュメル　1, 3, 6-8, 46
小アジア　37
商業放送　154, 159
消費主義　170, 177
情報スーパーハイウェイ構想　190
正力松太郎　108, 156, 157
書記　5, 7-9, 45
贖宥状　59, 60, 71　→免罪符
ジョブズ, S.　179
ジョンソン, B.　79, 82
ジラルダン, E.　95
シリコン・ヴァレー　171, 178
新強力効果論　160, 216, 217
　　議題設定機能　160, 161, 217
　　沈黙のらせん仮説　161
　　培養分析　160
人権宣言　90
神聖ローマ帝国　40, 41, 53-55, 57, 75, 81, 82, 85
秦の始皇帝　10, 38, 45, 79, 205
新聞紙印行条例　101
新聞紙条例　102, 103
新聞紙発行条目　101, 102
新聞紙法　107
新聞の大衆化　91, 95, 97, 98, 133, 146
真理　17, 18, 85
　　視覚の──　116, 121, 225
　　知覚の──　114
垂直統合　140, 157
鈴木春信　118
スター・システム　136
スタンプ税法　89, 90, 95-98
ステルス・マーケティング　217, 222
ステレオスコープ　121, 124, 130
スノーデン, E.　232
スーパーステーション　175
スピン　217, 218, 222
スプートニク・ショック　170
スプーフィング　218
「スペースウォー！」　177
聖典　36, 38, 48, 53, 57, 60
聖ベネディクトス　41, 42

254

索　引

生理学　　　121, 122, 124, 133
政論　　　79, 82-85, 88, 89, 92, 98, 101-103
「節制」　　　67, 70　　→ブリューゲル
絶対主義　　　83, 88, 90
『一九八四年』　　　166, 177, 181, 182, 200　　→オーウェル
選択的接触　　　151, 216, 219
1848 年　　　132
ゾーイトロープ　　　120, 125
想像の共同体　　　72
俗語出版　　　72, 74
ソクラテス　　　15-18, 23, 27-29, 33, 222
ソーシャルメディア　　　214, 216, 219
そそる記事　　　102, 109
　覗き趣味　　　99, 102, 108
ソニー　　　169, 185, 206, 207
ソーマトロープ　　　120

【た行】

大学　　　43, 44, 53, 65
第5の戦場　　　204, 205　　→サイバー空間
大衆新聞(大衆紙)　　　91, 95, 98, 107, 131, 132, 146, 215
ダイナブック　　　180, 203
タイバーン・ツリー　　　93
大分水界理論(大分水嶺理論)　　　24, 26
タイムシェアリング　　　173, 187
大陸間弾道ミサイル　　　165, 170, 172, 185
ダ・ヴィンチ, L.　　　112, 113, 115
高柳健次郎　　　152, 154, 155
ダゲール, L. J. M.　　　123
ターナー, T.　　　175, 206
タブレット　　　1, 180, 203, 204, 228　　→粘土板
タルド, G.　　　147, 217　　→『世論と群集』
タルボット, W. H. F.　　　123
単性論者　　　39
蓄音機　　　124, 135-139, 142, 146
　グラフォフォン　　　135-137
　グラモフォン　　　135-137, 153
　フォノグラフ　　　124, 135-138
知識への課税　　　95, 98
知の独占　　　11, 12, 15, 29, 38, 61, 77, 201
チャップブック　　　94
チャップマン　　　94
チャーティスト運動　　　96
中央集権国家　　　8, 9, 45

中新聞　　　103, 106-108
著作権　　　185, 192, 207-209, 211, 226
ツヴォルキン, V.　　　153, 157
通信社　　　108, 131-133, 141, 149
　アヴァス　　　131-133
　ヴォルフ　　　133
　ロイター　　　133
　AP通信社　　　132
テアトル・オプティーク　　　123
亭　　　45, 79
ディオラマ　　　119, 122, 123
手書きのニュース・レター(通信)　　　81-84, 86, 88
デカルト, L.　　　114
デジタル・ディバイド　　　197, 199, 201, 203
デジタル・ネイティブ　　　226
デッラ・ポルタ, G.　　　114
デューイ, J.　　　148, 217　　→『公衆とその諸問題』
デューラー, A.　　　73, 113, 115
テレグラフ　　　129-131, 133, 144, 165
テレビジョン　　　151-154
電子フロンティア財団(EFF)　　　192
電信(エレクトリック・テレグラフ)　　　iii, 107, 122, 130-135, 141, 143, 148, 151
伝達としてのコミュニケーション　　　iv
電波三法　　　155
トクヴィル, A.　　　146　　→『アメリカのデモクラシー』
トークン　　　3, 4
特許検閲法　　　85-87
ド・フォレスト, L.　　　142, 156
冨谷至　　　46
トランジスタ　　　165, 168-170, 174, 176, 185
曇徴　　　47

【な行】

内政ニュース　　　82-89, 92, 97, 102, 103, 108, 109
内面化　　　17-19, 21, 25, 77, 114-116, 127, 225
ナグ・ハマディ写本　　　38
七自由学芸　　　67
ニエプス, N.　　　123
錦絵新聞　　　102
西ローマ帝国　　　38, 41
ニーダム, J.　　　76
日曜新聞　　　97
ニッケル・オデオン(常設館)　　　138, 139
日本テレビ放送網　　　156, 157

255

ニューゲイト小説　94
ニュース・バラッド　92-94
ニュース本　81, 83, 84, 86, 100, 101
人間像
　理性的な人間像　120, 121, 123
　非理性的な人間像　120, 123
認識のエコノミー　22-24
認知的不協和　151, 216, 219
ネット・インキュナブラ　184, 195, 196, 199, 201
ネットワーク効果　212
粘土板　1-7, 28, 33, 34, 46, 51　→タブレット
ノイマン, J. von　167, 169
ノイマン・アーキテクチャ　167
ノエル=ノイマン, E.　161　→沈黙のらせん仮説
覗きからくり（ピープショウ）　116, 118, 119
覗き眼鏡　116, 117

【は行】

パソコン通信　187, 192, 195, 206
パーソナライゼーション　218-221
『パーソナル・インフルエンス』　150　→ラザースフェルド
パーソナル・コンピュータ　177-182, 184, 211
バーチャル・コミュニティ　187
パテ兄弟社　136, 138, 139, 142
バーネイズ, E.　148　→『プロパガンダ』
パノフスキー, E.　113
パノラマ　118, 119, 122, 123
ハバード, G. G.　134, 135
ハーバーマス, J.　89, 99, 147
パピルス　9, 12, 15, 28, 32-35, 37, 38, 42, 48, 203
浜田彦蔵（ジョセフ・ヒコ）　100
ハリウッド・メジャー　140
万国電信連合（ITU）　131
パンとサーカス　38
反トラスト法　140, 143, 154, 157, 185
パンフレット　61, 71, 82-85, 88, 89
ヒエログリフ（聖刻文字）　8, 9, 14
東ローマ帝国　38-41, 53, 57
ビクター　136, 137, 155
ピクチャレスク　118
ビジョン・オブ・アメリカ　156, 157
ピータールーの虐殺　96
ビッグデータ　218-222, 226, 233
ヒトラー, A.　149, 150

備忘録　4-7, 9
『百万塔陀羅尼』　51
ヒュパティア　38
ビュブロス　9, 15
表語文字　5
ファミリーコンピュータ　185
ファーンズワース, P. T.　152-154, 157
ファンタスマゴリア　119
フィルター・バブル　219
フェアチャイルド半導体社　169, 170, 174, 176
フェア・ユース　210
フェーヴル, L.　63
フェナキスティスコープ　120, 151
フェニキア　14, 15, 33
フェルメール, J.　115
フォノグラフ・サロン（フォノグラフ・パーラー）　136, 138
フスト, J.　61, 82
フック, R.　115
ブッシュ, V.　166, 180
ブッラ　4
ブラウン, W. von　170
プラクシノスコープ　122
プラザ合意　186
プラットフォーム　212
プラトン　15-22, 24, 27-29, 32, 33, 41, 55
フランクフルト学派　150
ブランド, S.　176-180, 187
フリシウス, G.　114
プリズム　172
フリードリッヒ2世　40, 49
ブリューゲル, P.　66, 70, 72　→「節制」
フルッグブラット　80　→かわら版
ブルネレスキ, F.　112
ブルーリボン　192
ブログ　195, 196, 212, 214, 215, 222
プロシューマー　225, 226
プロテスタント　71, 72, 74, 77, 81, 85
ブロードサイド　80, 92-95, 97, 98, 100　→かわら版
プロパガンダ　61, 108, 147-150, 155, 166, 188, 189, 205, 218, 222
『プロパガンダ』　148　→バーネイズ
フロム, E.　150　→『自由からの逃走』
文化としてのコミュニケーション　iv
文化の回路　29

256

索　引

焚書　37, 38, 45
　　──坑儒　38
文書行政　45, 46, 48, 80
ベアード, J. L.　152, 153
ベーコン, F.　74
ベータマックス訴訟　185
ペッパー, J. H.　122
ペッパーズ・ゴースト　122
ベル, A. G.　133-136, 141, 168, 169, 185
ペルガモン図書館　37
ベル研究所　168, 169
ベル・テレフォン社　134, 135
ベル友　193
ベルリナー, E.　134-137
ホイートストン, C.　121, 122, 130
放送法　155, 209, 210
法典　46, 47　→コデックス
法の成文化　46, 47
ホガース, W.　93　→「勤勉と怠惰」
ポケベル　192, 193
ポータルサイト　212, 213, 219, 221
ホメロス　19-22, 27, 34-36
　　──問題　19
ホルクハイマー, M.　150　→『啓蒙の弁証法』

【ま行】

マイブリッジ, E.　124
マクルーハン, M.　ii, 27, 28, 65, 171, 208, 223, 231
マコームズ, M.とショウ, D.　160　→議題設定機能
マジック・ランタン（幻燈機）　119, 120, 126
マス・コミュニケーション論　iii, iv, 216
マスメディア集中排除原則　210
マルコーニ, G.　140, 141, 153
マルタン, H.-J.　63, 65, 66, 70
円山応挙　117
マレイ, E.-J.　124
マン, J.　58
皆川芳造　156
ミニ・コンピュータ　169, 173, 174, 177, 178
ミュラー, J. P.　121, 122
ミルトン, J.　84, 85, 87　→『アレオパジティカ』
民選議院設立建白書　101
ムーア, G.　174, 176
ムーゼイオン　32, 34, 39

無線（ワイアレス・テレグラフ）　130, 140-143, 146, 152, 155, 165, 169-171, 178, 181, 182, 192, 210
眼鏡絵　117
メディア・イベント　107, 161, 162
メディア・コングロマリット（メディア複合企業）　144, 162, 205-208, 210, 211
メディアの環境化　70, 223
メディアの社会への埋め込み　28-30, 70, 75-77, 88-90, 99, 102, 107-109, 125-127, 144, 146, 147, 154, 155, 159, 163, 182, 184, 201, 223, 227, 228
メディアのデザイン　i, 29, 165, 201, 227, 228
メディアのバイアス　11, 12, 28, 69
メメックス　166, 180
メリエス, G.　126, 127, 138, 139
免罪符　59　→贖宥状
木版印刷　52, 54, 58
文字の文化　20, 22-26, 30, 32, 36, 56
モールス, S.　130, 133
モンゴル帝国　52-54
モンテ・カッシーノ修道院　41, 42

【や行】

やってみた　226
郵　45, 80
ユゴー, V.　70
ユビキタス技術　220
ユマニスト　66
羊皮紙　37, 38, 42, 43, 48, 51, 60　→皮紙
『横浜毎日新聞』　101
『読売新聞』　103, 108, 109, 156
『万朝報』　106, 107
『世論』　148　→リップマン
『世論と群集』　147　→タルド

【ら行】

ラインゴールド, H.　187
ラザースフェルド, P.　150　→『パーソナル・インフルエンス』
ラジオ放送　141-144, 166
ラッダイト運動　96
ラディカル・プレス　96, 98
ラテン語　7, 37, 40, 41, 59, 63, 66, 69, 71-74, 77, 224
『ラ・プレス』　95, 131
リースマン, D.　159　→『孤独な群衆』

257

リックライダー, J. C. R.　173, 180
リップマン, W.　148, 166　→『世論』
リテラシー　14, 15, 20, 23-26, 28, 30, 33, 36, 45,
　　55-57, 59, 60, 65, 67, 76, 77, 87, 98, 199, 201, 204
リュミエール兄弟　125, 126, 139
『リラチオン』　81
ルソー, J.-J.　90
ルター, M.　71, 85
ルネサンス　39, 55, 57, 60, 66, 112, 113
　　アラビア・──　40
　　カロリング朝──　41
　　12世紀──　39-41, 49
　　シリア・──　40
　　北方──　55
ルノドー, T.　81
ル・ボン, G.　123, 146-149　→『群衆心理』
ルリヤ, A. R.　23-25, 27
冷戦　165, 166, 168, 170-172, 182, 184-186,
　　188-190, 195　→リップマン
　　──の終結　186, 188
レイノー, E.　122
レヴィ=ストロース, C.　11
レーガン, R.　185
廉価な知識　96, 97, 99
ロベルトソン, E.　119
ローマ帝国　36-38, 40

【わ行】

忘れられる権利　220
藁算　10
ワールウインド　167-170, 177
湾岸戦争　188, 189, 191, 194, 195

【アルファベット】

ABC　144, 154, 159, 174
ACTA (偽造品の取引の防止に関する協定)
　　209
Altair　178, 179
Alto　180, 181, 191
Apple　179, 181, 185, 196, 203, 207, 211, 212
ARPA (高等研究計画局)　172-174, 176, 177,
　　180-182, 186, 187, 192
AT&T　135, 141-143, 154, 168, 185
BBC (英国放送協会)　153

CATV　174-176, 184, 185, 190, 192, 206, 210
CBS　136, 144, 150, 159, 174
CNN　175, 176, 184, 189, 206
C4ISR　195
DEC　169, 177, 178
DMCA (デジタルミレニアム著作権法)　208
EDVAC　167, 170
ENIAC　167, 170, 176
FCC (連邦通信委員会)　144, 153-155, 174,
　　190-192, 233
FRC (連邦ラジオ委員会)　144, 153
GE　141, 206
GHQ　109, 155
HBO　174-176, 206
IBM　168, 180, 181, 191, 211
IC (集積回路)　170, 171, 173, 174, 194, 220
iPhone　196, 207, 211, 212
IPTO (情報処理技術部)　172, 173, 180
LSI (大規模集積回路)　176, 178
MBS　144
Microsoft　178, 180, 191, 211, 212
MILネット　182, 186
MPPC　139, 140
MTV　176, 184
Napster　207
NASA (国家航空宇宙局)　170-172
NBC　143, 144, 153, 154, 159, 174, 206
NBS　143
NSA (国家安全保障局)　172, 182, 190, 232
NSFネット　187, 190
NTSC (全米テレビジョン放送方式委員会規格)
　　154, 157
PARC (パロアルト研究センター)　180, 181
RCA　141-144, 153-155, 157, 175
SAGE (遠距離早期警戒システム)　168, 172, 185
SDI (戦略防衛構想)　185, 186
SNS (ソーシャル・ネットワーキング・サービス)
　　195, 196, 211-220, 224, 232
TPP (環太平洋戦略的経済パートナーシップ協定)
　　209
UKUSA同盟　172, 182, 195
V2ロケット　165, 170
WikiLeaks　215
Wikipedia　195, 211, 215, 222

著者紹介

伊藤明己（いとう　はるき）

　1968年，鳥取県生まれ。同志社大学大学院文学研究科新聞学専攻修了，中央大学大学院文学研究科社会情報学専攻博士後期課程単位取得退学。関東学院大学経済学部教授。2013-2014年，トロント大学客員研究員。共編著『〈実践〉ポピュラー文化を学ぶ人のために』（世界思想社），共著『変わりゆくコミュニケーション　薄れゆくコミュニティ』（ミネルヴァ書房），『部活動の論点』（旬報社），共訳『ポピュラー文化論を学ぶ人のために』（世界思想社）。

メディアとコミュニケーションの文化史

| 2014年9月30日　第1刷発行 | 定価はカバーに |
| 2023年10月20日　第4刷発行 | 表示しています |

著　者　　伊　藤　明　己

発行者　　上　原　寿　明

世界思想社

京都市左京区岩倉南桑原町56　〒606-0031
電話 075(721)6500
振替 01000-6-2908
http://sekaishisosha.jp/

ⓒ 2014 H. ITO　Printed in Japan　　（印刷 太洋社）
落丁・乱丁本はお取替えいたします。

JCOPY　＜(社)出版者著作権管理機構　委託出版物＞
本書の無断複写は著作権法上での例外を除き禁じられています。複写される場合は，そのつど事前に，(社)出版者著作権管理機構（電話 03-5244-5088，FAX 03-5244-5089, e-mail: info@jcopy.or.jp）の許諾を得てください。

ISBN978-4-7907-1628-0